云南省哲学社会科学创新团队“云贵高原坝子社会研究”成果

中国社会科学院“铸牢中华民族共同体意识重大问题研究”子课题“生态视角下中华民族共同体的立体格局”（项目编号：2020ZDGH017-MZ020）成果

国家社会科学基金一般项目“生态利益共同体视角下的西南地区民族关系研究”（项目编号：19BMZ147）的阶段性成果

田野的足迹

生态人类学学者访谈录

艾菊红　舒瑜　编

知识产权出版社
全国百佳图书出版单位
—北京—

图书在版编目（CIP）数据

田野的足迹：生态人类学学者访谈录/艾菊红，舒瑜编．—北京：知识产权出版社，2022.9

ISBN 978-7-5130-8331-7

Ⅰ.①田… Ⅱ.①艾… ②舒… Ⅲ.①人类生态学—科学工作者—访问记—中国—现代 Ⅳ.①K826.15

中国版本图书馆 CIP 数据核字（2022）第 163999 号

责任编辑：高 超　　**责任校对**：谷 洋
封面设计：王洪卫　　**责任印制**：孙婷婷

田野的足迹

——生态人类学学者访谈录

艾菊红 舒瑜 编

出版发行：	知识产权出版社有限责任公司	**网　　址**：	http://www.ipph.cn
社　　址：	北京市海淀区气象路 50 号院	**邮　　编**：	100081
责编电话：	010-82000860 转 8383	**责编邮箱**：	morninghere@126.com
发行电话：	010-82000860 转 8101/8102	**发行传真**：	010-82000893/82005070/82000270
印　　刷：	北京虎彩文化传播有限公司	**经　　销**：	新华书店、各大网上书店及相关专业书店
开　　本：	720mm×1000mm　1/16	**印　　张**：	12.75
版　　次：	2022 年 9 月第 1 版	**印　　次**：	2022 年 9 月第 1 次印刷
字　　数：	208 千字	**定　　价**：	68.00 元

ISBN 978-7-5130-8331-7

序 言

◇ 艾菊红

中国人类学学者早已关注到了环境对人类社会的物质生产方式和社会组织形式产生的重要影响。陶云逵关注到云南各民族的立体分布，指出造成云南各民族立体分布格局的主要原因是各民族的生计方式和生活习惯不同。❶ 费孝通的《江村经济》❷ 和林耀华的《金翼：中国家族制度的社会学研究》❸ 也都是以生态环境为研究背景，而且费孝通等人的禄村研究被美国学者认为是中国生态人类学研究的范例。❹ 但我们通常将中国生态人类学的研究上溯至20世纪50年代，林耀华和苏联的切博克萨罗夫（H. H. Чебоксаров）提出的经济文化类型学说。❺ 而中国真正学科意义上的生态人类学研究则是从20世纪80年代后期起始，学者首先将西方生态人类学的相关理论与研究翻译介绍到国内。同时，也有学者开始从事这方面的研究。1987年，庄孔韶发表了《云南山地民族（游耕社区）人类生态学初探》一文，探讨云南游耕生态系统的特征，及其与文化的关系。❻ 宋蜀华在20世纪90年代撰文介绍生态民族

---

❶ 陶云逵. 车里摆夷之生命环：陶云逵历史人类学文选［M］. 杨清媚，编. 北京：生活·读书·新知三联书，2017.

❷ 费孝通. 江村经济：中国农民的生活［M］. 北京：商务印书馆，2001.

❸ 林耀华. 金翼：中国家族制度的社会学研究［M］. 北京：生活·读书·新知三联书店，2008.

❹ 祁进玉. 生态人类学研究：中国经验30年（1978—2008）［J］. 广西民族研究，2009（1）：47-52.

❺ 林耀华. 中国的经济文化类型［M］//林耀华. 林耀华学述. 杭州：浙江人民出版社，1999：143.

❻ 庄孔韶. 云南山地民族（游耕社区）人类生态学初探［M］. 北京：中国社会科学出版社，1987.

学，并大力倡导生态人类学的研究。❶ 在经济文化类型的基础上宋蜀华提出了“中国文化生态区”的概念，将生态环境、生计方式、民族史和民族现存生存状况等因素综合起来，比起“经济文化类型”这一概念，“中国文化生态区”在含义上更加丰富，也更加综合。❷

真正在人类学意义上深入进行田野调查的当首推尹绍亭教授。在20世纪80年代，尹教授深入云南山地从事刀耕火种的民族中，进行了详细深入的田野调查，尝试运用“人类生态系统”概念及系统分析方法对云南山地从事刀耕火种的民族进行深入研究，得出了与当时流行观点相异的结论，认为刀耕火种是山地民族适应热带和亚热带山地环境的一种生计方法，而并非人们所认为的对山地环境的破坏，这一结论引起了学界的广泛关注和好评。❸ 可以说，在尹绍亭教授的推动下，云南的生态人类学研究迅速发展起来，与国际上的合作也不断增强。同时云南大学于1999年开设了生态人类学课程，这是继中央民族大学于1995年开设生态人类学课程之后，国内第二所开设该课程的大学。但云南大学在开课的同时还设立了民族生态学学位，陆续培养了一批从事生态人类学研究的科研人员，成为国内最早的生态人类学教学和科研基地之一。

进入20世纪90年代之后，生态人类学成为国内学界关注的一门人类学分支学科，迅速发展起来，一批学者在该领域做出了突出贡献，比如杨庭硕、杨圣敏、崔延虎、罗康隆、崔明昆、任国英等。

国内多所大学和研究机构成为从事生态人类学或者生态民族学的重要研究基地，分别形成各自的研究领域，并提出了真知灼见。中央民族大学是国内第一所为本科生开设生态人类学课程的学校，该校的杨圣敏教授在新疆从事研究多年，提出了“干旱区文化”的概念，并对西北的绿洲文化、坎儿井

❶ 宋蜀华．我国民族地区现代化建设中民族学与生态环境和传统文化关系的研究［G］//中国民族学学会．民族学研究第十一辑——中国民族学学会第五届学术讨论会论文集．北京：民族出版社1993：10-19．宋蜀华．人类学与研究中国民族生态环境和传统文化的关系［J］．中央民族大学学报（哲学社会科学版），1996（4）：62-67．

❷ 宋蜀华．中国民族学理论探索与实践［M］．北京：中央民族大学出版社，1999．

❸ 尹绍亭．一个充满争议的文化生态体系——云南刀耕火种研究［M］．昆明：云南人民出版社，1990；尹绍亭．人与森林——生态人类学视野中的刀耕火种［M］．昆明：云南教育出版社，2000；尹绍亭．基诺族刀耕火种的民族生态学研究［J］．农业考古，1988（1）：328-334；尹绍亭．基诺族刀耕火种的民族生态学研究（续）［J］．农业考古，1988（2）：390-408．

等有非常卓越的研究。任国英教授从事东北地区和内蒙古地区的生态文化研究，早期对东北驯鹿文化进行了研究，是国内较早涉足这一领域的学者，特别是她对内蒙古生态移民的研究，使她成为国内这方面研究的重要代表人物之一。此外，任国英教授还将国外生态人类学的相关研究介绍入国内，对中国生态人类学研究做出了突出贡献。中国社会科学院民族学与人类学研究所于2013年专门成立了资源环境与生态人类学研究室，有专职科研人员从事生态人类学方面的研究。该研究室以管彦波研究员为代表，从事民族地理学的研究。管彦波从历史的角度分析地理环境与民族之间的关系，他所带领的团队主要以西南地区和内蒙古地区为主要研究基地，探讨西南地区的水文化与水环境、生计方式及其变迁与民族的变迁与互动。

西南地区以云南大学为首，主要研究领域大致为水文化与水环境研究、生物多样性和传统知识研究、湄公河流域民族生态研究、民族植物学研究、灾害研究等。由于地理环境的优势，云南的学者注重与东南亚和南亚国家的国际合作交流，形成跨国的区域合作研究。

湘黔地区以吉首大学为首，主要在湘黔地区进行传统生计方式与环境之间关系的研究。在杨庭硕教授和罗康隆教授的带领下，形成了一支从事生态人类学研究的稳固团队，对于湘黔地区的石漠化研究、水田立体生态环境的研究颇有见地，提出了“环境与文化耦合”“族际文化制衡”等观点，同时质疑“生态脆弱区”的说法，在学界影响比较大。近些年，吉首大学的生态扶贫研究颇为引人注目，成为该团队的一项特色。

西北地区以新疆师范大学为首，主要以新疆的各民族为研究对象，对于西北游牧民族的传统文化与生态之间的关系进行了深入细致的调查研究。崔延虎教授等人特别重视与自然科学的学者合作，形成跨学科的合作研究，他较早提出了“绿洲生态人类学”，在学界引起了关注。在他的推动下，新疆石河子大学建立了“绿洲生态人类学研究中心”。与此同时，他特别关注生态人类学研究中的历史过程，也就是探讨人与资源环境之间的关系的历史与变迁过程，这是生态人类学研究中特别重要的一个方面，将社会变迁与生态环境变迁联系起来探讨人与环境的关系。

内蒙古地区以内蒙古大学和内蒙古师范大学为首，主要从事内蒙古地区传统畜牧生计方式与环境的互动，生态移民是该地区学者的重要研究领域。

这些大学和科研单位大多以所在地为主要研究基地，并将视野扩大到全国，在相关领域都做出了卓越贡献。值得一提的是，在曾少聪研究员的推动下，“海洋生态人类学”的研究也在进行中，厦门大学设立了“海洋生态人类学”研究方向。

有些学者不仅从事研究，还身体力行，将自己的研究付诸实践，比如尹绍亭教授率先在云南推广民族生态文化村建设，罗康隆教授则推广传统水稻种子的种植。总之，在这些研究机构、学者的研究和大力推动下，中国的生态人类学研究可以说方兴未艾，培养了大批学者，其中一些年轻学者已经有非常优秀的成果问世，出版了一系列生态人类学的丛书，比如云南大学的生态人类学系列丛书❶、吉首大学的相关系列丛书❷、中国社会科学院曾少聪研究员主编的系列丛书❸等，极大地推动了生态人类学发展。

20 世纪 80 年代，生态人类学的发展进入跨学科的领域。比如与植物学学科的合作，1987 年，中国科学院昆明植物研究所成立了“民族植物研究室”，并培养了一批人才，如崔明昆教授，其原来的专业为植物学，后在尹绍亭教

❶ 云南大学出版的生态人类学丛书由尹绍亭教授与何明教授主编，一共 9 本，包括《泥石流灾害的人类学研究：以云南省新平彝族傣族自治县“8·14 特大滑坡泥石流”为例》（李永祥，2012）、《自然·文化·权利——对漫湾大坝及大坝之争的人类学考察》（郑寒，2012）、《仪式·消费·生态——云南新平傣族的个案研究》（赵文娟，2013）、《植物的记忆与象征——一种理解哈尼族文化的视角》（邹辉，2013）、《与草原共存——哈日干图草原的生态人类学研究》（乌尼尔，2014）、《滇池沧桑——千年环境史的视野》（董学荣、吴瑛，2013）、《沙地环境与游牧生态知识——人文视域中的内蒙古沙地环境问题》（孟和乌力吉，2013）、《回归荒野——准噶尔盆地野马的生态人类学研究》（陈祥军，2014）、《民族生态学理论方法与个案研究》（崔明昆，2014）等。

❷ 吉首大学出版了一系列丛书，民族学学科建设学术文库生态人类学丛书有罗康隆教授主编的生态人类学研究丛书：《发展与代价：中国少数民族发展问题研究》（罗康隆、黄贻修，2002）、《生态人类学导论》（杨庭硕，2007），《传统文化中的生计策略：以侗族为例案》（罗康智，2009）、《本土生态知识引论》（杨庭硕、田红，2010），《植物文化概论》（刘世彪，2016）、《农稷不绝：历史自然灾害与农业技术选择》（邵侃，2016）等；还有生态民族学研究丛书：《文化自觉与文化生态保护：腊尔山地苗族文化生态保护研究》（石群勇，2011）、《外来物种入侵的文化对策研究：以贵州和内蒙古少数民族地区为例》（杨成，2013）等。未纳入丛书的一些生态人类学著作：《文化适应与文化制衡：基于人类文化生态的思考》（罗康隆，2007）、《草原游牧的生态文化研究》（罗康隆、吴合显，2017）、《侗族生计的生态人类学研究》（罗康隆、吴寒婵，2017）。

❸ 曾少聪研究员主编的生态人类学系列丛书有：《堤垸与疫病：荆江流域水利的生态人类学研究》（袁理，2014）、《青藏高原的草原生态与游牧文化：一个藏族牧业乡的个案研究》（陕锦风，2014）、《海岸带资源开发与乡民社会变迁——以竹塔村为中心的生态人类学研究》（吴振南，2014）、《沙漠干旱地区的人类文化适应研究》（依丽米古丽·阿不力孜，2015）、《消逝的草原——一个草原社区的历史、社会与生态》（罗意，2017）。

授门下攻读民族学博士学位，其专著《象征与思维——新平傣族的植物世界》是国内第一本人类学意义上的民族植物学方面的专著。1995 年，内蒙古师范大学也成立了民族植物学研究所。云南大学于 2000 年设立了民族生态学硕士和博士学位；中央民族大学生命与环境学院设立了民族生态学硕士和博士学位，培养跨学科人才。在生态人类学学者的主持下，学界开展了“全国重点生物物种资源调查专项——民族地区传统知识调查”、“民族地区传统知识调查与文献化编目”和“民族生物学及生物资源利用技术创新引智基地”、“履行《生物多样性公约》支撑技术——民族地区传统知识数据库建设”等重大项目的工作。

进入 21 世纪，生态人类学在应对灾害、气候变化、环境变化、人类活动对生态环境的影响等方面的应用研究增多，也开始注重参与一些重要的公共议题。以灾害研究为例，李永祥研究员在博士论文研究期间，遇到云南省新平县“8・14”特大山洪泥石流灾害，立即改换论文研究方向，转向了灾害研究，多年来，从人类学角度在灾害研究方面做出了重要贡献。

总体来讲，中国生态人类学发展至今，相关研究机构与学者做了大量工作。杜靖对此的总结是，近七十年来，中国生态人类学聚焦三个实践层面，即追求理论的生态人类学、追求应用的生态人类学和作为文化批评工具的生态人类学。第一种是在特定生态环境中寻找社会运转的机制和文化模式；第二种关心生态环境的污染、破坏与平衡问题；第三种则把学术研究理解为一种文化反思的手段。[1] 但从整体来讲，首先，我们的理论研究还比较薄弱，大多数从事生态人类学研究的学者虽然深受生态人类学发展早期朱利安・斯图尔德（Julian Steward）的“文化生态学”，以及罗伊・拉帕波特（Roy A. Rappaport）的“系统论”的影响，但是对于西方最新的生态人类学与环境人类学的理论借鉴却很薄弱，本土的理论还未形成，对国际上一些新的理论和研究方法的应用还比较少。比如“民族植物学”的研究，目前在国内主要是植物学家和生态学者在进行，从人类学角度进行的研究还未形成规模。由于当下世界工业的迅速发展，引起环境剧烈变化、气候变迁等问题，相关学者特别

[1] 杜靖. 中国生态人类学 70 年研究理路与反思［J］. 湖北民族学院学报（哲学社会科学版），2019（6）：10-23.

注重应用自然科学的方法深入分析全球经济一体化、世界碳汇交易等问题，从人口、自然资源、发展规模、碳排放、生物多样性与文化多样性保护、整体与局部的关系、可持续管理等方面综合探讨生态环境问题，形成了环境人类学，尽管国内有学者对此进行了相关介绍，但真正从这个角度进行研究的还不多见，特别是与自然科学的结合，国内生态人类学的研究还比较薄弱。再比如“生态过程论”的研究，尽管崔延虎教授对此进行了一些探讨和初步的尝试，但国内真正探讨生态过程的研究还比较少见，虽然一些环境史的研究探讨长时段的环境变迁，但并未有效使用“生态过程”的相关理论。其次，目前国内生态人类学偏重对西部和少数民族地区的研究，而对于东部和汉族地区的研究还非常不足。对于民族地区传统生态知识的研究相对比较深入，但由于方法单一，大多数研究除了案例不同，研究方式大多相似；同时对于如何应用地方性知识应对当下的环境问题依然显得力不从心。因而中国生态人类学的发展需要进一步提升，无论是从本土理论的形成，还是研究范式的转变和应用层面的拓展，都需要进行深刻反思。

然而前人的工作，后人的阶梯，后人的发展是在前人研究的基础之上进行的。为了更好地梳理前人的研究，本书将国内较早从事生态人类学研究并做出卓越贡献的几位学者的访谈汇编成集，一方面，通过他们对各自学术历程的自述来了解他们的研究历程和心路历程；另一方面，也期望通过他们多年的研究积累，以及对于中国生态人类学发展的思考，为后来的学人提供建议和指导。

本访谈录缘起于笔者在中国社会科学院民族学与人类学研究所资源、环境与生态人类学研究室任职时，时任研究室主任的管彦波研究员建议笔者对尹绍亭教授进行访谈，但对尹教授的访谈非常多，关于他的学术经历，以及研究思路和内容等都已经有了详细的访谈，笔者再进行这方面的访谈已经没有意义。然而，尹教授作为国内最早从事生态人类学研究的学者之一，他对于中国生态人类学的学科建设和发展一定有着自己的深刻见解，这对于后来的学人从事生态人类学研究具有指导意义，因而笔者与管彦波研究员商量从学科建设这个角度入手进行访谈，也期望能寻找到我们这个新成立的研究室将来可能的研究方向。2017 年夏天，笔者赴昆明和尹教授进行了此次访谈。令人悲痛的是，未及这篇访谈发表，管彦波研究员遽然离世。当时研究室只有舒瑜、张姗、范明明与笔者四人，我们对于生态人类学的理解都不深入，没有了带路人，研究室的发展何去何从，个人如何从事这方面的研究都成了摆在我们面前的问题。经过深入思考和协商，我们决定将对早期从事生态人类学研究的学者的访谈进行下去，希望通过对前人研究的梳理，以及听取他们的建议，来确定我们的研究方向和研究室今后的发展道路。于是我们奔赴几个生态人类学研究的重要基地，对一些专家学者进行访谈，主要聚焦两个方面的内容：各位学者个人的学术经历和思考，以及他们对中国生态人类学今后发展的思考。

从 2018 年起，我们分别奔赴吉首和乌鲁木齐对杨庭硕教授、罗康隆教授、崔延虎教授进行了访谈，并对他们从事研究的地区进行了初步的考察和了解。与此同时，我们也对在北京的杨圣敏教授和任国英教授进行访谈，并计划赴内蒙古和昆明对阿拉坦宝力格教授、崔明昆教授和李永祥研究员进行访谈。在访谈进行的同时，我们联系《三峡论坛》的主编刘冰清教授，告诉她我们的设想，以及希望能在《三峡论坛》连载这批学者的访谈录，刘冰清教授报请《三峡论坛》并获得同意。2019 年至 2020 年，《三峡论坛》连续两年每期都登载我们对这些学者的访谈。然而 2020 年突如其来的新冠肺炎疫情打断了我们的访谈计划，赴内蒙古和昆明的计划一再推后。最终在不得已的情况下，对阿拉坦宝力格教授、崔明昆教授和李永祥研究员的访谈只能线上进行。好事多磨，2021 年，《三峡论坛》因故停刊，访谈登载也因而中断，在刘冰清教授的大力协助下，《三峡大学学报》同意刊登对崔明昆教授的访谈，但限于篇幅，只能将原来的上下篇缩减为一篇，甚为遗憾，因而在本书全文收录。在此一并致谢这些刊物，感谢刊物的编辑，以及刘冰清教授、赵秀丽女士的大力支持。这些访谈在收录于本书时，其题目和内容都做了少量文字上的修改。

实际上，我们还对洛桑·灵智多杰先生进行了访谈，洛桑·灵智多杰先生对青藏高原的生态环境保护做出了卓越贡献，如果谈到青藏高原的生态保护，绝对不可不提洛桑先生。对他的访谈发表在《三峡论坛》2020 年第 4 期，但由于洛桑先生并不是从事生态人类学研究的学者，而这本访谈录着重对生态人类学学者进行访谈，因而本书并未将对洛桑先生的访谈收录进来，感兴趣的读者可以搜索《三峡论坛》2020 年第 4 期。

克服各种困难，历时5年，我们完成了对9位生态人类学学者的访谈，他们分别是：尹绍亭教授、杨庭硕教授、罗康隆教授、杨圣敏教授、任国英教授、崔延虎教授、阿拉坦宝力格教授、崔明昆教授和李永祥研究员，访谈录中的排名顺序按照访谈的时间先后排序。当然国内还有很多学者在生态人类学研究领域做出了很重要的贡献，限于我们的精力和其他因素的制约，未能对这些学者进行访谈，甚为遗憾。非常感谢这些学者欣然接受我们的访谈，并将他们多年的研究积累和学术心得呈现在大家面前，这是他们多年治学的心血与智慧。通过对他们的访谈，我们不仅了解了前人的研究，更为我们今后的发展奠定了基础。再次深深感谢各位学者前辈，也感谢我们团队的舒瑜、范明明、翟淑平和张姗。

也以此书纪念管彦波研究员！

是为序！

2022年5月10日于大理苍山玉局峰下

目　录

尹绍亭教授访谈录

——生态人类学漫谈

尹绍亭教授简介

汉族，1947 年生，云南梁河人。云南大学教授、博士生导师，云南省文史馆员。曾任云南大学人类学系主任、人类学博物馆馆长、云南民族博物馆副馆长，曾受聘为日本京都大学等多所大学客座教授。曾任云南省文物与博物馆、非物质文化遗产专家组成员，“全球重要农业文化遗产”（GIAHS）中国项目专家委员会成员，中国民族生态学会顾问等。

著作有《人与森林——生态人类学视野中的刀耕火种》等，中、英、日文专著多部，主编《当代中国人类学民族学文库》等丛书多种，出版《生态人类学》等译著数种；主持国际合作项目、国家和省级重大科研项目多项。曾获国家民委社会科学优秀成果奖等多个奖项。为国务院政府特殊津贴专家，“云南大学伍达观教育基金优秀教师奖”，云南大学“红云园丁优秀教师奖”教师。

参与领导建设了云南民族博物馆，主持建设了云南大学伍马瑶人类学博物馆、影视人类学实验室；参与建设多个文化生态村。

访谈者：艾菊红

访谈时间：2017 年 7 月

尹绍亭教授是国内最早从事生态人类学研究的学者之一，也是国内最早从事文化生态村建设的学者，在这一领域做出了突出贡献。之前已经有相关学者对尹教授的主要学术经历和学术思想进行过访谈和介绍❶，本访谈主要关注当下社会剧烈变迁的时代，尹教授对于我国生态人类学研究的思考和设想，以及新时期尹教授对生态文化村建设的可能路径和方向的思考。

艾菊红（以下简称艾）：尹老师，今天想就生态人类学向您请教几个问题。斯图尔德的文化适应和文化核心理论对我国的生态人类学研究有较大影响，我在写《傣族水文化研究》这本书的时候，也用到了斯图尔德的文化适应和文化核心理论。您觉得他的理论至今仍然是生态人类学的基本理论吗？

尹绍亭（以下简称尹）：斯图尔德是文化生态学的开创者。在这一理论形成之前，人们对于文化与环境关系的解释，要么是比较简单粗糙的环境决定论，要么是“弱化”的环境决定论——可能论，即环境对文化的发展规定了某种可能和限制。决定论和可能论的缺陷显而易见，那就是无法解释人类文化的多样性。我在1986年曾经写过一篇《试论云南民族地理》的论文发表在中国社会科学院的《地理研究》上，在这方面，中国社会科学院民族学与人类学研究所的管彦波研究员是开创者，他的大著《民族地理学》在该领域具有里程碑意义。记得写那篇文章的时候，我感到十分困惑：在一个相似的地理环境中，具有非常显著的同一性的文化是不争的事实，而如果因此定论文化是由地理环境所决定的，显然又不切合实际。例如，同样是在西双版纳、红河等山地环境生存的民族，他们之间既有类似的文化，然而不同民族间的文化差异也十分突出，即有的文化明显与环境关系密切，而有的文化却难以直接从环境中找到生成的原因，这种状况欲以环境决定论和环境可能论进行分析是行不通的。斯图尔德的文化生态学在很大程度上弥补了环境决定论和可能论的缺陷，给予人与环境的关系一种全新的解释。斯图尔德认为，一些文化的特征是在逐步适应生态环境的过程中形成的。在一个特定的生态环境中，有些环境因素对某些文化具有决定性影响，而对另外一些文化可能影响

❶ 紫萍. 只有改革创新，学科才能健康发展：人类学家尹绍亭教授访谈录［J］. 今日民族，2007（1）：42-46；徐杰舜. 大器晚成：云南大学教授尹绍亭访谈录［J］. 民族论坛，2014（1）：19-26；尹绍亭，耿彦虎. 生态人类学的本土开拓：刀耕火种三十年回眸——尹绍亭教授访谈录［J］. 鄱阳湖学刊，2016（1）：46-59+126.

较小，特定的环境因素会形成特殊的文化特征。斯图尔德引入生态学的“适应”概念，并揭示了人类适应的本质——“文化适应”，这是一个非常重要的发现。“文化适应”从本质上揭示了人类与自然的关系，那就是环境和人类是相互影响、相互作用的关系。环境是人类生存的基础，人类的进化就是一个不断认识环境、利用环境、改造环境、调适人类与环境关系的过程。自从文化生态学产生半个多世纪以来，文化适应的原理一直为学界所认同和沿用，将来也不会过时。斯图尔德文化生态学的另一个概念叫作“文化核心”。斯图尔德认识到，任何一种文化，有的文化特征受环境因素的直接影响很大，有的影响较弱，于是他把受环境影响大的文化特征称为“文化核心”。我们知道，任何一种文化受环境直接影响和影响最大的特征就是生计方式中的食物生产技术以及与之紧密相关的文化群，斯图尔德注意到了这一点，所以特别使用了“文化核心”这个概念。你研究傣族水文化参照应用了“文化核心”这一概念，我想你是希望重点强调傣族水资源认知利用的智慧和知识的价值。不过，学界对斯图尔德文化生态学的“文化核心”概念是有争议的。“文化核心”的关键问题是边界，这个边界实际上很难确定。边界扩大了不行，扩大了就不能称其为“核心”；太收缩也不行，范围收缩得太小，关系密切的一些文化特征被排除在外也不恰当。由于存在精准界定的困难，因此我认为对“文化核心”这一概念只能参考借鉴，精准地使用存在困难。

斯图尔德的文化生态学传入我国并被广泛应用，是在 20 世纪 90 年代以后，晚了国际学界大约 30 年。我在 20 世纪 80 年代初做云南刀耕火种调查研究的时候，国门刚刚打开，还看不到任何文化生态学的著作，我从很少的信息里得知西方有斯图尔德和文化生态学，但不知其究竟。我在毫无借鉴的情况下，摸索应用了“文化适应”和“文化生态系统”理论方法进行研究，可以说，这是我自己的“创造”。当然“创造”也并非空穴来风，有两个方面的启发十分重要：一是读生态学的书，那时自然科学方面生态学的研究已成气候，我从生态学学习到“适应”和“系统”的概念，于是便尝试把它们引入我的研究之中；二是在田野中苦苦探索，从主位的角度深入思考，努力探索当地民族的观念，学习他们的知识，终于感悟到“适应”和“系统”的意义。我是走过不少弯路的人，我的例子说明学术交流是多么重要，如果那时国际交流的渠道畅通，可以读到斯图尔德的著作，就不会摸索那么长时间，浪费那么多精力。你们的时代不同了，一进入这个领域，便可享受到“爆炸”的资料和信息。对于你们而言，不愁没有资讯，愁的是如何选择、批评和应用。

艾：您在介绍刀耕火种研究时谈到了从生态学获得了四点认识：（1）生物与环境的关系；（2）刀耕火种是一种复杂的人类生态系统；（3）刀耕火种在无外界干扰的情况下，取决于人口、森林、土地和资源的关系；（4）生态系统理论是生态人类学的重要分析工具。当时您采用了生态系统论，认为系统内的各种结构要素相互依存、相互作用，系统的调适机制是维持系统结构平衡和良性循环的保障。请问，生态系统理论在人类学的研究中可以作为一个普遍的方法论使用吗？

尹：当年我研究刀耕火种的目的比较明确：一是要解释清楚刀耕火种究竟是什么。当时在进化论的影响下，对刀耕火种的偏见比较大，认识混乱，有必要说清楚这个问题。二是理论，进化论说不通，希望以一种新的理论视角去考察、解释。三是方法，没有好的研究方法，就不可能有好的成果，所以需要创新，采用系统论方法进行研究就是一种新尝试。在田野中，通过对刀耕火种所有要素的调查，我感觉到它是一个复杂的文化生态系统，如果仅从某一个角度、某一个因素、某一个方面进行研究，那就像盲人摸象，把握不住整体。所有要素都是系统的组成部分，都与其他要素相互联系、相互作用，都有其特殊功能，只有全面观照分析，才能正确认识系统的结构、运行原理、调适机制和动态演变过程。我在拙著《人与森林——生态人类学视野中的刀耕火种》里曾将刀耕火种文化生态系统形象地表述为“刀耕火种文化系统树”。仔细看一看“系统树”就可以明白，刀耕火种包括了若干子系统，每个子系统又包含若干要素。在相互作用的过程中，只要有一个要素发生衰变，就会影响子系统的平衡，一旦子系统的平衡发生紊乱，整个系统的平衡就难以维持。系统要素的衰变既可能是缓慢变化的内因积累的结果，也可能是外来压力导致的破坏。而当系统出现失衡，系统本身会做出调适，外界往往也会有相应的反应。这种网络状复杂的动态关系便是当代刀耕火种文化生态系统所呈现的极其丰富的内涵。这样进行的系统论的分析研究与简单教条的进化论的批评显然是不能相提并论的。

我认为，系统论的方法是一种适用性很广的研究方法，人类学也不例外。

你研究傣族稻作文化和水文化，这个方法就很有用。不过这里需要说明的是，我说的“文化生态系统”和“系统论方法”不仅与自然科学的“生态系统”和“系统论”有区别，而且与国外创立生态人类学的“生态系统学派”也不完全一样。继斯图尔德之后，20 世纪六七十年代，人类学开始引入生态学的“生态系统”概念，其代表人物罗伊·A. 拉帕波特曾这样定义生态系统：在生物圈的某个划定范围里的全部生命物质和无生命物质之间联系密切，并进行着物质的交换。这是依据生态学原理所做的定义，其核心是“物质交换”。根据此定义，同为该学派重要人物的罗伊·F. 埃伦（Roy F. Ellen）认为，为了理解一个系统如何运作，就需要弄清楚它的各个组成部分所进行的物质交换如何达到平衡，又是如何通过被称作“体内平衡”这个过程实现稳定的。这就要求生态人类学家对相关的生命物质和无生命物质的物质交换尽可能进行定量的研究。生态系统学派开辟了与社会学和文化人类学的传统方法所不同的研究方法，并产生过诸如罗伊·A. 拉帕波特的《献给祖先的猪：新几内亚人生态中的仪式》等经典著作，当然该学派也受到诸多质疑和批评。过分偏向生态学，过分追求物质交换的定量研究，忽视文化的分析，与其称之为“生态人类学”，不如叫作“人类生态学”更为合适。就我个人的经验，我认为欲在田野中对文化事象进行准确的定量研究，不仅不可能，而且并非十分必要。所以我采用的只是“生态系统”的概念和原理，强调的是各要素密切联系相互影响的机理，探讨的是各种变化的原因和后果，希望获得的是对文化的解释和演变过程的认识，而非具体的科学的结论。

艾：那么，对于变迁过程中的文化也能运用系统论方法进行分析吗？

尹：我以为是可以的。还是以你熟悉的傣族来说吧。在 20 世纪 80 年代以前，我们按照系统论方法，完全可以建构出一个独特的傣族水稻文化生态系统，这个系统的结构主要由丰富的稻子品种、耕作技术、水利灌溉、社会组织、观念信仰、农耕礼仪等子系统组成。但是随着时代变迁和外来影响增大，现在这个文化生态系统发生了很大变化，绝大多数傣族农村传统的水稻文化生态系统实际上已经变成以橡胶和香蕉种植为中心的文化生态系统。过去认为稻作文化是傣族的文化核心，现在呢，文化核心已变成橡胶和香蕉种植生计方式了。橡胶和香蕉种植与原来的稻作种植有本质的不同，但是这并不排斥它同样具有的“系统”的属性。作为一个“系统”，我们很容易找到其基本的结构要素：栽培品种、土地利用、栽培技术、生产加工技术、生产组织以及市场交易等。由于橡胶和香蕉种植产业成为主要生计形态的时间不长，为三十年左右，虽然这种改变对于傣族的家庭财富观念等的影响已经日益显现，然而在宗教信仰方面，传统文化依然占有主导地位。也就是说，现在的“橡胶香蕉种植文化生态系统”实际上是一个“新旧杂交”的系统，它还处在不断发育、调适的过程中。在这种状态下，使用系统论方法进行分析研究无疑也是十分适宜的。

艾：因为多年对傣族进行研究，从感情上来说，我非常喜欢原来傣族的稻作文化生态体系。但是现在情况发生了改变，这是任何人都无法阻挡的。那么新的文化生态体系如何在新的生计方式的改变下重新构建，这是我一直在思考的问题，因此想就这方面来听听您的意见。

尹：是啊，作为人类学者，由于对传统文化的价值具有非同一般的认识，所以“怀旧”情结也非同一般地强烈。我和你一样，对西双版纳昔日的雨林山寨、田园牧歌、淳朴风情无比怀念。然而也正如你所说，变化是潮流，无法阻挡。不过，虽然我们怀念过去，但是也特别能够理解正在发生的变化和当地民族的感受。三十年前，社会各界对那里的刀耕火种深感忧虑，一边倒地批评打压，认为再不能让这种“原始社会生产力”延续下去。现在绝大多数当地民族引种了橡胶，好不容易“消灭了”刀耕火种，摆脱了“原始落后”，开始脱贫了，不料种植橡胶又产生了新的环境问题。诸如天然林大量消失、许多地方热带雨林景观荡然无存、生物多样性显著减少、河流干涸、气候变暖、水土流失加剧、空气污染等。现在的橡胶种植颇类似当年的刀耕火种，又成为外部各界厌恶批评的对象。不过光靠批评是不能解决问题的，当橡胶已经成为当地民族的“摇钱树”，使他们初步尝到“小康”的滋味，已经影响到他们生活的方方面面之后，要让他们大面积退胶还林甚至取缔，那是绝对不现实的。试想，对于傣族等的年轻人来说，是愿意回到以往的生活方式，栽种稻谷，缺少现金，居住简陋黑暗的茅草房，骑水牛，赶马车，还是愿意种植橡胶和香蕉，大把地赚钱，住电器化砖混大房子，看电视，玩手机，开拖拉机、开汽车？答案不言而喻。不过，现行系统的缺陷是不容忽视的，调适、改良已经提上重要议事日程。西双版纳今后的演变可能会出现两种并存的发展模式：第一种是橡胶香蕉种植文化生态系统的改良模式，即通过政策、规划、管理、科技等方面的探索、优化和创新，使橡胶香蕉种植文化生态系统尽可能消除负面因素，逐步健全和完善。这就需要两方面的努力：在生态方面，最好能够恢复“神林”、“神山”、水源林、护寨林、风景林等传统的“圣境”和生态保护区，优化规划，严格实施，把橡胶和香蕉的种植面积减少到适度的范围内，重视农作物多样性和生物多样性的恢复。同时加强加快目前有关方面正在进行的“环境友好型胶园”等的研究和推广，解决好种植和加工过程中对环境的污染。在文化方面，由于新的文化生态系统明显缺失适应当地环境和社会的文化结构和机制，因此特别需要努力保护传承各民族优秀的传统文化，尤其必须保护传承好伦理、道德、信仰、礼仪等传统核心文化。第二种是建构复合生计文化生态系统。随着社会的发展，市场和文化的调节功能将日益强化，单一的生计形态是不可持续的，必然要向复合生计形态演变。从西双版纳现在的情况来看，一种新的复合生计文化生态系统已经初见端倪，那就是以稻作、经济作物、外出务工、旅游四个经济支柱组成的复合生计文化生态系统。这种新的系统也和橡胶香蕉种植文化生态系统一样，需要努力保护传承各民族优秀的传统文化，尤其必须保护传承好伦理、道德、信仰、礼仪等传统核心文化，只有这样，系统才会有健全的结构和功能，才能实现良性循环和可持续发展。

艾：您是国内最早做民族文化生态村的学者。20 世纪 90 年代至 21 世纪初，生态村的建设在全国比较盛行，但总体发展情况不是太好，您在一篇访谈中也提到原因很复杂，您认为主要原因在哪里？

尹：原因很复杂。乡村文化生态的修复、重建与复兴是一项系统工程，涉及方方面面，而且吃饱穿暖依然是许多乡村的首要目标，文化生态村那样理想的“美丽乡村”的建设是不可指望一蹴而就的。我们从 20 世纪 90 年代中期开始做文化生态村建设项目，十多年时间，五个试点村情况各异。有的基础差，矛盾干扰较多，习惯了对政府的依赖，建设困难较大，成果难以持续；有的虽然同样基础差，但是有好的带头人，在建设过程中，村民的文化自觉显著提高，虽然硬件建设效果不显著，产业发展成果不突出，然而文化生态保护意识已深入人心，潜移默化地体现于人们的日常生活之中；有的在资源调查研究、生态环境整治和基础文化建设初显成效之时，经营管理权被当地政府转卖给了企业，后来按商业模式被“打造”成为旅游小镇，成为受到省里充分肯定的文化产业发展的典型模式；有的在我们专家组的引导下，始终坚持村民主导建设的方针，在做好文化保护传承和生态环境优化美化的基础上，自力更生，努力发展旅游业，成为著名的乡村旅游胜地，达到了脱贫致富的目标。由此可知，五个试点村的发展是很不平衡的，不同的角度有不同的评价，既不能全部肯定，也不能说“总体情况不太好”。我认为，评判这个项目的标准恐怕主要还不是在具体的建设成果上，作为社会科学的研究，包括应用研究，我认为它的前瞻性、引领性、超前的理念、创新的思维才是最有意义和价值的。提出建设民族文化生态村是20年前的事，那时我们呼吁进行乡村文化生态保护传承和探寻新形势下中国乡村的发展途径，并付诸实践，可以说是开拓性的敢为人先的理念和举措。现在不同了，传统民族文化村、历史文化名村名镇、特色小镇、特色旅游小镇、民族团结村、生态民俗村、民俗旅游村等名目繁多的乡村重建、活化、营造、振兴已成为热潮，从中央到地方各级政府都在积极作为，社会、民间的参与也空前热烈，新颖、独特的创意、规划、设计、示范大量涌现，在世界许多国家乡村严重空巢一片萧条的情势下，中国乡村的复兴势头可谓一枝独秀，令人振奋。不过如果冷静看待，时下的乡村建设、打造、活化也存在诸多问题，例如缺乏顶层设计、各行其是、重开发而轻保护、重旅游轻文化、追求浮华轻视内涵、同质化严重等，急需加强统筹，制定法规，严格管理，提高品质，以避免形成新的破坏。另外，农村根本无缘于“美丽”“特色”“民俗”“历史文化”等的“建设”“打造”“活化”，这些农村更需要人们的关注。最近我在电视节目上听到习近平总书记所讲的一句话很受启发。过去一提长江经济带，重点就集中在如何打造经济带、如何建设开发之上，但是习总书记在考察重庆等地时明确指出，长江沿岸要保护不要开发，母亲河保护是第一位的。这句话对于乡村建设尤其历史文化名村、名镇的建设，同样非常重要，应该牢记。

艾：那么您认为乡村建设良性发展的可能路径在哪里？

尹：其实大家都在探讨这个问题，观点看法颇多，而且各个领域都在积极实践并推出自己认为理想的示范样板。从人类学民族学的角度考虑，以下几点一直是我们特别强调的：第一，无论做何种名目的乡村建设，必须先进行深入详细的调查，全面掌握该地的历史文化生态资料，明白这个村镇的价值所在。如果根本不懂当地的历史文化生态，就盲目开发，必然会带来破坏。第二，应该摆正外来投资开发者与当地民众的关系，要知道，当地民众才是真正的主体，是历史文化生态资源的拥有者，他们的愿望、诉求以及知情权、参与权等正当权益应该得到充分的理解和尊重。如果乡村建设只是按照外来投资者的意志进行“打造”，缺失主人翁的参与，那么再好的目标也不会落到实处，任何建设成果都将不可持续。第三，乡村是农民的乡村，是当地人世世代代生息繁衍的家园，乡村民众在乡村建设事业中应该拥有主体地位，而不能被转化为土地出让者和打工仔。如何鼓励乡村民众自力更生、奋发图强，如何发挥服务功能而不是主宰替代功能，是各级政府应当认真思考的问题。第四，乡村建设的终极目标应该是造福当地民众及其子孙后代，任何名目的乡村建设都应该把这个目标摆在第一位。以上四点未必能得到所有方面的认同，但是我以为这是基本的原则。

艾：当地人如何在文化生态村的建设中做自己的主人确实是一个重要问题。比如丽江整个古城的居民都被置换出去了。我于 2010 年去滇西北泸沽湖的时候，已经有村民把自己的客栈承包出去，这次再去，看到几乎所有的村民把自己家的客栈承包给了外地人。当地人自愿把自己的资产承包给商家，可以“不劳而获”，这个问题怎么解决？对于政府和商家，我们可以批评和建议，但是我们不能制约当地人自己的选择，这该怎么办？

尹：是啊，这种情况在云南、在全国都不少见，而且越来越盛行。我们建设民族文化村非常重视的一条就是要精心培育村民的文化自觉，增强村民的主人翁意识，强调自力更生、奋发图强。如果乡村建设、乡村旅游的“打造”“开发”只是为了达到追求经济效益的目标，只是一味地宣传灌输金钱至上、脱贫致富的观念，而不把传承优良文化传统和维护崇高道德信仰始终置于首要地位的话，那么路子肯定会走偏，肯定会出现种种意想不到的负面效果，这已经为许多事例所证明。我们的试点村中有一个名叫仙人洞的村子，经过十多年的建设和发展，现在该村已经成为闻名遐迩的旅游胜地。现在村里全部人家已经脱贫，大多数人家的旅游年收入在 20 万元以上，少数人家多达百万元以上。尽管如此，村民没有一家对外出租经营权，始终拒绝外来者高利诱惑的承租，而且表示今后也不会那样做，要保持仙人洞撒尼人民风民俗的纯洁性，要让仙人洞村永远成为仙人洞人当家做主的美好家园。现在仙人洞村不仅是著名的乡村旅游示范村，以及脱贫奔小康的典范，而且是全国创建文明村镇工作先进村、文明村镇示范单位、省级和国家级的精神文明村等，收获了许多荣誉。仙人洞村的事例也许能够说明一点问题吧。

艾：乡村建设确实还有许多问题值得探讨。这方面的著作除了你们写的文化生态村的著作外，还不多见。

尹：关于云南民族文化生态村的总结还很不充分，迄今为止出版了《民族文化生态村——云南试点报告》、《民族文化生态村——当代中国应用人类学的开拓》（6本加影视光盘），以及未公开出版的《云南民族文化生态村暨地域文化论坛》等，更多的见于各类媒体不同时期的报道。

艾：在当下这个剧烈变迁的时代，您觉得生态人类学今后的研究应该从哪些方面入手和着眼？要解决的问题有哪些？

尹：当下学界对于生态人类学的看法大致存在两种不同的观点："困境论"和"挑战论"。

"困境论"认为，在全球化的背景下，世界变小了，昔日与世隔绝的"世外桃源"大都成为"传说中的故事"。生态和社会环境发生了巨大变化，民族文化急剧变迁，文化和生态多样性迅速消失，传统知识濒临消亡，传统典型的研究领域和研究资源已经难以寻觅，田野中很难再看到完美的"文化适应"案例，而"文化不适应"的案例却随处可见。前工业社会一旦被工业社会所取代，生态人类学也就走到尽头了。这种观点是否有道理？应该说有一定道理。传统生态人类学理想的研究对象就是采集渔猎社会和农耕社会中封闭和较为封闭的环境和族群，只有在那样的环境之中，才能凸显人类与环境资源最为直接、最为密切的关系，也只有在那样的环境之中，才会产生最为原始、最为独特、最为丰富的环境资源利用的知识和智慧，还有与之相应的各种社会组织形式、万物有灵观念及其禁忌崇拜的种种仪式。而且，只有在与外界交换极少的封闭和半封闭的社会中，才有可能进行生态系统的某些物质交换的定量的研究。

相对于"困境论"，我倾向"挑战论"。"挑战论"认同世界的变化和传统生态人类学研究面临的"困境"，然而并不同意悲观的论调，面对一个充满变数、日新月异的世界，我认为生态人类学也应与时俱进，顺应时代潮流，不断开拓与创新。生态人类学研究的人类文化与环境的相互关系，从来都是一个动态演变的过程。生态环境变化了，打破了封闭，变得复杂而开放，并不意味着人类与生态环境关系的终止，恰恰相反，这种关系反而会以更为错综复杂的形式、多样化的演进方向向前延伸。这样的势态与其说是“困境”，不如说是“机遇”“挑战”更为合适。新的复杂生境的产生要求人类做出相应的新的复杂的反应。欲认识和阐释这样的人类与生境的新的复杂的多样化的互动势态及其过程，沿袭照搬传统的理论方法已经显得力不从心，努力创建新的研究理论和方法已势在必行，生态人类学因此有可能迈上一个新的台阶。事实上，我国学界也是朝着这样的方向发展的，例如新形势下传统知识的研究。时下传统知识正处于迅速消亡的状态，一些学者对此表示悲观而无所作为，然而也有学者在其间发现了巨大的研究空间，他们肩负历史使命，对我国 55 个少数民族的传统知识进行全面系统的调查、收集、抢救、发掘、整理，建立数据库，进而探索建立相应的传统知识产权保护和利用惠益分配的法律体系，在国际学界发挥了示范作用，产生了良好的影响。众所周知，从事这项宏伟事业的乃是中央民族大学民族生态学家薛达元教授的团队。同样，吉首大学的杨庭硕、罗康隆教授团队近年来也致力于少数民族传统知识的调查研究，并且获得了丰硕的成果。尤为难得的是，他们在如何转化利用传统知识方面也进行了艰苦探索，并取得了令人瞩目的成果。又如新形势下智库作用的发挥。新疆师范大学的崔延虎、迪木拉提团队，数十年的不懈研究成就了他们作为新疆文化生态智库的地位。在新形势下，他们所积累的知识和信息不仅没有过时，反而日益显现出宝贵的价值。多年来，他们一直被外来的社会科学包括自然科学的研究者视为绕不开的咨询专家，而他们更主要的贡献则是经常性地对于该区各级政府相关部门决策所需的咨询建言。对于生态人类学如何在新时期的开发建设中发挥智库作用，他们树立了榜样。再如中国科学院昆明植物研究所裴盛基先生的民族植物学团队，该团队成员几乎遍布全国，他们对各民族的传统植物利用知识、传统农业的技术与知识、生物和文化多样性传统知识、社区资源管理利用的传统知识、神山神林等圣境文化等的研究，早已享誉世界。近年来，该团队除了继续以往的研究之外，又加强了少数民族传统植物、药物的研究和开发，产生了新的影响。除了以上几个代表性的事例之外，我想目前生态人类学还可以在环境人类学、政治生态学、生态法学、生态文明建设等领域大有作为。此外，加强与环境社会学、生态环境史、民族地理、人类生态学等学科的交流与合作，开展跨学科的研究也是新颖的课题。最近我们编了一套《生态人类学丛书》，大致可以体现生态人类学研究的一些新领域、新课题。该丛书由我和何明教授主编，受云南大学“211 工程”民族学重点学科建设项目资助，为云南省哲学社会科学创新团队云南省民族文化多样性田野调查、云南省西南边疆民族文化传承传播与产业化协同创新中心建设项目，由知识产权出版社出版。迄今为止，这套丛书出版了 12 册，分别为《泥石流灾害的人类学研究——以云南省新平彝族傣族自治县“8·14 特大滑坡泥石流”为例》《自然·文化·权利——对漫湾大坝及大坝之争的人类学考察》《仪式·消费·生态——云南新平傣族的个案研究》《植物的记忆与象征——一种理解哈尼族文化的视角》《与草原共存——哈日干图草原的生态人类学研究》《滇池沧桑——千年环境史的视野》《沙地环境与游牧生态知识——人文视域中的内蒙古沙地环境问题》《民族生态学理论方法与个案研究》《侗族传统农耕文化与珠江流域水资源安全》《回归荒野——准噶尔盆地野马的生态人类学研究》《气候人类学》《清水江流域传统林业规则的生态人类学解读》。如果情况允许，这套丛书还将继续编下去。总之，新时期生态人类学的研究空间依然巨大，有待我们去发掘、开拓、收获。

艾：谢谢尹老师今天对于今后生态人类学研究的思考和设想，以及对于文化生态在当下良性发展的可能路径的建议，对于我们今后从事这方面的研究有很大帮助。谢谢尹老师！

（该文曾发表于《三峡论坛》2018 年第 1 期，此次收录文字略有改动。）

杨庭硕教授访谈录（上）

——我是如何走上生态民族学研究之路的

杨庭硕教授简介

苗族，1942年生，贵州贵阳人。现任吉首大学人类学/民族学研究所研究员，吉首大学历史与文化学院终身教授，博士生导师，博士后合作导师。主要从事民族学、历史学以及社会学的教学与科研工作。

先后出版《相际经营原理：跨民族经济活动的理论与实践》《民族、文化与生境》《生态人类学导论》《生态扶贫导论》等十余本专著。主持国家社科基金重点项目、国家社科“冷门”绝学专项研究项目、美国福特基金项目等共8项。主编“五溪文化丛书”“百苗图研究丛书”和“历史民族志研究丛书”。先后就少数民族的地方性知识与生态建设问题在日本、美国、韩国等国家发表专题演讲和报告。在《民族研究》《自然辩证法研究》《南开学报》《中国农业大学学报》《中国农史》等期刊发表CSSCI文章80余篇，其中与他人合作的《对本土知识价值评估失实的社会与文化原因剖析》一文荣获“贵州省第十二次哲学社会科学优秀成果一等奖”。

访谈者：舒瑜

访谈时间：2018年5月

（吉首大学历史与文化学院硕士研究生杨秋萍对访谈录音进行了整理，在此表示感谢。）

杨庭硕教授是国内最早从事生态民族学研究的学者之一，在少数民族传统生态知识研究领域做出了突出贡献。之前已经有相关学者对杨庭硕教授的主要学术经历和学术思想进行过访谈和介绍。[1] 2018 年 5 月 16 日，中国社会科学院民族学与人类学研究所资源、环境与生态人类学研究室与吉首大学应用人类学高等研究院共同发起“生态文化研究学术工作坊”的交流活动，利用此次工作坊的机会，我们对杨庭硕教授进行了长达 6 小时的访谈，因受到篇幅限制，本书所呈现的只是部分访谈内容。

舒瑜（以下简称舒）：杨老师，您好！非常感谢您能接受我们的访谈，您是我们特别敬仰的老一辈学者。此前，我看过您的研究成果，感到由衷的折服，今天能向您讨教，我感到非常荣幸。从您的学术经历来看，您跟着江应樑先生所受的学术训练主要是民族史方面，但后来逐渐转向生态民族学。您做出这样转向的机缘是什么？就我们所知，您很早就开始进行生态民族学的研究，《民族、文化与生境》一书于 1992 年就已出版。据说该书的写作是当年您和江先生探讨族源问题派生的结果。为此，我们想了解的第一个问题就是，您为什么从传统的民族史研究转向了生态民族学？这一转向背后有什么特别的考虑，或者说有什么样的机缘？

杨庭硕（以下简称杨）：你说得不错，我从民族史研究转向生态民族学确实和族源的探讨有直接的关联性。大家都知道，民族学学科的传统做法是对具体民族一个一个地加以研究。当然肯定是跨文化的研究，这一点必须加以强调。在跨文化背景下，难免会带着自己的观点或者立场去了解另一个民族及其文化，这种现象在民族学界早就习以为常。而且对传统民族学教育而言，几乎成了一种普遍性的规范。但如下三方面的情况，对我的学习经历而言，不得不做出有所不同的考量。

---

[1] 杨庭硕，孙庆忠．生态人类学与本土生态知识研究——杨庭硕教授访谈录［J］．中国农业大学学报（社会科学版），2016（1）：5-23；杨庭硕，王婧．苗族传统生态知识的演变——杨庭硕教授访谈录［J］．鄱阳湖学刊，2016（1）：60-69；杨庭硕，耿中耀，杨庭硕教授谈当代生态建设的转型与创新问题［J］．原生态民族文化学刊，2017（3）：2-12.

其一，我个人的治学经历。对此，大家可能早有了解。我是先天性的近视，早年想学化学，响应国家的号召“向科学进军”，但眼睛不行，不仅化学学不成，学生物也不行，我也曾试过学习气象学，同样无果而终。最后在万般不得已的情况下，才学了中国语言文学专业。这个过程很曲折，从某种意义上来说是一种失败，也是个人的悲剧。但从另一角度看，在这个过程中所积累的不同学科的知识和训练，对促成我转向生态民族学研究起了很大的铺垫作用，使我的思维方式不会像传统做历史、民族学、文学的科班生那样，要遵从特定学科的规范，而很难换一个视角去思考所面对的学术问题。我反而容易做到这一点，这对我而言，应当是一个非常重要的机缘。

其二，和我的家庭出身及生活圈有很大关系。因为我的家庭本身就与苗族文化存在密切关系，可以称得上是第一批脱离苗族社区、进城谋生的苗族移民。我的父亲和母亲都与苗族有血缘关系，而且来自不同的苗族支系。在家庭内外，苗族文化的潜在影响对我而言也是治学方向选择的另一机缘。

舒：从山上迁到城里谋生的原因是什么？

杨：清代宣统年间，社会局势动乱，进城谋生是一种被迫做出的选择。我的母亲与金筑安抚司世家有血缘关系。我的外祖父是因为参加辛亥革命到了贵阳，而且在辛亥革命中还扮演过重要角色。他曾在贵州当时的军政府中当过文书，然后到詹天佑手下当财务总管，后又给孙中山当过信使。同时他又是受天主教资助，才得以进城谋生。这些特殊的经历使我外祖父的视野较广，他在与我们的闲谈中，为我提供了不少在幼年时倍感新鲜的新思想和新知识。民族学需要一种跨文化的思维，他在无意中传授给我们的知识和思想，对我后来选择民族学起到了很大的引导作用。

其三，我有幸被江先生录取为他指导的第一批硕士研究生。时间是1980年以前，当时民族学还没有恢复，因此我是以历史学研究生的名义进入云南大学的，这是我意料不到的幸运。江先生给我们上的第一堂课就是民族学，因为他当时正在准备于1980年到贵阳参加中国民族学的成立大会。听完课后，我才知道我是以历史学的名义当上研究生的，事实上要学的是民族学。这对我而言，自然感到与江先生十分投缘。由于我的经历与我的同学有所不同，江先生所传授的内容，我接受起来感到很轻松，不像其他同学那样吃力。

舒：您和江先生为何对族源问题研究那么感兴趣？

杨： 这是当时的学术背景使然。在我国政府组织大规模民族识别的工作时，民族学研究队伍力量还很薄弱，参与这项工作的学人大多是历史学或语言学专业的专家。他们习惯从汉文典籍中找证据去展开民族识别工作，所形成的结论很自然地要围绕汉文典籍的记载下结论，以致几个民族的族源很自然地出现雷同。江先生认为这样做不妥。一个民族的族源只能就其民族文化基本定型才能下结论，仅凭借一两项文化事象的记载去认定不同民族的族源，其结论的可靠性必然缺乏足够的说服力。

记得有一次，江先生问我，为什么苗族会有那么多支系？其间到底有没有差异？这个问题对我来说并不难以回答。因为仅仅是在贵阳市范围内，就有四个不同的苗族亚支系在这里生息。我就我知道的情况回答了江先生的提问，并补充说，不同支系之间的苗族确实存在非常明显的文化差异。但为何还能凝结为一个民族？当时我也无从找到正确的答案。当时江先生仅是提醒我们，要从苗族文化内部整体性的共性特征下结论，才能得出可靠的结论。

我们家族的原住地是在明代水东土司的领地范围内。水东的苗语非常奇怪，只有三个声调，而其他地方的苗语则有六至八个声调，原因在于，水东地区的土司出身汉族，其属下也有大量的汉族民众。声调上的这种差异也许是受到汉语干扰的产物。江先生听了非常感兴趣。他说研究苗族族源，需要全面掌握这些情况才行。其后，我就给他介绍了贵阳范围内的苗族情况。如地方志所称的“青苗”，在计时制度上，就与其他苗族不同，他们不是用苗族的传统历法，而是采用汉族的农历计时。只不过，将月份和节气的名称都翻译成了苗语。据此，我估计这里的青苗是受到汉族文化的影响。江先生也表示认可，这给了我很大的鼓舞。至于其他地方苗族的传统计时制度，则是用十二生肖轮回计算年份、月份、日子和时辰。当时我还不知道，苗族的这种传统计时制度是一种真正意义上的物候历。不过，江先生听后对我的启示却使我受益匪浅，他明确指出，探讨族源需要看主流、看传统，个别地方存在的差异大多是受外来文化传入的影响使然，按理不应当成为族源探讨的依据。而这一点，其后成了我选定田野调查点的依据。

我的田野调查点距离贵阳市很近，是该市下属的高坡苗族乡。当地的苗族在资料中被称为“白苗”，通用的苗语被王辅世称为“惠水次方言”。这里苗族的计时制度是真正意义上的苗族传统历法。在很多苗族地区都通用这种传统历法，以此为依据去探讨苗族的族源，才具有起码的可靠性。也正因为如此，我的硕士论文才有勇气正面去探讨苗族的支系问题，江先生的启发在其中发挥了关键性的作用。以苗族的传统历法为线索去归纳苗族文化的内在统一性，果然收到了理想的成果。因为单就汉文资料的记载而言，这种传统历法不仅在高坡传承到了今天，在其他苗族地区也有相当一部分传承了下来，据此去探讨苗族的族源，我的心中就有底气了。

后来，江先生又问我是否了解苗族到底分布在哪些地区？它和布依族在分布上到底有什么差异？当时我比较清楚“高山苗，水仲家，城里住客家”，就把这一顺口溜告诉了江先生。他说这些民族的分布肯定与所处环境有关系。在研究民族族源时，环境得考虑进去，因为苗族分布这么广，环境差异这么大，我们还把他们说成同一民族，这是就什么意义去做出的结论？它有哪些文化事实和其他民族有明显的区别？当时我回答不上来。他就叫我查当时研究苗族的论文，对比一下到底有哪些东西是苗族都认同的，而且是具有同质性的文化内容。基于当时的这番谈话，我的第一个田野调查点就这样定下来了。进了高坡深入调查后，我确实发现了很多共性的东西。

舒：注意到民族文化与所处环境的关系，在老一辈民族学家中，应当是早已有之的事情。比如凌纯生、芮逸夫，在 20 世纪 40 年代就有了相关的研究，在 20 世纪 50 年代的民族识别工作中，也有不少学者注意到了这样的文化事实。但从您刚才的介绍中，我似乎看到您在这一研究思路上走得更远，走得更彻底。您能不能讲一些更加具体的过程？特别是您是怎么去思考的？

杨：具体例证很多，但影响最大的还是我在高坡调查时所感受到的苗族与布依族之间围绕环境而爆发的文化冲突。前面已经提过“高山苗，水仲家”这个在贵州世人皆知的谚语，字面上看似乎很平淡。但若加深究，其背后极其复杂，民族之间既有隔阂、偏见，也有互惠、互补。黔中地区的布依族都谣传高坡的苗族会放蛊；而苗族又说布依族经常欺负苗族，他们提供的证据与“批公狗场”的跳花地直接关联。相关情况不仅是口头传闻，甚至政府的文件中都有反映。但其实这一背后涉及生态背景的差异问题。这些问题直到 20 世纪 80 年代，都还很少有人注意到，更是少有人展开深入的探讨。

苗族从事的耕作方式具有很强的间歇性，今年耕作的地可能明年就不用了，三四年以后再重新启用。苗族过跳花节时所用的跳花场也不是固定在同一个地方，而是在多个不同的地方轮番进行。其中争议最大的就是“批公狗场”，具体位置在今天惠水县的半坡乡，该地有布依族的村寨，距离高坡苗族乡的辖地非常近，实际距离不到 2 公里。当年我在该地调查时，苗族乡民带我去观看了一通摩崖石刻，刻成的时间是明万历二十五年（1597）。碑文的内容是说，当时的贵阳府裁定这片跳花场永远归高坡苗族使用，其他任何人都不得侵占。因为这片跳花场的所在地，苗语地名就叫“批公”，苗族举行跳花活动时按例都是在“狗场天”举行，因而被称为“批公狗场”。单从这个名称就可以看出，这里肯定不是苗族的定居地，更不是苗族的固定村落所在地。在一年中，仅是某几天才在这里举行跳花活动。其他时间，苗族民众几乎不会来到这里。从其他民族的观念看来，似乎不可思议，但在苗族看来，却再正常不过。其文化逻辑在于，他们实行游耕文化，对土地资源的占有从来就不固定，对跳花场的利用当然也不例外。但问题在于，实行固定农耕的汉族居民却不会像苗族那样去理解，会很自然地认为，苗族在耕作时节不对这里加以利用非常可惜，于是便会鼓励其他民族成员将这里占用为耕地，这样的决定对官府而言有税收来源，对布依族而言可以有更多的耕地，两方面都各有所得。但苗族的跳花节是在冬春季节举行，当时没有农事活动，似乎也没有妨害到苗族。

我把这个调查情况向江先生做了汇报，他觉得这个问题非常值得探讨。既然历史上官府已经做了判决，布依族怎么说这是他们的耕地呢？不同民族间这种认识上的差异最终导致了这块跳花地的所有权，在历史上竟然争论了四百多年，直到 20 世纪 80 年代，还依然久议不决。黔南州民委和贵阳市民委先后调解了 8 次，历时 14 年。根据碑刻、民间记忆、苗族的认知和他们列举的证据，这片跳花场确实是苗族几百年来的跳花场。但是布依族的证据却说服了民委机关。他们说布依族既然在这里种了地、修了房子、盖了牛圈，当然得判给布依族。两方的证据摆到桌面上的时候，黔南州民委指责贵阳市民委的证据是支持封建迷信，我们的土地要按照土地改革的方案来办，要分给布依族。黔南州政府认为，这样的事情总得有个了结，苗族有争议，给他们一些补偿，让他们另外划一块跳花场就行了，但是苗族一直不服气。

政府方面的类似调解事实上都没有最终解决问题。原因在于，其间涉及苗族和布依族之间对所处环境的文化认知问题。如果不从民族文化差异的视角入手，类似问题是不可能获得彻底解决的。因而，从此类看似很小的事象入手，就不难理解不同民族对环境的认识和利用确实存在很大的差异。深入探讨文化与环境的关系肯定是民族学中一个亟待深入探讨的研究空间。对我而言，从这样的事象入手去重温“高山苗，水仲家”的内涵就大有深意了。也因此而引导我下定决心编写《民族、文化与生境》一书。

舒：关于这本书的具体内容，您是否可以稍加详细地介绍一下？

杨：还是以布依族和苗族为例，布依族和苗族对生态环境的利用存在极大差异。布依族作为一个濒水民族，他们的知识与技术总是聚焦对湿地生态系统的利用。而苗族则相反，他们的本土知识与技术则集中于对山地森林或草地生态系统的利用。在国家权力未渗入这些地区以前，两个民族生息地之间具有相互隔离的分界线，通常是坡面上的茂密混交林，其间仅留下勉强可以识别的民间小路，以确保相互之间的沟通和交流。但国家权力深入后，为确立税收的依据，需要明辨土地的占有实情。布依族则凭借这样的政治背景，实行大规模的林地开荒，最终导致原有的文化分界线变得模糊不清，从此就种下了文化冲突的隐患。“批公狗场”的土地权属争议就由此而来。对此，当地苗族有如下一段记忆。

高坡苗族中被称为“蒙茸”的宗族早年有四个兄弟，其后繁衍成四个房族。老大房族的后代很勇猛，因而被派到山口去建立村寨。据说山口的位置就在“批公狗场”的下方，目的是挡住山下的布依族从这里进入苗族地区。这个故事从字面上看非常平淡，几乎看不出与“批公狗场”的争论有关系，但加以细究后却不难发现，这显然是在原有的自然边界被破坏后，随着冲突的加剧，才可能演化出来的新故事。传播这个故事的目的显然是要强化“高山苗，水仲家”所反映的文化与环境的对应关系，以此化解新发生的矛盾和冲突。以这样的故事为切入点依然可以看到，不同民族对所处环境的认知和长期的占有利用，其间存在明显差异。因而这样一个小故事是否反映了历史的真实其实无关紧要，关键的问题在于它可以揭示不同民族对环境的占有和利用存在不容忽视的差异。而这正是类似故事能够引导我们关注文化与环境的对应关系的基本依据。

每个民族要创造一套完备的、能对所处环境高效利用的文化，必然要经历一个漫长的世代积累过程，有时甚至要付出沉重的生命与鲜血的代价，来之不易，守之更难。因而，文化与所处的自然与生态环境通过长期的制衡互动磨合，最终都会形成稳定的“文化生态”共同体。对于这一点，斯图尔德的《文化变迁论》已经说得非常明白了，在此毋须赘言。但具体到生态民族学研究而言，问题就不那么简单了。这是因为文化是一个整体，对“文化生态”共同体的文化表达必然会千差万别，花样翻新。在实际的研究活动中，如何从这些看似互不相关的文化事实中归纳出相关民族的“文化生态内核”，则是一个极其繁难的研究使命。经历了二十多年的探讨后，回顾我走过的道路，我感到很欣慰，但又深感今后的研究任务任重而道远。

舒：我还是不太明白族源的探讨与文化生态的总体把握，其间到底存在什么样的内在关联性？为何深化对族源问题研究时，会很自然地转向对文化生态的讨论，您是否能针对这个问题谈一下您当下的想法？

杨：刚才我已经强调过，探讨族源必须以特定民族文化的整体定型为起点。因而，离开了对民族文化生态的研究，族源的认定就无法落到实处。相反，如果对一个民族的族源不能做出正确的认识，对该民族建构的“文化生态”共同体也就无法做到精准的把握，其实两者之间是互为表里而存在，因而需要对二者做出辩证统一的思考。

舒：我有一个疑问，当时民族史的研究好像有一种特别强的学术追求，就是每个民族必须要找到它明确的可以认定的源头，其实找准这样的源头很难。有些民族可能在方志文献中会有所记载，但是很难说这些古代的民族与后来衍生出来的众多民族之间存在真实的文化关联性。当下人们所探讨的族源往往是后来不断建构出来的。您反对“建构论”吗？

杨：反对。历史确实有建构的成分，但也要注意随着时代的推移和国内外政治形势的变迁，每个人的建构都不会雷同，但任何民族的族源都应当是确凿可靠的。过去为什么探讨族源没办法讲清楚？因为它是根据汉文典籍记载的名称来追溯，没有一个严格的研究方法与之配套，更重要的是没有与环境和生态配套。比如布依族就很典型，因为《新唐书》和《旧唐书》有专门记载，说“五姓番”种植的是“秧稻”，而不是“水稻”。同时又记载说“谷不熟，则杀象射生为业，以充食”。这两句话太关键了。古百越民族是临水而居的民族，但文献中却没有提及他们种植水稻，更没有提及他们种植秧稻。而作为古百越民族一支的“五姓番”则种了“秧稻”。因而，《新唐书》和

《旧唐书》的上述记载事实上已经充分表明，文献中所称的“五姓番”与古百越民族已经分化，两者拉开了很大差距。所以将“五姓番”确立为布依族的族源才称得上是有理有据。需要申明之处在于，此处讲的种“秧稻”仅仅是中华各民族在不同时代驯化野生稻的手段之一，不能代表不同时代其他地区特别是考古发现的野生稻驯化技术问题。

然而，在汉文典籍中，特别说明“五姓番”是种“秧稻”，做出这样的区别原因何在？值得深究。从文字表述去追述得不到解答，但是从生态的角度就可能得出接近事实的理解。因为野生稻通常不结实，但靠人力“折腾”一下就可以让它结实。日本著名学者安田喜宪就做了相关实验，他把西贡生长的野生稻运到泰国曼谷，把它种在花盆里面做实验，结果在花盆中反而结实了。生物都有求生的本能，它在有利环境下生长，更多的是通过营养方式去繁殖；而在不利环境下生长，为了确保物种的延续，反而会大量结实。这成了我们以后研究生态民族学的一个重要案例。安田喜宪也承认这一点，如果没有人去“折腾”刺激野生稻，自然生长的野生稻就不会结实。所以种植水稻直到今天还要普遍实行插秧，其实质就是通过人去给它施加强烈的刺激，使它大量结实，以满足人类的需要。这不仅解决了民族学问题，也解决了许多生物学上悬而未决的问题。很多分类学家只注意生物成年后的生长样态，而与人的关系则不加考虑。事实上，当前我们看到的各种习见生物，它们成年后的生长样态本身就与野生状态很不相同，这就表明这种生长样态的差异是人类干预出来的，而不是自然长出来的。不同民族的文化在其间都发挥了积极作用，将这样呈现的生长状态习惯性地误判为生物的自然生长状态，当然会导致研究中的一系列误判。

再如，大理地区种核桃，要用刀去砍树干，并且要多次移栽，结出来的核桃不仅多，而且籽粒饱满，其壳也非常薄，含油量高。但请注意，这不是核桃靠其生物本能结出来的果实。谁都知道野生核桃壳厚籽小。因而在对待这样的生长样态而言，忘记了民族文化在其间发挥的作用，这是科学研究不能容忍的失误。其实，文化对物种生长的干预并不是在当代才表现出来的，而是在历史上就早已有之的文化生态事象。对核桃、石榴等从中亚传入我国的物种而言，南北朝时期的《齐民要术》一书早就有类似的记载。该书明确指出种植核桃、石榴，不仅要移栽和修剪，移栽时树穴中还要垫石头和动物的枯骨。其科学性和合理性在于，核桃这样的外来植物，其原产地在波斯高原，是种在山麓的土石堆积层中，土壤的透水性和透气性能良好。但到了中国的黄河冲积平原，或者西南的喀斯特山区，其土壤的透水性和透气性能都较差，加上降水量丰富，必然要干扰到根系发育。因而，中国各民族其实是在经验和教训的积累中，形成整套的本土知识和技术，这才确保这些外来物种能够引种成功，且发挥巨大的经济效应。试问，这样的核桃和石榴还能称得上是纯自然的生长样态吗？

中华各民族对这些作物的驯化过程应当是一系列伟大的科学发明，这是生态民族学研究的重要对象。除了核桃、石榴外，云南和贵州各民族传统的衣着原料，如木棉、葛藤、芭蕉树、构树皮等，而今都不再种植和加工利用了。应当看到这是一种失误。在倡导生态文明建设的今天，这些传统的生态衣着原料理当列入可持续经济发展的生态产业去加以复兴，这才符合生态文明建设的需要。总之，对文献记载的探讨和利用不能简单地停留在字面含义上就事论事，也不应当无原则地随意选中某一个后人的注释就下结论，把后世的建构当作真理，这恰好是族源探讨中需要认真对待的关键问题。后人对前人的记载要做出符合当时所处社会的理解，这当然是一种不折不扣的建构。把这样的建构作为讨论族源的依据肯定行不通。但如果换一个视角，从文化生态入手，因为文化生态具有很强的稳定性，以标志性的文化生态事实为依据，如以上文所言的“秧稻”种植为依据，那么形成的结论将布依族的族源认定为文献所载的“五姓番”，距离历史的真相差距就不会太大。类似的案例我们还要做很多，希望我们的这种研究思路能够逐步得到学界的接纳和推广。

舒：我能不能简单总结一下，在您看来，追溯一个民族的族源似乎不是那么重要，重要的反而是民族文化与所处环境的关系。民族文化之间之所以会出现如此大的差异，一个民族内部之所以会分化出众多支系来，关键是因为他们所处的环境不同。民族文化要适应它所处的环境，就必然要对不同的环境要素加以适应。文化与这些环境要素相互作用、相互适应的过程就会很自然地模塑出文化的差异来。尽管族源对民族文化的演化也可以发挥很大作用，但通过相似文化的比较，立足文化的整体观，弄清楚其间的演化轨迹似乎比较容易一些。然而，要查明一个民族的文化，如何系统地适应其所处的环境就显得复杂多了。因为涉及人与自然的关系，以及跨学科的理论与方法的整合利用。因而，您更看重文化与环境的关系，或者说您的这种想法也许就是斯图尔德所称的“文化生态”。我的这种理解是不是您的本意？能否就这一点展开进一步的说明？

杨：你的理解大致不错。我们从事生态民族学研究，确实高度重视文化与环境的互动制衡关系，因为这是民族文化能否稳态延续、环境能否支撑文化可持续运行的关键所在，也是当代我们在生态文明建设中，要重建人与自然和谐关系的关键所在。族源的总源头并不是那么重要，但是我们理解族源最好是理解到定居后，文化与环境适应了，由此传下来的完整的文化体系对现在有多大的影响、对界定这个民族和其他民族的区别有多大意义，这样去研究族源问题才有意义。如果像当年的经典进化论追溯文化的总源头那样，那就变成所有民族都具有同样的文化源头，这样的研究结果就没有太大意义。因为它无法指导我们今天如何去与环境打交道、如何去建设美好家园。其实，那样的研究结论早在民族学形成的初期就已经解决了，其基本内容是说，人类与动物的最大区别就是要建立社会，靠文化去协调人与人之间的关系，使之形成一个整体，以便更好地征服自然，求得发展，靠集体的力量去认知、利用和改造世界。不错，这确实是人类本性所在，也如列维-斯特劳斯（Levi-Strauss）所说，民族学研究的目的就是要揭示“人性”的本质。现在的问题在于，如何在上述理解的基础上加以创新发展，对文化与环境的关系做到具体化和精准认识，这样才能服务当前的需要。就这个意义上说，单注意文化的本质就显得不够了。我们需要做的是具体澄清特定民族与所处环境的错综复杂关系，总结其间的得失利弊，弘扬其精华，扬弃其糟粕，这才是当下亟待探讨的重大问题。

具体到苗族而言，他们肯定有共同的源头，但我们所看见的事实则是其内部支系极为纷繁。如果族源能够决定一个民族未来文化的全部内容，那么支系如此纷繁就无法做出科学的结论。但如果换一个视角，从当下苗族各支系所处的不同环境着眼，那么不同支系在生计方式上会呈现不同的差异，也就不难形成科学的结论了。例如，黔东南支系的苗族已经娴熟地掌握了水稻种植技术，也学会了林粮间作，甚至拥有丰富的林业契约文书，在这些问题上，其与其他地区的苗族差异很大。从族源上着手根本无法得到合理的解答，但如果从他们生息的环境——亚热带常绿阔叶林和亚热带湿地生态系统去看待，他们有这样的生计方式和文化特点也就可以得到合理的说明。同样的道理，生活在川滇黔边境毗邻地带的滇东北亚支系苗族，他们靠种植荞子、燕麦和马铃薯为生，也掌握了放牧马、牛、羊、猪的各种技能。这同样是他们生息在乌蒙山区的特定环境使然，在这样的高海拔山区，所处的生态系统是阔叶和针叶混交林，还有连片的疏树草地生态系统。这样的环境，根本种不出水稻，却是放牧的好场所，也是燕麦的原产地。呈现这样的文化差异，光从文化本身找不到答案，但只要从所处环境的特点入手，答案就在其中了。就这个意义上说，在相似的生态系统中，来源不同的民族文化可以出现某些相似的文化事象，这应当是文化适应环境的产物，也是对今天的生态建设最有价值的启示。对待这样的问题，其实追踪其族源价值不大，认真考察他们所处的环境和生态系统反倒必不可少。黔东南地区的苗族和侗族就十分接近，湘西的苗族与当地的土家族也十分接近，但他们的族源肯定不同。

再换一个视角，从苗族各支系与所处的社会环境着眼，又可以获得一番新的体会。具体而言，苗族各支系的语言肯定是其文化构成中很重要的要素，但苗族各支系的语言恰好不能直接通话。这个问题也是族源探讨无法找到答案的老问题，但如果将不同苗族与它一道杂居的民族联系起来，问题就会迎刃而解。苗族西部支系的方言中存在众多鼻冠音声母，为什么会有这样的语音特点？此前王辅世先生只是呈现了这一事实。我与王先生多次对话都请教过这一现象的来源问题，王先生只是说现在研究只能到这一步，你问的问题需要在下一步去加以研究。我就冒昧地回答，彝语中也普遍存在鼻冠音声母，苗族与彝族杂居相互影响，能不能作为这一问题的答案？王先生说我说得有道理，但是光这样理解还不够，需要更多的证据和更加深入的分析。我又指出，水东地区的苗族只有三个音调，而当地的汉族也同样只有三个音调，这恐怕不能理解为巧合吧？王先生希望我能把这个问题做深入的探讨。其后，经过多年的资料收集，我又不断地注意到古代的土家语也曾经有较多鼻冠音声母，而与他们杂居的湘西苗族也保留了一定的鼻冠音声母。然而，黔东南地区与布依族、侗族杂居的苗族在其方言中鼻冠音声母全部消失了。这显然与布依语、侗语都没有鼻冠音声母有其内在的关联性。

我认为文化与环境的关系不能仅仅局限于自然环境，还得兼顾与其他民族相处所达成的社会环境。对国家而言，还要考虑到行政权力的直接和间接影响。只有把这些整合起来，才是探讨文化与环境的关系较为全面的认识。不过，对生态问题日趋严重的当下而言，关注文化与生态系统的关系显然更具紧迫性。但不管从任何角度来看，对类似问题的深入探讨，族源探讨能够发挥的作用显得并不那么重要，文化与环境的关系理应占据当代研究的重要方面。

舒：但是环境最终还是会涉及一些新问题，例如，同一个民族所处的环境发生变化，从一个濒水而居的河谷地区，由于各种原因而迁徙到山区生活。在迁徙过程中，是不是整个文化都会发生变化？其结果就会变得更难与族源问题发生联系了。

杨：是的。在这样的情况下，民族文化肯定会发生变化，但恐怕不是整体的变化，而是局部性的变迁。也就是说，与新环境有冲突的文化要素肯定非变不可，但更多的其他文化要素是变还是不变，可供选择的空间就大多了。据我所知，古代的百越民族确实称得上是一个典型的濒水民族，但后来的发展则不同了。古百越民族其中的一支后来迁到了哀牢山区，就是今天民族学界所称的“花腰傣”，这里的环境不是濒水环境，而是亚热带常绿阔叶林生态系统，在高海拔区段还是常绿与落叶混交林生态系统。在今天看来，花腰傣和生活在西双版纳的傣族，其文化已经发生了非常明显的变迁。花腰傣的妇女在上衣和筒裙之间要穿戴刺绣精美的围裙，人们也是根据这一点把他们称为“花腰傣”。这样的服饰习俗变化绝对不是一件小事，而是适应于新环境的产物。因为在山区生活，晚上气温偏凉，白天又过于湿热，佩戴这样的花围裙，对林中的晚间生活非常重要。在山区又不需要天天洗澡，穿上这样的花围裙，副作用并不大。值得一提的是，穿筒裙和短上衣，这样的文化要素却没有太大变化。需要进一步指出的还有，花腰傣穿的筒裙厚重多了，虽然形制没有大变，但是厚重的筒裙更利于夜间保暖和晚间生活。就这个意义上说，环境变了，到底哪些文化要素要变、哪些不变，则是相关民族靠经验和教训积累获得的成果。其间的内容非常复杂，但这恰好是生态民族学需要深入探讨的具体问题。

两个族源完全不同的民族，尽管在历史上他们没有直接接触过，但在他们的民族文化要素中，也会出现相同或者相似的内容，这也是值得研究的具体问题。对于生活在贵州黔中地区的贵阳亚支系苗族，历史文献中将他们称为“青苗”。这部分苗族的衣着和行装特点在贵州方志中有明确记载，说他们出门有三件宝——“斗笠、蓑衣、竹杖”，还要随身佩带“环首刀”和“弩机”。斗笠和蓑衣用来防范山蚂蟥的攻击，竹杖用于打草惊蛇、防范毒蛇的攻击，环首刀用来砍山开路，弩机用来射杀小型猎物。此外，还要全身穿黑衣。整个行头都是适应于常绿落叶混交林生态系统的产物。有趣的是，远在哀牢山区的花腰傣也要佩戴斗笠，远行时也要带竹杖，还需要佩戴蓑衣。这两个民族在历史上从未谋面，但他们的文化却明显地呈现出某种意义上的相似性。这显然是族源研究无法解决的大问题，也是生态民族学需要认真探讨的具体问题。答案很简单，因为他们生存的生态环境高度相似，出现相同或相似的文化事象，就是适应环境的产物，不足为奇。但这样的结论，对今天来说却大有深意。今天在两地实施生态文明建设时，对这样的文化事象显然需要肯定和宣传，因为他们是文化适应于环境所获得的认知精华。这样的精华对今天而言，还有其利用价值和创新空间。我们不去研究，生态建设中的很多具体问题就很难落到实处，找到化解的方案和对策，在这个问题上多一点辩证思维是一件好事。

（该文曾发表于《三峡论坛》2019 年第 1 期，此次收录文字略有改动。）

杨庭硕教授访谈录（下）

——当代生态民族学研究存在的问题与未来走向

舒：杨老师，通过此前的访谈，我们对您个人是如何走上生态民族学研究之路有了深入了解。现在我们想请您谈一谈您对中国生态民族学的学科发展和学科建设方面的看法。目前国内的研究成果主要集中在对本土生态知识的收集整理，而且特别注重精细的民族志编写。我认为，包括您对苗族石漠化治理的问题研究、罗康隆老师关于侗族稻鱼鸭生计系统的研究都是特别精彩的个案。从生态民族学的整个学科发展来看，经过了这些个案积累的阶段之后，您觉得之后我们应该有一个怎样的发展取向？您期待生态民族学下一步怎么走？

杨：生态民族学下一步如何走，其实挑战很多。问题在于，既然生态具有相对性，人类建构的生境也具有相对性，文化本身也有相对性，那我们如何正确地评价它们的适应水平呢？我们到底要吸收什么？扬弃什么？怎么取其精华，去其糟粕？历史传承下来的很多传统确实有很多精华，但是我们要继承、发掘、提升和创新什么？这是一个大问题。个案提供的都是文化事实，但如何做出正确的评价，其结果又能直接为现代社会服务，这才是生态民族学最具挑战性的大问题。要回答这些问题，研究的瓶颈就不可避免地要冒出来。人是具体的人，都有自己的文化归属，从自己的文化去反观其他民族的文化，这是民族学研究的惯例。

生态系统中任何生物的生命运行过程其实都是一个辩证统一的历程。它的存在对所处生态系统而言，“破坏”与“建设”往往难以区分。这样一来，要做出符合科学性和合理性的评价，而且要立足为现代社会服务，其间的艰巨性也就可想而知了。所以我认为这是下一步研究工作中必然会碰到的瓶颈问题。这个问题对每个人都不会例外。

舒：您做出这样的强调，我能够理解。但是具体到研究工作，该怎么办呢？这反倒是年轻学者最关注的问题。

杨：事情确实如此。民族学界不少人倡导对“欧洲中心主义”的批判，这样的主张我们可以认同，因为这是一个历史事实，但光这样做还远远不够。具体到中国而言，我国的汉民族文化，进入固定农耕类型为时很早，无形中固定农耕文化的核心价值很自然地就成了不少民族学研究者默认的核心价值。而要将这样的核心价值加以放大，用来认识非固定农耕的民族文化，如狩猎、采集、游牧、游耕类型文化，等等，这样做就突破不了研究瓶颈，即使形成结论也靠不住。

舒：您说得很对，时下不少研究苗族的学者就存在类似情况，他们不仅认定当代的苗族与远古时期的“三苗”存在文化谱系上的关系，甚至存在血缘关系，还进一步认定，既然在很古以前就被称为“苗”，那肯定就是最早的农耕民族了。对这样的学理逻辑推导，您做何评价？

杨：这样的推理肯定不靠谱儿。能否建议相关学者从文字学、训诂学、音韵学的研究视角去查一查甲骨文时代的“苗”字是什么意思？在远古时代确实有“苗”字，但其含义不是农耕，而是一种打猎的手段，即用安放在草地中的绳套去捕捉猎物。这恰好证明苗族不是最早的农耕民族，反倒是和汉族一样在远古时代都经历过狩猎采集时代。至于苗族和“三苗”是否存在血缘关系，那得从体质人类学去考察，民族学乃至历史文献记载都无法回答这个问题。

舒：您这样的分析确实让我们大开眼界。但如果再深入一步，我还想问一个更具挑战性的问题，那就是用固定农耕时代的汉文化去分析属于游耕类型文化的苗族文化会在无意中犯错误。如果从农耕时代的汉族文化去反观更早的汉族文化，如狩猎时代、游耕时代的汉文化，情况会不会好一些呢？我之所以对这个问题感兴趣，其实也是有感而发，因为在很多历史论著中，我们也注意到类似的论证方法。

杨：你的理解我完全认同，这样去分析古代汉文化同样会犯错误。比如，研究甲骨文的字义，当下都习惯借助《说文解字》作为桥梁去解读，但没有注意到《说文解字》也是汉族进入固定农耕文化后才写成的专著，不能代表远古汉族狩猎或游耕时代的文化。例如，同一种动物，为什么在中国汉文典籍中就有“猪”和“豕”两个字代表。其原因在于，“豕”是指野猪，“猪”则是指被人捕获并驯化家养的动物；“雁”字是指野生的“鹅”，“鹅”则是进入农耕文化后被驯化了的“雁”。所以甲骨文中的“雁”字是用捕获这种鸟的工具加上“隹”构成会意字，去指代这种会飞的大鸟；而“鹅”则是一个形声字，它是用“雁”被驯化后的叫声接近“我”字的读音，用“我”再加上一个“鸟”字，去指代这种被驯化后的家禽。由此看来，不仅民族学不能混淆不同类型的文化，历史研究也得注意这一关键问题，否则两个学科都会陷入当代研究的瓶颈而难以自拔。

舒：不突破这样的研究瓶颈，对今天的生态建设会产生什么样的不利后果？对生态民族学研究又会造成什么样的不利后果？

杨：这是显而易见的事情。对民族学而言，错用农耕类型文化的标准去解读和评价非农耕文化的适应成效，肯定会铸成大错。时下，我们的研究团队正在关注葛类作物和桄榔木的研究，也在关注优质楠木的文化生态研究，目的就是要回答目前围绕这些问题普遍存在的偏颇。当下，不少研究者都习惯性地认为，楠木和桄榔木在中国是需要保护的濒危植物，葛藤则是令人讨厌的田间杂草。但我们的工作却相反，由于我们注意到，直到20世纪时，在我国南方众多的少数民族中，还将这些植物作为重要的粮食作物和经济作物加以管护和利用。但管护与利用的整套本土知识和技术则不是按固定农耕类型文化办事，而是按照游耕类型文化办事。将相关的本土知识技术经过调查汇总后，最终证明，相关少数民族确实是按照游耕类型文化的核心价值办事，以致此前已有的很多研究事实上偏离了历史事实。如果全国范围内都将葛藤作为杂草去对待，那么当下的喀斯特石漠化治理、干热河谷灾变治理就会失去相关文化生态共同体的支持，而很难收到预期的成效。将桄榔木和楠木都认为是濒危的物种，要靠划定保护区去实施物种的拯救，而没有注意到这两大类植物恰好可以在当代的生态建设、可持续经济发展中发挥重大作用，这同样是一个失误。事实上，对这种作物只要正确地把握好维护与利用的辩证统一关系，在当代还可以发挥不可替代的生态建设价值。从实践利用的角度来看，我国的国土资源规划和管理利用其实离不开生态民族学的研究成果。我国是一个多民族国家，各民族对特定的生态系统都有独到的认识和经验积累，而他们的民族文化所适应的生态系统又具有其特异性，离开了相关的文化生态研究，对那些异质性很强的生态系统而言，好心搞建设，也可能办坏事。因此，生态民族学的相关结论坚持认为，对异质性很强的自然生态系统而言，要从事生态建设，一是要正确掌握相关民族的特殊历史过程，二是要正确把握生态系统的特殊性，三是要了解相关民族文化的特殊性。这三个方面不能做出系统的把握，生态建设就无从做起。在中国大地上，生态类型千差万别，如此多样化的生态系统，用同一种方法是建设不好的。

舒：您的这三点提示，我个人认为很重要，提得也很及时，不注意这三个方面的兼容，未来的生态民族学研究瓶颈还是突破不了。我注意到您这几年在做比较生态类型数据库，其目的是不是要坚持这三方面的兼容？您的考虑是不是基于个案的积累已经达到了一定程度，可以启动下一步的整合研究工作了？

杨：是有这个考虑。我们民族学在田野调查中做了很多这样的基础工作，现在是没有人能够读懂文化事实，我们的工作是把文献典籍乃至民国时期的田野调查报告，还有我们今天看见的民族材料之间实现对接。对接的办法就是把所有能够代表一个文化事象的文字记录做一个文化单元。将一个一个的信息单元收集起来，标定是发生在哪个年代、是什么空间的生态系统、所发掘的文化是什么，一共六个单元，时间、空间、文化类型、生态类型等全部包括在里面。我们讲的这些要素都在表上鲜明地标注出来，以后在电脑上可以检索。另外，所记载的史料出处也要记录下来，包括史料具有什么学理价值，以及应用价值。这样的数据库做完以后，不仅可以从不同的角度去展开系统的对比研究，还可以据此形成一批研究成果。这个数据库对外公开后，与我们有同样爱好的研究者也可以与我们共同研究，不仅可以形成成批的可以相互比较的研究成果，还有助于将难以理解的生态民族学研究成果及时地推进到实践范围，对当代的生态文明建设发挥直接作用。从我多年的研究经历着眼，其实我更看中普及工作，我和罗康隆教授合作编写的《美丽生存——贵州》一书就是出于这样的目的。但我们做得还不够，还需要更多的生态民族学工作者做这样的普及工作。

舒：可以想见您和您的团队所做的这个数据库将会对学界产生重大贡献。我还有一个不清楚的地方，既然文化生态环境历史过程都具有相对性，在跨文化、跨时代的生态民族学研究中，如何建立一个客观的评价标准呢？这个问题不解决，热心生态民族学的同人们仍然会感到困惑。不管您是否考虑成熟了，您至少要给我们一个提示才好。

杨：我确实没有考虑成熟，要做一个提示倒可以勉强为之。首先，我们必须记住，尽管地球表面的无机环境也会发生变化，但其速度十分缓慢，弧度不会太大；其次，不同地区的生态系统也会变化，虽然变化的速度比无机环境快，但对人的生命周期而言，依然较慢，不过，人类对生态系统的干预，其后果却很明显，变化也很快，如民族文化的变化速度就快得多，弧度也很大。如果我们把无机背景作为客观的比较标准，去探讨文化对环境的适应，那么标准就具有一定的普适性，评议的结果也相对可靠。如果把生态系统作为评价标准的参照，也可以发挥较好的作用，但在其中应当剔除人类干扰所引发的后果。总之，以自然与生态系统作为文化适应水平高低的参照去制定评价标准，就目前来看，应当是一种较为可靠的研究思路和方法。但我们不敢自以为是，而是愿意就这一问题向学界同人求正，与大家共同做好这项基础工作。

舒：您对理论方面的探索也有很多自己的想法。比如您提出过“文化制衡理论”，该理论出于什么样的理论关怀？

杨：关于生态民族学的理论建设，其实需要从整体层面上来澄清一下。因为它和传统民族学有差别。传统的民族学主要是研究人与人的关系，是从一个群体的共性特征去展开研究。民族学从一开始就不是以个人为研究对象，在这一点上，其与社会学有很大区别。生态民族学要研究的不是一个体系，而是两个并存且性质完全不同的体系（人类社会与所处的生态环境），目的是要澄清它们之间表现出来的关联性和互动关系，这就与传统的民族学拉开了很大差距。又因为人必然是通过文化去加工自然、改造自然，而自然本身又是一个整体，在这个过程中就涉及一个非常复杂的问题。其复杂性在于，作为文化这个整体的理性和生态系统自身的理性，这两者是不兼容的。能够得出的结论都不是逻辑推导的过程，而是在一个“试错”和“试对”的基础上积累起来的经验和教训的结果。所以我们讲本土知识、技术、技能等都是探讨其经验磨合的结果，很难用理性来解释。至于要把它上升到理论高度，则有待生态民族学下一步的研究来解决。

人与生态系统，或者与其他民族发生关系时，两个系统之间为何会出现问题？制衡原理就可以在其间发挥关键作用。此前研究最大的一个障碍就是民族学研究总有一个传统，都是根据共时态的资料来形成结论。因为西方民族学建构的时候，他们对异民族的历史、生态、文化几乎一无所知，于是就把资料收集、筛选、归纳整理，得出对民族文化的认识。马林诺夫斯基（Bronisalaw Kaspar Malinowski）的调查做得很精彩，但问题是他排开了生态系统和文化的交互影响。此外，欧洲的殖民活动对他的研究又会造成什么影响？在他的研究中往往也被搁置起来。所以在生态民族学的研究中，必须用制衡原理来分析它们之间到底发生了什么事情，特别是要找准导致文化或所处生态演化的社会主因是什么，这个主因又以什么样的机制推动了生态的变迁，这样联系起来才能全面解决对两个并存体系之间互动关系的可靠分析，这就是我们所理解的制衡理论的大致内容。

舒：近年来，很多学者都在关注生态伦理的问题，您如何看待生态伦理这一提法？

杨：制衡理论问题也涉及生态伦理问题，伦理是文化的构成部分，但每个民族的文化是相对的，故而伦理观也是相对的。在我们今天的工作中，最值得一提的是，中国现代生态建设有一个误区，认为“砍树就是犯罪”。实际上有很多植物是需要人去干预以后才能更快地成长和恢复。比如，我国的小兴安岭森林区经过多年的采伐后，森林生态系统已经消失了，虽然在自然状况下可以长出新一轮的次生林。搞生态建设时，对这样的次生林恐怕不能放任自流，让其自己去生长。这样做，真正恢复成森林生态系统的速度会非常慢，所需要的时间也会很长。但如果借鉴了侗族的“林粮间作”育林知识和技术，实施有节制的“间伐”和“择伐”，对长得过密的幼树砍大留小，砍好留次，且在留下的树木之间都要拉开很大距离，预留它们未来的成长空间，就不会像有些林学家估计的那样，要半个世纪乃至一个世纪才可以恢复成真正意义上的森林生态系统，而只需要十年或者十五年就可以达到生态恢复的预期目标。就这个意义上说，砍树不是破坏，反而是生态建设的必备内容。当然具体的操作很复杂，需要做到及时、精准、规划、明晰，才能达到预期目标。由于其间的问题太复杂，在此不加赘述，当另文讨论。其实，其间的道理并不复杂，生物学家早就告诉了我们，生物的生长要经过“种间竞争”

和“种类竞争”，才能确保物种的繁衍和延续。但在文化的理性范围内，我们不可能拿人的生命去换发展、换成长，这是文化的伦理所不允许的。但对生态系统的建设而言，我们就得用生态系统的伦理去解决问题。人要替代其他伴生生物甚至自然因素，去帮助选中的幼树能够顺利地越过种间竞争和种类竞争造成的重重障碍，使其快速成长。就这个意义上说，靠人力牺牲一部分幼树的生命并不是不道德的行为，反而是一种值得称道的伦理观。因为人不去动它，它就得等待机会，让其他伴生生物去夺取部分幼树的生命，活下来的幼树才能长成参天大树。就这个意义上来说，人去动它和靠其他生物去动它并无实质的区别。对生态建设而言，这才配得上是一种理性的伦理观。因而，文化的逻辑和生态的逻辑完全不一样，在这种情况下，文化是相对的，伦理观也必然是相对的。

我是主张伦理应当随着文化走，不同民族有不同的生态伦理观，尽管人类所面对的生态系统千差万别，但其都能够在人类社会并存下得到稳态的延续。故而，要让各民族的生态伦理观并行延续下去，相互牵制，共同服务于生态安全的总体建设要求。其实不同的生态系统在人类的管护下都能够得到超长期的稳态延续，这才是真正意义上的全人类生态安全，这也必须是我们生态建设的总目标。但要实现这样的生态安全，不同民族的文化要发挥各不相同的作用，他们应当坚持自己的生态伦理，这才符合制衡理论的逻辑要求。苗族打猎要给野兽送葬，其实这种做法使相关的物种和生态环境得到了保护。容忍不同的生态观和伦理观，反而对生态环境的维护更有利。因为毕竟我们对生态系统的运行所知很少，很多我们不知道的因素还在其中发挥重大作用。在人类的总体伦理观中留有这样的余地，对维护生态的稳态运行来说，反而具有不可替代的价值。在我国要做好社会主义建设，社会稳定至关重要，这样的认识很对；对生态系统也是这样，人类的职责是要通过智力和劳力的投入，去确保其稳态延续，这才是人类的福分，在生态建设中“稳定”也至关重要。

生态民族学理论建设难就难在，它要同时对付两个不同体系之间的互动制衡问题，从结果来看，它是一个看得到的协同进化产物。人的活动不妨碍它，它的活动也不让人感到不快。构建人与自然的和谐关系，这个构建的过程是一个制衡过程，因为反馈和作用是无序的、多样并存的，最后起作用的是双方势均力敌博弈后得到的结果。因而，文化的理性和生态的理性都不能排除，必须兼顾二者的辩证统一关系。

值得一提的是，制衡理论只适用于有生命的对象，而对于无生命现象则是无意义的。在制衡理论分析中，有六个方面要兼顾起来共同发挥作用，即时间、空间、民族文化、独特的历史过程、当下还能发挥作用的民族文化以及当下的生态系统实情。因而，利用制衡理论展开分析讨论时，这六个方面要同时兼顾，才能成功找到导致生态系统不稳定乃至发生生态退变的社会文化原因。

舒：接下来想请您谈谈国内生态民族学如何与国外学界展开对话。

杨：与外国同人的对话与交流，我一贯主张不必对我们的理论或者国外的理论过分苛求，应系统掌握其逻辑过程。理由在于，他们也符合我们所说的制衡原理，他们可以自我形成、自我发展。在其他民族看来，其间的具体过程并不一定符合逻辑，其实苛求逻辑的完整毫无意义。时下，我国学界正在致力批判加勒特·哈丁（Garrett Hardin）的“公地悲剧理论”，质疑或者批判“适度干预理论”，这样的批判对于帮助我国民众了解国外理论当然有好处。但不能到此为止，我们还需要追求深层次的对话和交流，但不必苛求逻辑过程的合理，而是要看各自的实效，这应当是双方都可以坚持的共同原则。对于我们提出的“制衡理论”，外国人也应当作如是观。其间的道理并不复杂，因为不管是“公地悲剧理论”，还是“适度干预理论”，都是立足具体的实验基地所获资料而下的结论，结论本身的逻辑无可挑剔，但他们得出结论的实验地或观察点到底是什么生态系统？是什么样的文化在发挥支配作用？此前有过什么样的特殊历史过程？乃至目前纳入实验基地的生态系统或者民族文化到底延续了多长时间？涉及多大的空间范围？这一切在他们的论文中都没有明确的交代，更没有提供深入的研究。其结果是，他们顺利地得出了他们研究的结论，相关的学说也随之确立起来。但如果我们只关注实验过程和结果，其他要素一概不问，把这样的理论照搬到中国，新的问题就出来了，我们对要付诸实践的地方的六个要素一概不知，却要生搬硬套他们的理论，其结果必然会好心办坏事。正是基于这样的考虑，我们与国外同人的交流与对话就必须接地气，先将他们的理论在我们的实验地加以验证，成或败都无所谓，但要追问其成或败的原因何在，再去与他们对话，这样的学术交流才有实际意义。如果我们仅停留在纸面上讨论逻辑是否严密、实验是否精准、数据是否可靠，那我们的研究肯定会陷入云里雾里，结论根本无法一致，反而白白地浪费了时间和精力。我将这样的对话和交流原则简称为“终端验证法”，这正是我的一贯主张，先看结果、再回顾逻辑过程的依据由来。对此，我也乐意与学界同人交流，接受学界同人的批评指正。

舒：最后一个问题，您写过《相际经营原理：跨民族经济活动的理论与实践》一书，学界都认为这是一本经济民族学论著。但我却在书中发现了鲜明的生态民族学研究的痕迹，该书对您转向生态民族学研究是不是发挥了很大作用？比如，您在书中讨论过刀耕火种的起源，并且认为这样一种生计方式是多民族共同创造的，而不是某些少数民族落后愚昧的结果。您能不能从这本书的理论谈一谈，当时您写该书的一些考虑，或者说怎么从经济民族学转向生态民族学的关联性？

杨：你说对了，这本书是一个国家课题的研究报告。这个课题是讨论“非经济因素”对社区发展的影响，里面也谈到了民族文化和生态的关系问题。但是当时的研究背景和要求是要解决经济问题，因而表现形式侧重经济问题。我们在书中有“背景论”“政策论”等，其实那就是具体的个案，主要讨论在一个文化和生态都有差异的背景下，国家执行的同一政策，得到的经济后果却往往各不相同。该书用了很多经济学的原理，其中还包括很多诺贝尔奖获得者的“发展经济学”权威理论。一些搞经济民族学的学者也觉得这本书在这一点上很有特色，能够把经济学已经成熟的理论包容进一个民族学研究的框架内加以整合研究。我们做经济民族学研究有一个值得深思的重大问题，即经济学是研究短时段的效果，与民族学研究长时段的社会事实存在很大差距。文化是可以长期延续的，它当然得研究很长时段的社会文化事象。早期的民族学不追踪历史，是因为没有条件，西方民族学有一个传统，那就是只看共时态的资料下结论。但中国则不同，中国有浩瀚的历史记载，所以我说中国民族学的第一大特点就是它有历史观。同样的道理，通过民族学这种长时段学科去探讨经济问题的时候，单看短时段的经济收益，那就远远不够了。经济学要落实到个人，但是民族学是负责一个群体怎么运行、怎么谋生存的问题，二者的对象不相兼容。所以在这本书当中，我必须把握的就是文化与生态这两个具有稳定延续能力的体系，并加以整合分析。我这样做是受到了斯图尔德的启发，有了这样的理论基础，我才有可能把经济活动作为一个整体去对待，进而去比较政策、发展的背景、空间差异、生产过程的差异、所涉及的文化传统等，从中把我所认定的“非经济因素”分门别类地筛选出来，分成不同的章节去展开讨论。其中的个案都意在证明，由于各种“非经济因素”的客观存在，才会导致不管是历史上，还是在当下，如果忽略了“非经济因素”的存在，就可能好心办坏事。这本书和后来我们做生态民族学，在思路上是一脉相承的，甚至其后编写的《人类的根基：生态人类学视野中的水土资源》和《美丽生存——贵州》在研究思路上也存在承袭关系。

值得指出的是，我这一辈子从事的都是民族学研究，尽管公开出版的书名各不相同，但那只是研究对象的差异，研究的思路与方法却始终如一。只不过此前所做的工作，理论性强了一点。时下更需要做的是普及工作，且希望民委机关、环保部门多支持我们办一些培训班，对青年人和基层干部都需要做生态民族学的普及工作。因为这是时代的要求，也是国际学术发展的要求。不做好普及工作，生态文明建设就不能落到实处，与国外的学术交流就会在逻辑理论中转圈子。这才是当下我最感紧迫的事情和最值得努力做的事情。

舒：那我们跟杨老师的访谈就到这里，特别感谢杨老师，我们真的是收获特别大。但愿以后还有更多面对面向杨老师请教的机会。

（该文曾发表于《三峡论坛》2019 年第 2 期，此次收录文字略有改动。）

罗康隆教授访谈录（上）

——我的生态民族学研究经历

罗康隆教授简介

苗族，1965年生，贵州天柱人。博士，吉首大学民族学二级教授，享受国务院政府特殊津贴，入选教育部“新世纪优秀人才支持计划”，湖北“楚天学者”，中南民族大学民族学讲座教授，中山大学人类学博士研究生导师。已出版学术著作17部，发表学术论文180余篇。现为吉首大学历史与文化学院院长，湖南省2011协同创新中心（武陵山民族生态文化研究）负责人，湖南省优势特色重点学科带头人，湖南省重点实验室（生态文化与居民健康）主任，中国人类学民族学研究会生态人类学专业委员会主任，中国西南民族学研究会副会长，中国民族学学会常务理事，中国人类学学会常务理事。

访谈者：艾菊红

访谈时间：2018年5月

（此次访谈录音承蒙吉首大学历史与文化学院硕士研究生陈春花、田锦筠、杨文娟三位同学整理，在此致谢。）

艾菊红（以下简称艾）：罗老师，您好！非常高兴能有这样一个机会拜访您，并当面向您请教。我们这次访谈主要围绕四个问题展开：第一，您自己的生态民族学研究情况；第二，我国生态民族学的发展状况，研究的短板和瓶颈是什么？今后的发展方向和路径有哪些可能？第三，国外的生态人类学研究理论和方法如何应用到国内？第四，关于生态文明建设的构思和思考。

罗康隆（以下简称罗）：十分欢迎你从北京来到湘西，我认为这次访谈的四大内容都很有价值，都切中了生态民族学的要害。

艾：能否谈谈您是如何走上生态民族学研究道路的，是什么促使您长期致力生态民族学的研究？

罗：关于这个问题可能要回到三十年前，那是1986年，我大学本科还没毕业（大三），我的民族学课程老师杨庭硕教授带领我们班的同学到贵州安顺与黔南州交界的麻山地区，也就是我们今天讲的石漠化地区，进行了长达一个多月的田野调查。在这次调查中，当地的石漠化环境给了我极大的震惊。我的家乡是满目青山，森林密布，水源充沛，几乎没有裸露的石山。两相对比，一个青山绿水，一个山石嶙峋。麻山的老百姓喝水困难，牲畜饮水困难，更不要说耕地用水了。尽管在我们调查期间下了几场大雨，但雨水过后，地表几无存水，雨水全部流入喀斯特地貌下的暗河里。面对这样的生态环境，当地老百姓怎么生活？他们有着怎样的生存智慧？这是我当时急需得到的答案。为了寻找答案，我开始选定自己读书的范围，在杨老师的指引下，我开启了对民族文化与生态环境关系问题的研究兴趣，就此迈出了生态民族学研究的第一步。可以说，我步入生态民族学既是兴趣所在，更是责任使然。

1987年大学毕业后，我被分配到了政府部门从事地方志的编修工作，其间我主动承担了黔东南州《黔东南苗族侗族自治州地理志》与《黔东南苗族侗族自治州地名志》的编修工作。这使我对黔东南州的地理环境、生态系统、动植物资源、土壤水文等方面有了系统的梳理，加深了对“生态环境”的理解，开始与生态民族学的实地资料结缘。在这期间，我参加了杨庭硕教授的国家社科基金项目，多次到贵州黔西南、安顺、六盘水等喀斯特山区进行田野调查，最终该课题以《相际经营原理：跨民族经济活动的理论与实践》一书结题。在这个课题中，我更加深刻地领会到了喀斯特山区生态环境的特异性，以及苗族文化对其的适应。尤其对喀斯特山区不同民族的生计方式和生态观念，包括对他们的知识体系有了更加深入的了解。可以说，对西南地区喀斯特山区生态环境与民族文化互动关系的研究成为我从事生态民族学研究的起步，也是我学术的起点。

1993 年到了湖南怀化学院后，学院组建了学校的民族文化研究室，我开始了对湘黔桂边区侗族文化的研究，这可以说是湖南民族学研究的一个起点。尽管我在侗族地区进行了三十多年的研究，但实际上对当地侗族文化的了解、对当地生态系统的了解，尤其对侗族文化与当地生态环境的互动关系的了解，其实还不充分，还需要进一步深入，还需要组织更大的团队长时间地展开田野调查，才能对湘黔桂边区侗族的历史与文化有所把握，尤其对侗族的生态知识体系进行充分的理解。这对我们发展侗族的生态产业、生态旅游、社会经济都有特别的价值和意义。任重道远，我们还有很多的事要做。

艾：您的主要研究领域在哪些方面？主要采用哪些相关的理论指导？

罗：我的研究领域主要聚焦在一个方面，那就是西南地区少数民族的传统生态知识的挖掘、整理与研究。虽然说是西南地区，其实主要关注湘黔桂边区的侗族、苗族的地方性生态知识体系。这里需要提及的是我的博士学位论文，我的博士论文主要是针对沅江上游——清水江流域人工营林业展开的研究，2003 年以《清水江流域侗族人工营林业研究》论文获得了博士学位。但至今还没有出版，预计到 2019 年出版。

清水江流域的人工营林业是依靠一套当地林农特有的知识体系建构起来的。这套地方性知识体系是清水江流域居民上百年来应对所处自然环境与社会环境所建构起来的。据历史文献记载，在明代中后期，中央王朝派官员到湖广行省采伐“皇木”，沿沅江而上进入清水江流域，到达了今天贵州的天柱、锦屏等地。从此以后，清水江流域的木材资源进入了国家的视野，引起了中央王朝官员的高度关注，于是不断派遣采木“例工”到清水江流域进行木材采伐，当时采集的多是生长在江河两岸的楠木。到了清代雍正年间，为了解决贵州黔东南地区“千里苗疆”的设官建制，将其纳入国家版图，并以“改土归流”的名义发动了长达十余年的征战。要征服千里苗疆，先要稳住清水江流域，确保从中原经沅江进入清水江再进入苗疆道路的畅通，尤其军需物质供给和兵员的调配。在这场战争中，清水江流域的锦屏成为前沿阵地。在雍正四年，中央王朝以允许锦屏“三江”（今天锦屏的茅坪、王寨和挂治）开设木材交易市场作为当地提供护送军需物质、提供夫役、保证进入苗疆道路畅通为前提，开始允许木材自由交易，由此开启了清水江流域木材贸易的先河。在国家主导的背景下，清水江流域的木材贸易得到了国家政策的认可和保护，木材贸易成为当地经济生活的主要来源。随着木材贸易的扩大，原来生长在溪河两岸的原生森林被砍伐殆尽，但木材的需求仍然在扩大，于是，生活在清水江流域的人们开始了林地的更新，人工营林业逐渐在清水江流域兴起。

根据我们在清水江流域的田野调查发现，人工营林业的形成与发展是一个十分艰辛的过程，既是苗侗文化应对生态环境的过程，也是应对社会环境的过程，还是清水江流域地方性制度建构的过程。例如，将生长在高海拔的针叶林——杉树移植到低海拔河谷地带。这需要有整套的知识体系，具体包括选种、育苗、炼山、栽培、林粮间作、管护、砍伐、运输以及木材的利用等知识。正是由于这些知识体系的整合，使清水江流域的民众从采集狩猎者、刀耕火种者、农耕者成为林农，娴熟地掌握了一套林业知识体系。他们围绕林业经营特点——周期长、面积大、长途运输而建构起了整套地方性制度。我们在田野中发现当地留存有大量的林地租佃契约、山林买卖契约、林木买卖契约、青山买卖契约和各类分成契约等，有关清水江流域各类村寨的形成与建制的相关资料，以及遗存在清水江流域各村的封山育林碑、修路架桥碑、乡规民约碑、各类官府的“告喻”碑，数以百计的祠堂、庙宇、道观、会馆、码头等，还有遗存在清水江流域各民族中的宗教信仰、款约制度、村社组织、家族制度、婚姻制度、人际关系体系、语言文字等，都可以清晰地看出从清代雍正年间到20世纪50年代这一区域的人工营林业发展的盛况。这样的地方性制度纳入人工营林业的地方性知识体系，为清水江流域社会经济发展奠定了坚实基础，支撑了清水江流域三百余年的持续发展。对这一问题的研究，使我在生态民族学研究的道路上越陷越深，不可自拔，看来只有终生于此了。

通过对清水江流域人工营林业的研究，我们认为西方的生态人类学理论与方法是不够用的。就拿西方比较成熟的生态人类学理论——斯图尔德的文化生态学说来讲，该学说在中国影响深远，一谈到生态人类学，必言斯图尔德，尤其他提出的文化内核、核心家庭、民俗社会、生态文化共同体等概念已经被学术界当成了金科玉律，但是这些概念在清水江流域的人工营林业中都将失去应有的学术解释力。

首先，这里的人工营林业不是一个“产食”产业，生产的林木不能直接食用，而是作为交换的产物，在地理空间上大大地超出了斯图尔德所观察的“社群”。木材从清水江流域出发，穿越沅江，顺长江而下，过运河，抵达北京，或者出海到达欧洲。这一漫长的“产业链”是斯图尔德有关文化生态学说无法解释的。其次，这里的人工营林业是多民族联合的产业，有苗族、侗族、瑶族、土家族、汉族甚至境外的人群，这种多民族跨文化形成的产业链更是斯图尔德的文化生态学说无法解释的。最后，这里的人工营林业是国家在场（采集皇木的“例工”），外地商人（如晋商、徽商、临商以及“五勷”“十八帮”，甚至有日本的“花帮”）与本地山主、栽手、佃户、凭中、代笔等不同人群相互协作、博弈的产业，缺少其中一个环节，这一产业就难以顺利展开。这样复杂的经营体系也是斯图尔德有关文化生态学说无法解释的。

后来，我在对清水江流域林业知识体系研究的基础上，拓展到了侗族传统农业生计体系，经过十余年的田野调查与研究，提出了湘黔桂侗族地区的“稻鱼鸭”传统生计体系。湘黔桂侗族地区远离大江湖泊，没有了河网农耕的便利，但他们在河流的上游，按照纬度、海拔以及水源的状况，开辟出了大量梯田。在农田的上方保留有茂盛的森林，给稻田提供源源不断的水源，形成“山有多高，水有多长，水源到哪里，稻田开垦在哪里，稻鱼鸭就经营到哪里”的传统农业生计体系。为了确保粮食生产的多样性，他们采用了“稻、鱼、鸭、蛙、螺”等多种生物匹配的食物链和多种稻作品种匹配套种的方式来解决粮食单产量不高的问题。这成为湘黔桂侗族地区独特的生计方式。围绕这一研究形成《传统文化中的生计策略：以侗族为例案》（2009 年民族出版社）和《侗族生计的生态人类学研究》（2017 年中国社会科学出版社）等学术成果。通过我们的田野调查和研究，将侗族地区的“稻鱼鸭”复合农业系统成功申报为国家重要农业文化遗产。

还需要补充说明一点的是，我从步入学界以来，就一直跟随杨庭硕教授从事西南地区喀斯特山区石漠化问题的文化研究。这一研究可以追溯到 20 世纪80年代中期在麻山地区的田野调查，经过三十多年的积累，形成《喀斯特山区生态文化研究》一书（该书还未出版）。2007年我开始对草原游牧文化进行田野调查，涉及内蒙古、四川、青海、甘肃、西藏等地区，形成《草原游牧的生态文化研究》成果，2017年由中国社会科学出版社出版。

总体来讲，这么多年我主要围绕着侗族人工营林业、稻鱼鸭的共生体系，苗族文化对西南喀斯特山区石漠化的应对等生态文化的研究，对当地的地方性社会制度进行了深入研究。通过研究探讨人工营林业何以能够成为一套产业、稻鱼鸭的生计体系何以能够维持当地的生活水平，相应地，他们建构出一套维护地方性产业的制度，包括宗教信仰、款约制度、社会组织、人际关系、社会交往以及婚姻制度、宗族制度等，这一系列制度都是围绕着“生计”而逐渐建构出来的。

艾：能不能谈谈您在研究当中所采用的具体的理论指导和方法路径是什么？

罗：从方法路径来说，我一直坚持的是田野调查方法，简单来说，就是“乡民日志与学者跟踪”的参与观察方法。我们每年都要到该地区的乡村进行长达一个月以上的田野调查。从1995年就开始在该区域建立了长期的观察点，至今建立了20余个。比如说，通道的黄岗、平坦、阳烂、高步、紫檀，广西的高友、高秀，贵州黎平的黄冈、肇兴、地扪、安堂，从江的岜扒、占里、信地、平秋等一系列村庄。

我认为，今天中国社会的学术环境不足以让学者做到真正参与式调查，当下的体制不可能让学者离开自己的岗位去田野待上一个农业周期，去参与观察被调查对象。林业经营更是如此，人工营林业的生产周期至少为18年，要做林业生产的田野调查，不可能用18年的时间去参与观察。为了解决学者不在场域的缺失，我创立了“村民日志与学者跟踪”的办法，即我们学者不在场的时候，对于村里发生的事情和经历的场景，甚至历史记忆，我们请当地的老百姓给予记录。一个村请2~3个村民进行记录，他们多是回乡居住的退休干部、退休教师，或者在村里劳动的初中、高中毕业生。我们有阳烂、黄岗、咋河和潘寨四个村落的记载，其中以潘寨的乡民日志最全，从2004年开始，已经有连续14年的日志记录了，共有几百万字了，准备在2018年影印出版（总计36册）。每年寒暑假我带学生去这些村里做田野调查的时候，就根据乡民的记录进行追踪、访谈。如此一来，就弥补了我们不在场的“观察”与“参与”。这种方法就是我所讲的参与调查方法。

关于理论指导问题，在西方学界有多种理论，比如古典进化论、文化功能理论、文化传播理论、社会学派、文化结构主义、文化相对主义、文化符号、地方性知识等都可以为我所用。但是，经过三十余年的研究，我有自己的心得，必须建立起自己的解释体系。下面我就谈谈自己在理论方面的思考。

其一，对文化与文化事实的理解。我们首先要理解什么是文化。前人对文化有过很多不同的理解，美国学者克莱德·克拉克洪（Clyde Kluckhohn）通过梳理前人的定义，指出从爱德华·B. 泰勒（Edward B. Taylor）首次给出文化定义以来已经有超过 160 种文化定义。我在读博士研究生期间就开始反思这些文化定义，如果对文化没有很好的理解，我们的研究就会出现偏差，甚至互相矛盾，就会对民族文化产生误读。因此，很有必要对文化的概念做新的诠释，给出一个科学的定义，这个定义应该具有周全性与唯一性。我在博士研究生毕业回到吉首大学后，将这一想法告诉杨庭硕先生，得到杨先生的支持。于是我提出到学校落成不久的今朝宾馆去睡觉、去做梦，在梦中去获得灵感来建立我们的文化概念。当时我有一个怪想，那就是认为人在睡觉的时候，思维最活跃，因为我几乎每天晚上都要做梦，而且几乎所有的梦都超乎我的想象，在梦中我是一个“超人”。我希望在梦境中获得灵感，解决文化定义这一问题，并叫吕永峰老师现场记录我和杨老师有关“文化”的对话，更希望他能记录我们的“梦话”。前两天的四十八小时，我们对话文化，累了就睡，醒来就对话，只是梳理了前人文化定义的局限性，没有什么结果。到第三天的时候，灵感出来了，得出了我们对“文化”的理解：文化是指导人类生存、发展、延续的人为信息体系。文化这个信息体系是一个自组织体系，在特定的环境下可以自我壮大，也可能自我萎缩。任何一个民族都依靠这种文化使本民族生存、发展与延续下去。文化这一信息体系在各民族不同的历史进程中所面对的自然环境与社会环境不同，也就是说，在其生存发展延续中所需要解决的“问题”不同，这样就会释放出不同的反应信号，相应地会采用不同的策略，于是建构起不同民族的文化事实体系来。从这样的理解出发，我们对前人的文化定义进行了分解，一个是文化，一个是文化事实。从某种意义上说，前人给出的文化定义就是我们所理解的文化事实体系。若从文化事实体系去理解文化，可以给出无数种文化定义。因此，我们在进行民族学的“文化”研究时，很有必要区分文化与文化事实体系这两个不同层次的概念。我们认为，人类学民族学前辈把文化当成了文化事实去看待。我们在探讨生态民族学的研究领域时，需要厘清文化与文化事实体系间的差异性。

民族学是以民族为研究单元、以特定民族的文化事实体系作为研究对象。今天生存于地球上的人类依然是以文化事实体系被划定为不同的民族，不同的民族群体拥有的文化事实体系不同。各民族在面对不同的自然环境和社会环境时，会启动文化的机制采取种种策略，或者说是去应对、去调适、去适应，各自的方式不同、渠道不同，于是形成各民族互有差别的文化事实体系。这样的文化事实体系形成过程不是一蹴而就的，而是一个漫长的历史过程。在这个过程中，各民族的遭遇不同，需要解决的问题不同，因而不同民族建构的文化事实体系会呈现出系统性的差异。比如，生活在贵州高原的苗族、布依族、汉族、侗族、水族、彝族、毛南族、仡佬族等，他们所面对的自然环境、社会环境、历史遭遇不同，也就是说，他们在特定历史时期所需要解决的生存问题不同，于是这些民族所建构起来的文化事实体系就互有差异，表现在他们的村落布局、服饰、生计方式、语言、宗教信仰、社会组织、传统技艺、伦理道德、文学艺术、行为方式都有差异。基于文化这一信息体系的作用，不同民族即使在相似的自然环境下，依然会产生不同的文化事实，或者处于不同的自然环境也会创造出类似的文化事实来。这对文化多元起源论、文化传播论、文化相对论、文化功能论等理论的深化理解都具有特定的学术价值。

其二，对“原生态文化”的理解。我们认为文化事实体系是一条流动的河流，其流动是有逻辑的，正如自然界河流的河床一样。河流总是在河床的框架内奔流不息，并且在河床的架构中不拒涓流，海纳百川，然而河流也会改道，改变河流的走向，但总的趋势是“往前走”。文化事实体系也是如此。特定民族所处的自然环境与社会环境在历史长河中都会发生变化，文化这一信息体系对这些改变一定会做出反应，并建构出与环境变化相适应的文化事实体系来。在历史进程中，各民族应对自然和社会环境变化所建构起来的文化事实体系都会在特定民族文化中有所反映。因此，文化事实体系总是与变化了的自然环境与社会环境相耦合，在此基础上产生了“原生态文化”的讨论。

我认为学术界之所以争论“原生态文化”的问题，主要是对文化变迁理解的不同而造成的。其实，每一次文化变迁后所建构起来的文化事实体系，只要它能与当时特定的自然环境、社会环境相互协调、达成耦合，这就是原生态文化。原生态文化应当是指在特定时间的原生态文化，而不是随意的。依照这样的思路，我们才能看它从何处开始发生变化、如何变化、变化到什么程度，从而出现新的耦合。新的耦合又是下一轮文化变迁的原生态。文化是一条河流，传统文化就是由这样一个个原生态文化所连接起来的。它是不断变迁发展的过程，我们可以靠文化的逻辑去加以识别。文化事实体系间相互支撑、相互协调，保证文化走向的正常运行，构成了我们所理解的原生态文化。这些文化事实一旦出现矛盾、冲突和不协调的现象，文化就开始发生变迁。因此，我们以这样的方式去看待文化与文化事实体系，才能正确理解传统文化、文化变迁、文化与环境的关系等。

我在田野调查中深有感受。1995 年，我开始在通道县阳烂侗寨做田野调查，以后到了皇都、高步、高友、黄岗、岜扒、占里等村寨做调查。每到一个村寨，我都被侗族的民歌所吸引。我听不懂侗语民歌，只知道侗族民歌很好听，很动人，但不知道其间的内涵。有一次我问阳烂的歌师龙登娥，她们在唱什么，她的回答让我十分吃惊。她说她在唱她老公前几年去广东打工时被老板骗，被人欺负的故事。她是要通过她老公的遭遇来告诫还没有出去打工的孩子们，如果要外出打工，如何识别那些没有良心的老板，如何识别人的骗局，也要告诫孩子们不要去按摩店、赌馆等，遇到事了要去找警察，等等。她的这一席话让我理解了侗族文化变迁的实质。如果面对中国的“打工潮”出现的问题，侗族大歌没有任何反应，说明侗族大歌就没有生命力。侗族大歌的这些变化正展现出来了侗族大歌的魅力与活力。

其三，对“文化制衡”的理解。文化的适应可理解为两大方面：一方面对所处社会环境的适应；另一方面对所处自然与生态环境的适应。而这两大组成部分在该民族的文化中，必须要保持相互耦合，才能确保该民族文化能够以一个整体的面目去有效地规约民族成员的行为，并保持该民族内部的凝聚力，而且能使每一项适应的成果都有效地组织进该民族的文化中。于是，当代的文化适应理论必然得承认文化的适应具有双重性，而不会像生物的适应那样，由生物个体的生物本能去实现。对生物体而言，适应的成效与种群的规模大小、种群凝聚力的大小不存在明显的直接联系。但文化适应的成果则不然，它只能在社会整体中实现其价值，而且社会凝聚力的大小、规模、组织形式都直接关系文化适应的成效。

文化适应与生物适应最明显的区别莫过于如下三个方面：首先是文化的适应显然不能理解为个人的行为，而是群体所表现出来的行为趋势，只有在群体中表现出来的社会合力才具有能动应对环境的能力。其次是文化与社会环境的适应，或者对自然与生态系统的适应显然都属于社会手段，社会成员之间的差异在其间隐而不显，在追求适应成效时，社会的凝聚力和协调水平表现得更直接、更重要。最后是文化必须同时对自然和社会两个环境做出适应，而手段都植根于该民族文化之中，成效也要在该民族中得到体现，而且对两种环境的适应在该民族文化中还必须相互兼容，尽管在时空上可以允许错位，但要保持对两种不同环境适应的最大限度协调。

从这三个原则可以看出：文化这一人为信息体系使人们的活动偏离自然环境，甚至想驾驭自然环境，在这样的偏离与驾驭中认识了环境。一旦这样的偏离超越了自然的限度，而这样的限度在不断叠加时，自然环境就可能出现退变甚至灾变。这时，文化信息体系也会做出反馈，启动“回归”的机制，再次达成文化与环境的耦合，使人们的家园得以维持。文化总是在自然环境中处于“偏离”与“回归”之中，也力图在其中找到平衡点，以达成文化与自然环境的耦合性。文化这一信息体系对于社会环境来说也是如此。因此，只要我们掌握了这三个原则后，对文化的作用机制才能把握，对“文化适应”的实质才可望得到澄清，并确保“文化适应”这一概念能够对各种文化事实做出符合逻辑的阐释。

其四，对“民族生境”的理解。巴斯（Thomas Fredrik Weybe Barth）于1956年研究巴基斯坦北部毗邻族群集团时，首次借用了生态学的“生境”这一概念，并称之为“小生境”。其含义是指构成该地区互有区别的自然环境，以及生息于不同自然环境中，执行定居农业的帕坦人、从事半农半牧生计的科希斯坦人，以及从事草原游牧的古扎人，而且上述三种不同的人群各以不同的自然环境为自己的特有生息地。这三种人在政治结构、社区模式、社会阶层等各方面互有特色。我们认为，作为人类个人聚合而成的社会实体之一的民族，只能生存于地球表面，但由于人类赖以生存的地球表面环境差异极大，致使各民族所处的生存环境也各不相同，表现为任何民族所对应的生存环境都具有特定的文化归属，并创造出与之对应的诸多文化事实来。由于这样的自然生态环境具有特定的民族文化归属，因而应当正确地称之为该民族的“自然生境”。与此同时，民族又是一个历史过程的产物。在其特有的历史过程中，该民族与其他民族建立起各种社会关系，并由此而建构不同的社会规则，这样的社会环境就理当称为该民族的“社会生境”。一个民族的自然生境与社会生境都是特定的，这两者的有机整合与制衡就成为该民族的“民族生境”。

自然生态环境是纯自然的存在，而民族生境则是文化干预的产物；自然生态环境是靠自然规律运行，而民族生境则是靠民族文化去维持；自然生态环境的价值呈中性，而民族生境的价值则取决于特定的民族文化。自然生态环境与民族生境最为明显的区别正在于民族生境具有两重性，也就是在民族生境中，不仅有生命形态存在，而且有社会形态存在，人类社会的产物必然要深入其间。从这三个方面去认真理解和思考自然生态环境与民族生境之间的差异性，把握好各自的结构特点、运行方式，以及各自的价值等则是生态民族学研究的基础。

民族生境即是人类不同文化分野下不同的家园总和。每一个民族的民族生境就是该民族的家园。通过文化对自然环境与社会环境的偏离与回归的往复作用，从对环境的识别到应对，再从应对到调适，再到适应。这样的作用历程就是各个民族建构起家园的过程。家园是靠文化去建构的，只要人类的文化在发挥作用，家园就不会被毁灭，文化在，家园就在。

总之，上面四个方面的理解是我三十余年来从事民族学尤其生态民族学研究的主要理论工具，也算是当下对中国民族学的一点理论贡献。至于说用什么样的理论来指导，我认为西方民族学的相关理论都可以纳入我们的视野进行讨论，但必须有一个“自我理解”的框架，否则就是“食洋不化”。我在研究民族问题的时候，不论是针对特定民族的生计方式，还是生态与文化关系的研究，抑或对民族特定文化事实的研究，对西方民族学的理论都可以加以利用，并不排斥。由于我重点在做生态民族学的研究，自然要提到的是20世纪50年代斯图尔德关于文化生态学的理论，这对于我研究生态民族学有直接影响。通过对文化生态学概念的认知和理解，我们可以提出生态人类学或者民族学研究的不同层次、不同类别，甚至不同历史过程所建构的人类文化的样态。这是我们对研究理论和方法的思考。

（该文曾发表于《三峡论坛》2019年第3期，此次收录文字略有改动。）

罗康隆教授访谈录（下）

——生态民族学何以落地生根

在这篇访谈中，罗康隆教授从自己的研究案例出发，对研究当中应用国外生态人类学理论进行了思考，对国内生态民族学研究的可能发展方向和前景进行了展望。

艾菊红（以下简称艾）：在您的研究中斯图尔德的文化生态理论影响比较大，具体表现在哪些方面？

罗康隆（以下简称罗）：是的，在我的研究中斯图尔德的文化生态理论影响确实比较大。斯图尔德作为生态民族学的奠基人，他提出的理论对我们今天的学术有重大影响。为此，我与我的硕士研究生谭卫华合作翻译出版了斯图尔德的《文化变迁论》。美国的新进化论派的代表人物怀特（Leslie Alvin White）提出的技术论（或者工艺论），以及技术与环境的产出与投入的比例，等等，这些学术思想为斯图尔德提出的文化生态学提供了基础。比如，斯图尔德在新进化论的人类文化发展的双重进化模式（一般进化与特殊进化）的基础上，提出了文化生态学理论，看到人类文化发展的两条路径：一是线性的阶段性的文化发展路线；二是文化对环境的适应过程而造就的文化发展理论。斯图尔德进一步对文化内核展开探讨，指出在探讨文化变迁的时候，要厘清哪些文化要素容易变迁、哪些文化要素变化缓慢、哪些要素的变迁可能会引起其他要素的变迁等。这对我们理解地方性知识、理解特定环境下的民族文化与所处环境的关系问题，尤其少数民族文化变迁的研究具有特殊的学术价值。

斯图尔德还提到了从民俗社会到国家社会，从核心家庭到社区、国家的发展过程对文化的影响；从罗伯特·雷德菲尔德（Robert Redfield）的大传统与小传统的关系出发，对大小传统相互间依存的推进，即从核心家庭到民俗社会，再通过国家策略等方面的探讨也是极具价值的分析。这一点也是过去人们在讨论“文化生态学”时往往被忽视的，过去人们一提到斯图尔德就局限在他对生态文化的自然环境分析。实际上，斯图尔德除了关注生态环境维度外，还关注社会环境的变化问题，比如他通过对大盆地肖肖尼人的研究以及猎群队伍的大小来反映民俗社会到国家社会的建构历程。斯图尔德的这些研究对我的生态民族学研究确实产生了很大影响。

艾：那么，在当下，您认为这个理论对我国生态民族学的现实意义是什么？

罗：生态民族学理论对我国当前生态文明建设、精准扶贫、生态扶贫、乡村振兴、民俗旅游、生态产业以及村落保护等都具有不可替代的学术价值。在今天的精准扶贫、生态扶贫、乡村振兴等国家政策制定中，如何与乡村社会传统知识对接、对话，寻找共同发展的方向和道路，如何纳入国家层面去考虑乡村发展，这也是我们生态民族学必须关注的领域，尤其在生态文明建设中，怎样才能从中“取其精华，去其糟粕”，在文化生态共同体的基础上形成人类命运共同体，建构引领全球全新的发展道路，这也是我国当前生态民族学学科建设的现实意义所在。

我觉得斯图尔德的理论也有很多地方是值得去反思的。刚才所讲的适应性发展构成了斯图尔德的生态文化共同体，从核心家族到民俗社会和国家体系两套路径对今天的生态民族学发展具有重要意义。过去国内学术界在讨论生态民族学的时候都以为只是文化与生态的关系问题，忘记了社会环境、“国家在场”对乡村社会的影响。我们认为在将来的生态民族学的发展过程中，在理解文化生态共同体核心概念和路径的同时，更多的还要理解“国家在场”引发的对民俗社会的影响、变迁的维度。当然我们觉得斯图尔德的理论也有一些不足，从文化的概念入手，不论是文化生态环境耦合体的存在，还是“国家在场”，都是文化发挥作用。我们把文化的概念厘清之后，把文化与文化事实两者间的关系厘清，才能应对文化生态共同体和“国家在场”下的民族社会的变化。

艾：湘黔地区是您进行研究的主要田野点，而且您也提出这个地区是我国自然过渡地带，因而自然环境和民族特征复杂多样，目前在湘黔进行生态民族学研究，您觉得主要可以从几个方面入手，急需解决的问题有哪些？

罗：湘黔地区是我进行田野调查的主要地区，但并不局限于此。该区域有很多世居民族，诸如侗族、苗族、瑶族、土家族、汉族、水族、白族、毛南族等民族，这些民族应对自然环境与社会环境所建构出来的地方性知识体系，是值得去关注的内容，这是一个庞大的知识体系，既有生态知识、技术技艺，也有宇宙观、世界观、人生观、宗教观（宗教意识、宗教对象）。

我的田野调查主要聚焦在侗族村落。侗族是一个以家族为主体、集体意识很强的民族，由此所引发出侗族热心公益事业，具有互助、尊老爱幼的精神，这一民族精神很值得去研究，此为其一。其二，侗族地区的自律性、地方性制度体系，比如侗族款约组织、林地契约、老人协会、习俗、交往组织等也需要深入挖掘。其三是侗族的生计体系，如“稻鱼鸭”“林粮间作”，等等。

但我认为眼前最需要去研究的问题，是一个国家政策与地方发展的问题。这一问题，还是要从人工营林业入手。在1989年的大洪水之后，中央政府为了确保江河下游不再受遭受洪灾，开启了“天保林工程”，不允许砍伐江河上游的森林，这就导致成熟的森林不能变换成资本，以此来带动其他产业的发展。

根据我的研究，清水江流域之所以从清代（甚至明代后期）以来，将近三百年的时间，其经济能够持续发展，老百姓生活富足，完全得力于明清时期的政策支持。在国家的管控下，当地的木材贸易有序进行，极大地调动了侗族和苗族民众从事人工营林的热情，并建构出了一套成熟有效的人工营林技术体系，使林业成为当地经济发展的资本，实现了该区域几百年的繁荣。这一历史经验很值得去总结，为当今实施精准扶贫提供具体实施思路，为该区域的脱贫发挥重大的现实意义，使人类学实现“迈向人民的人类学”的使命。

清水江、都柳江流域的木材基本上到20年就成材了，之后，树木就停止生长，开始老化。一旦成林，就需要对木材进行砍伐更新，再造新的林木出来，如此循环，那么这个区域的林业发展才有希望。从20世纪50年代以来，尽管该区域成为中国南方最大的人工林业区，但是一直没有什么产出，林业未能成为当地的支柱产业，只是起到了生态维护而已。通过我的实地田野调查发现，只要借鉴该区域的历史经验与传统的营林技术，政府给当地人以引导，通过市场的作用，按照从培育、幼林到成熟林，有机地进行规划。以100~150亩为一个区域划分出20~25块来，在依次砍伐的同时栽培树木，形成植树、管理、砍伐的良性循环。在这个过程当中，25~30年为一个轮回。这样，一片山林就可以常年处于青山绿水之中，有植被覆盖，既能保持水土，也能实现森林资源的永续，使森林资源成为区域发展经济的资本。

2017年暑假我在湖南靖州三锹进行田野调查时发现，三锹乡的每个家庭有森林面积在200~500亩不等，甚至更多。按照每亩可种120棵树，每棵树最低售价200元人民币，以平均300亩计，每户拥有林木资产数百万元甚至上千万元人民币。不说是国内最富庶的地方，至少不是被“扶贫”的对象。但是，现在的林业政策不允许砍伐树木，也没有开放市场，所以老百姓只能守着金山银山，向国家要资源。眼下急需解决的问题，就是借鉴当地历史上的经验，通过我们的研究来对接国家的政策，以解决当地的贫困问题。这样既可以调动老百姓的生产积极性，实现林木资源的永续利用，而且在保护生态环境的基础上又能解决贫困问题，将绿水青山变成金山银山，实现该区域的繁荣发展。

艾：您所提出来的族际文化制衡理论非常有启发性，非常有利于生物多样性和文化多样性的可持续发展。然而随着全球化的发展，生计方式在发生剧烈的变迁，在这种状况下，从湘黔地区目前的情况来看，这种族际文化制衡还能起到多大作用？

罗：在通观西方人类学学术发展史的时候，西方人类学的起点大多研究的是单一族群或者社区的发展历程、文化的结构或者功能以及传播，甚至文化符号、象征体系等。但是在中国这样各民族多元一体的国家中，绝对没有哪一个民族不受其他民族的影响，民族之间的交流、交往和交融是时时刻刻都在发生的问题。因此，我们中国的民族学研究要真正地本土化，要从中华民族多元一体的历史与现实，即“你中有我，我中有你”，相互交流、交往、交融的这一历史基础与现实出发。既要看到西方民族学的发展轨迹，更要看到中国的现实，所以说研究民族间的关系是非常重要的。我之前出版的《族际关系论》（1998年），讨论的就是中华民族多元一体格局下民族的交往、交流、交融，以及它们的类型及方式是怎么形成的。在这个基础上，我们再加入生态环境维度。在一个特定的区域当中，民族之间的交往是对生态资源的相互交错利用，形成特定的资源利用链与资源交易圈，由此从资源配置的维度来思考中华民族相互依存的命运共同体的建构。我们所要研究的就是，这些民族在面对共同的生态资源时，如何相互协调，互利共生。尤其在湘黔桂边区生存的民族，苗瑶、百越、汉等各民族生存在同一区域，生态背景基本一致，生计手段也基本类似，他们如何相互协调组织生产，使不同民族之间在开发这一区域时有效地实现资源配置。在资源利用中形成各具特色的不同文化，既可代代传承，又高效利用环境资源，这二者的统一展现出了该区域各民族建构相互依存的命运共同体的大智慧。

目前，黔东南、湘西南和桂北这些区域各民族历史上所形成的生态文化耦合体也面临着很大的挑战。尤其在世界市场、跨国公司和国家政策等外界力量的不断作用下，该区域民族的发展走向处于不定状态，干扰因素叠加，使这些民族文化的调适时间不充分，调适方向失序，调适内容不确定，因此，目前处于文化的阵痛期。但我相信，民族文化是具有指导生存延续的法则的，民族文化不可能自掘坟墓，不可能毁灭自己的家园。目前出现文化对环境的偏离，导致出现一些生态问题，包括生态灾变或者退变，也包括社会规范失序，甚至贫困，等等，但是，我仍然相信，当这种偏离危及民族的生存发展与延续时，文化的回归机制就会启动，就有能力通过文化的回归。通过总结“偏离”环境的经验教训，再度实现民族之间的协调，实现民族之间的共生与共荣，使已经被破坏的环境在文化的影响下重归于好，开启下一轮的文化共同体。

今天，尽管这一区域的发展遇到很大的困难，然而对于人类历史来说，只是瞬间。从长远的历史过程来说，这一瞬间并不可怕，族际制衡之下的生态文化共同体的存在，一定有它的价值意义，甚至可以成为指导民族交融、交往、交流的基础理论，使不同民族之间相互交融与包容，从而使这些民族在依赖共生环境的过程中，真正形成相互依存的生态文化共同体，相互制衡，彼此约束，这就是文化制衡当中的精髓。当今，世界的格局出现了矛盾、冲突乃至战争，其实就是对族际制衡理论的无知。中国作为一个负责任的大国，需要用这种本土理论来解决世界问题，展现大国意识和大国风范。只要人类对自己过往的历史经验与教训进行总结，我坚信人类的未来依然是美好的。

艾：您特别强调文化适应理论，强调文化与环境的耦合，这其中所发生的地方性知识与技术、制度对民族生境格局具有重要作用。而且您也提出要恢复传统地方性知识，比如南方糯稻种植，发挥南方民族的农业生态蓄水能力，保证南方水资源的生态安全，请您详细谈谈这方面的研究。

罗：关于文化适应理论、文化耦合问题的研究，也是我们这个团队十几年来一直在讨论的问题，我也发表过这方面的论著。关于文化与环境的耦合问题，其实是基于我们的田野调查。为了研究文化适应，我们对国内不同的生态区域都进行了田野调查，如内蒙古的四子王旗、呼伦贝尔、乌审召，青海的玛多，甘肃的黄河地区，新疆帕米尔高原、瓦罕走廊，四川的盐源，重庆的秀山，湖北的恩施，贵州麻山地区、黔东南、黔南、铜仁，广西的岭南走廊以及湖南的湘西等。在田野调查的基础上，我对西方人类学家的“文化适应”进行了深刻的反思，我认为文化适应是主动的文化建构过程。因为每个民族都有自己特定的地理空间体系，其地理环境、植被、动物、土壤、水文、气候等构成了特定民族的生存空间。特定的区域系统对稳定特定民族的发展起到重要的作用，而民族文化在应对其特定环境时，又会建构起独特的文化事实体系来。也就是说，任何一个民族所对应的生态环境都是经过其文化去修饰过的，构成了特定民族的家园。地球上几乎没有不被文化所修饰过的自然生态环境。

生态学家提出的地球生态系统具有脆弱性或者脆弱环节的理念，我认为这是一种人类本位主义思想的表现，因为地球生态系统早于人类存在，也就是说地球生态系统的存在，不只是为了人类而存在的，而是为地球上所有生命而存在的。而人类与其他物种不一样，人类可以通过特有的文化超越生态系统的限制，使人类成为地球上分布面最广的物种。在地球上，除了南极，人这一物种几乎遍布地球的各个角落，不论是热带、亚热带、温带、寒带，还是水域、高山、平地、草原、沙漠，人类以其文化适应环境而能定居生存下去，其他物种则只能在特定的地域内才能生存。但这也是一个漫长而艰难的过程，在这一过程中会出现人类在生态系统中的错位问题，从而导致生态环境和人类的不适应性，这种不适应性被错误地视为生态环境的脆弱性，或者生态系统的脆弱性，被生态学家称为脆弱生态地带、脆弱环节、脆弱系统。如果从这个角度去理解，地球上确实存在生态系统的脆弱性，比如沙漠、草原、湖泊、山地、海洋等，对人类来说，是要靠不同的文化去理解与加以利用的。生态系统对不适应的文化而言就是脆弱的，比如，高寒草甸对于农耕的农民来说没有多大意义，但对生活在海拔 3000 米以上的藏族有重大的意义。对文化的误用会导致文化对生态的不适应，而这种“误用”的叠加就会导致生态灾变。

世界上分布着众多的民族，尽管他们会有交叉分布，正如我国的民族分布一样呈现为“大杂居、小聚居”的分布格局，但总有特定的核心分布区，其文化所适应的范围是不一样的。但是今天，我们往往忽视了这一民族分布格局的价值所在，只看到目前强大的西方民族及其文化，或者在国内只看到汉族的农耕文化。这些文化看似强大，但是他们也不是使用所有的生态系统。如果我们认真研究就会发现，今天地球上生态系统的局部退变、灾变就是由这些强势文化对其不适应的生态系统进行开发导致的后果。

每一种文化都是特定的，都有其边界。文化的适应性讲的是特定民族文化对特定生态系统的适应问题，特定的民族都有自己能生存发展延续的生境，这一生境是自然环境与社会环境的耦合体，我们称之为“民族生境”。民族的几何分布区也好，核心分布区也罢，每个民族都与特定生态系统相对应，一旦超越这样的生态系统，就会出现文化的不适应性，其生存就需要额外的力量为其提供资源来维持其生存。比如，分布在云贵高原的穿青人、屯堡人、穿蓝人，云南的腾冲人，还有湘西的瓦乡人等，这些人群是不同时期从中原汉地移民到云贵高原的古代汉族，由于他们的传统文化所适应的环境与云贵高原大不一样，进入云贵高原后，他们沿用其原有的文化去应对新迁入的环境，这不仅使他们与原生地的汉族在文化上拉开了差距，而且也没有融入与之比邻的少数民族中去，因而在云贵高原上形成一个个“语言孤岛”。如贵州所说的“高山苗，水仲家”，由于汉族迁入得晚而只能聚居在高山之地，少数民族却居住在滨水之区，汉族的生活过得比当地少数民族还贫穷。这些汉族移民当年依靠的是国家政治力量、军事力量而移民进入的，如流官制度、羁縻制度、边郡制度等，依靠这些制度维持他们在云贵高原生活下去，但后来这些制度，或者被废弃，或者被削弱，政府额外的补助日益减少或者终止，于是这些汉族移民有的融入当地少数民族，有的在不断地调适自己的文化去适应云贵高原的生态环境。

通过自己近十年的田野调查。发现侗族“稻鱼鸭共生生计体系”具有如下四个方面的重要价值：

其一，直接的生计价值。水稻产量可能不高，每亩也就400来斤糯谷，但是田里的鱼和鸭子的收入可观。一亩稻田可以产80斤鱼，12~15只鸭子，一年分三批养鸭（40只左右），这些产出算在一起，其经济价值比起单一的稻谷要高很多。如果就糯米与杂交米按照当地的市场价值（3：1）来折算，其经济价值是接近的。但就总体价值而言，种糯稻是种杂交水稻的2~3倍。其独特的生计价值还在于，种植糯稻时其生活之需都可以从稻田获得，除了主食糯饭外，佐食的菜肴诸如酸鱼、酸鸭、咸蛋，以及水产的各种动植物等都可以同时获取，不需要另外去市场购买。但种植杂交水稻就不一样，佐食的菜肴需要另外购买。正是侗族种植糯稻能够形成“饭”与“菜”的时空同配。

其二，为人类保留了珍贵的传统糯稻品种。侗族居住的区域，处于云贵高原的东南缘，属于多雨地带，虽然日照量大，但是雾气也很大，谷物的储存和生长具有特异性。鸟类多，对谷物的伤害也多，老百姓根据这样的地理环境与气候特点，培育出了很多适应当地环境的稻谷品种。我们在黎平县的黄岗村就收集了27个品种，这些品种中有的芒长20多厘米，鸟吃不下去，还能避雨，避免稻子的霉烂。老百姓还培育出适应水温很低的品种，甚至在17℃的低水温，日照可能只有3个小时的条件下，都能够结实。这些水稻品种的驯化，是当地老百姓的一种智慧。而现在杂交水稻，对雨量、气温、日照、肥料、农药等相关因素的要求很高，因而很难在这些地区种植。在20世纪70年代中后期把推广杂交水稻作为一种政治任务在侗族地区推广时，侗族这一套传统的农耕体系受到了巨大的挑战，带来了一定的负面影响。但是80年代，土地承包到户后又有所回归，种植传统糯稻的比例又超过了杂交水稻。

其三，不可替代的生态价值。侗族地区的“稻鱼鸭共生生计体系”的核心在于传统糯稻种植对水资源的维护与利用。侗族地区稻田种植传统糯稻都是高秆水稻，稻秆可以在水面1米以上，因为要养鱼，水田的储水量也很大，一年四季都是汪汪的水田，不像矮秆水稻需要排水分蘖才能增加产量。高秆水稻的稻田就是一个微型水库，连片的稻田就是一个小型水库，侗族地区无以数计的连片稻田构成了一个巨大的水坝。中国的珠江中上游，至今尚有4200多万各民族山区农村人口，此外，在湘黔桂边地沅江、澧水、湘江中上游也居住着1500万各族人口，以我国山区农民人均耕地2~3亩换算，目前实际的稻田耕作面积约9000万亩。这9000万亩稻田若种植传统高秆糯稻，其暴雨季节的储洪能力将高达300亿立方米。其有效储洪能力，接近另修一个长江三峡水库（三峡水库总库容量393亿立方米，但实际不足2/3）。即使在枯水季节，这些稻田还留有50亿立方米的水资源储备，可以持续补给珠江、长江下游的淡水。

其四，维护了当地的生物多样性。侗族地区的农田、鱼塘、水井、水沟、山塘、溪流等构成一个水域的网络，这是镶嵌在侗族地区的一个个“生态坝”，它是靠泥土、杂草、树枝、岩石等材料累积而成，构成水生动植物的栖息地，也是陆生动物的觅食之处。这样的生态坝既维护了生态多样性的存在，又使水源得到控制，在天气干旱的时候，可以为江河中下游补充水源，在洪水时节又可以为中下游地区截流洪水。这对双方都是有利的，这是侗族文化对生态环境的适应，而建构起来的“稻鱼鸭共生生计体系”。

艾：在当下普遍认为要学习先进的科学知识，引进先进技术，这时谈论地方性知识是否有“落后”的嫌疑？您是如何看待地方性知识的？

罗：对这一问题我们团队也进行过认真的思考与研究。我认为这是一种话语霸权的结果、这是我国近代以来“教科书西化”的结果，知识体系西化的结果。近代以来，我们一直在追求西方的标准，以西方技术为追求对象，忽略了我国数千年的传统智慧，也忽视了中华民族的民间智慧。如果我们转变一个视角，将这些传统知识进行挖掘、整理，并加以精细化的研究整理和提升，可以成为大家能够理解的知识体系，比如云南农业大学的朱有勇教授就是在这样的思路下，取得了丰硕的成果，并当选为院士。其实西方知识体系也是从英国开始的，通过殖民活动，建立起世界的工业化体系，这样一来，把一个弱小岛国建立成为“日不落帝国”，由此使一个小国的知识体系逐渐扩大，变成一个世界的知识体系而已。

我认为地方性知识落后是一个伪命题。学术界之所以仍然抱有那种地方性知识是否有“落后”的嫌疑，主要是很少有真正的学者参与对地方性知识的研究中去，没有对地方性知识的价值体系进行解剖，而是坐在实验室中求数据，更没有对地方性知识的运用性进行升级换代的改造。如此的研究范式才导致那种认为地方性知识是落后的、愚昧的甚至要被革除的对象。西方国家今天的经济发展是有目共睹的，但我们也必须看到西方发展模式所带来的困惑，甚至是人类的灾难。人类在西方的引导下走入工业化的道路，但今天看来，这条由西方开创的工业文明道路是否可以继续走下去，已经遭到了怀疑甚至否定。正是在这样的背景下，我国提出了“生态文明”建设。我认为生态文明的核心就是“人—地关系”的和谐，也是人类利用自身所建构起来的文化，去实现对地球资源的高效利用，同时要实现对地球资源的精心维护，在资源的高效利用与精心维护中实现人类的可持续发展。人类是依靠土地生存的物种，只有人—地关系和谐了，人类才可以永续发展。在人—地关系的和谐之下，既可以有大的产业，也可以有小的产业；既可以有集中性的生产，也可以有分散性的生产；既可以有资源的集中利用，也可以有资源的分散利用。总之，现代化不再是只有西方工业化道路这一种模式。

在生态文明的背景下，如何利用地方性知识去建构人类发展的道路，这仍然需要将整个世界市场作为一个大的背景，在人类命运共同体的框架内，去发掘地方性知识的机制，发现地方性知识的价值，寻找地方性知识升级换代的路径，重新建立起人类共享的科学思维与技术体系。我认为我国提出的生态文明乃是人类继生态文明之后的第六大人类文明形态，是中华民族引领人类发展的全新范式。这些都是我们团队当前与日后所关注的主题。

艾：如今民族地区的人口外出务工非常多，因而生计方式的变迁是一个现实问题，在这种背景下，地方性知识的传承如何进行？

罗：我也确实看到这一现实问题。民族地区人员大量外出务工，现在留在本地的，多是一些老弱病残这些弱势群体，有些学者认为乡村出现了“空心化”。但我认为这是不切实际的，是对乡村社会不进行深入调查而得出的错误结论。在城市化的进程中，乡村人口在减少，这是一个不争的事实。但并没有像那些学者所说的出现了乡村的“空心化”，如果说有“空心”，那也最多只是“季节性空心”。外出务工的百姓在特定的时节都会回到乡村，在劳力不再适应“城市化”时，他们会自觉地回到乡村，因为乡村才是他们的家园。“城市化势不可挡”，由此引发的生计方式变迁也势不可挡，这已经成为社会科学关注的热点问题。但通过三十余年的田野调查，我依然相信在“城市化”背景之下，乡村未来的发展依然是必需的，也是必然的。所幸2017年国务院提出了我国乡村振兴的发展策略，六部委提出了生态扶贫的工作方案，等等。这些都是国家领导层看到了民族地区、农村地区发展的重要性。那么，我们民族学学者如何把这些作为学术研究的社会环境，也就是说，我们如何去利用这些社会环境、社会资源，从生态民族学的视角对乡村建设与发展进行思考，也就成为当下我们的重要研究取向。

我认为，人口流动是常态，生计方式变迁也是常态，社会环境改变了，这些都会改变。生态环境也会改变，但其改变的速度十分缓慢，只要生态基础还存在，那么建立在生态基础上的文化还能存在下去。我们目前面临的困惑乃是十分浮躁，很难静下心来，对生态环境、社会环境与生计方式变迁的关系展开系统研究。有些学者只看到了变迁的一面，没有看到民族地区发展的根基何在、核心何在。前面所谈的贵州清水江流域的林业问题就是一个最好的例证。木材流动带来了清水江流域苗族和侗族生计方式的变迁，在变迁中实现了文化与自然环境和社会环境的耦合，由此造就当地数百年的经济繁荣、社会稳定与文化发展。

目前，国家正在提倡以生态产业振兴乡村的问题，这是一个重大的研究领域，比如生态产业如何在振兴乡村中落地生根、产业如何与文化和环境达成耦合性，等等。我们乡村振兴的举措必须从文化与生态环境耦合体这一维度出发，找到问题的症结，发现工业文明的不足与缺陷，看到城市化的问题所在。以人类文化生态共同体的再度形成去构成人类命运共同体，使文化再度在当今的历史背景中调适于正在改变的自然环境、社会环境与技术环境，这是我们所讨论的文化适应问题。文化变迁就是它已经超越了文化适应环境的原点，走向了另一个文化面对的环境而去加以适应。

诚如前面所说，文化面对变化了的环境如何做出调试和修正问题，这需要对具体事项进行研究，也是民族学强调的“个案研究”。比如前面提到的林业问题，虽然清水江流域的林农面对的自然环境与历史上差异不大，但其所面对的社会环境与明清、民国时期不同。因此，当代清水江流域林业问题的解决，必须要针对国家的政策和地方性知识的对接，包括现代林业技术与传统民间营林技术的对接。不论如何对接，都要从林业发展中的文化与环境的耦合性出发，才能解决当前林业面临的真正问题。如果这些问题得到解决，生活在林区的少数民族生活会更幸福，也会创造更多财富来，而不会成为扶贫对象，甚至可能成为支持其他地区发展的对象。因此，要讨论地方性知识的应用问题，需要从特定的一些项目出发，从考察特定民族文化与所处环境的自然资源和社会资源的协调利用入手，而不是泛泛而谈。

艾：最后一个问题是，请您谈谈如何将国外的相关理论与中国生态民族学的研究具体结合，以及对中国生态民族学今后发展的理论性指导。

罗：我认为当前中国的生态民族学研究任重道远，需要研究的领域十分广泛，需要解决的问题也十分迫切。如果要谈国外的相关理论如何与中国生态民族学的研究具体结合的问题，这是一个几天几夜也讲不完的话题。因为任何一个“具体的结合问题”都需要从“个案”入手展开讨论。但若就民族学学科内涵而言，尤其生态民族学学科而言，我认为要把握好四个领域的关系问题：从生态文化共同体到人类命运共同体的问题；从地方性生态知识到普同性知识的关系问题；从民俗社会到国家社会到全球社会的问题；从小传统到大传统，再到人类“类本质”的关系问题。这四个领域涉及很多新的学术概念需要重新建立，有很多个案需要积累，其间的学术逻辑关系与解释框架需要重新确立。如果能够完成这样的学术使命，中国的民族学、生态民族学就将做出对全人类的贡献，也只有到那个时候，生态民族学的中国话语才能确立起来。这也正是我所期待的。

艾：谢谢罗老师接受我们的访谈，您所谈到的针对我国民族地区生态与文化的研究非常具有启发意义，促使我们思考的是全球化与地方化的关系，全球化如何在地方适应地方，而地方性知识在应对全球所共同面临的危机时，能够找到其切入点，从而使地方性知识获得全球的普遍意义。

（该文曾发表于《三峡论坛》2019 年第 4 期，此次收录文字略有改动。）

杨圣敏教授访谈录（上）

——从个人学术历程看中国生态人类学发展

杨圣敏教授简介

1951年生，辽宁绥中人。中央民族大学教授、博士研究生导师，教育部社会科学委员会委员，中央统战部专家组成员，曾任中国民族学学会会长，被收入哈佛大学编辑的世界学者名录之中亚研究学者名录。杨圣敏教授曾荣获“国家级教学名师”“全国杰出专业技术人才”“全国民族团结进步先进个人”等荣誉称号。主要研究领域为民族学，民族史，中国北方、西北与中亚民族。代表性成果有《回纥史》《〈资治通鉴〉突厥回纥史料校注》《干旱地区的文化：吐鲁番维吾尔族社区调查与研究》《历史上维吾尔族与突厥及土耳其的关系》《民族学如何进步——对学科发展道路的几点看法》等。

访谈者：翟淑平

访谈时间：2019年4月

杨圣敏教授对我国新疆地区的绿洲文化、干旱文化做过非常深入细致的研究，其研究成果对于我国干旱地区的生态人类学研究具有非常重要的影响和意义。

翟淑平（以下简称翟）：杨老师，您好！非常感谢您能接受我们的访谈。

今天主要想从两个方面向您请教：第一，您在人类学、民族学和历史学方面都有很深厚的研究功底，而且比较集中地关注新疆地区，所以想请您谈谈基于这样的专业背景如何关注到了生态人类学、这方面的学术关注点主要在什么地方。第二，您长期在新疆地区进行研究，对绿洲文化、干旱区文化、坎儿井等都发表过一系列学术成果，能否具体谈谈这些研究对中国生态人类学的发展历程和发展方向的启发？

杨圣敏（以下简称杨）：我本科是学历史的，毕业于西北大学历史系。西北大学历史系对中国西北的历史，尤其对边疆民族历史，有长久的研究传统。例如在中华人民共和国成立前和中华人民共和国成立初期，西北大学的马长寿先生就已经在西北和北方古代民族的研究上有了很多成果，在国内处于领军地位，很多研究都是开拓性的。如突厥研究、匈奴和鲜卑研究等。他的两个研究生段连勤和周伟洲先生后来都是做这方面的研究和教学，也有很多成果。我大学本科的毕业论文是在这两位先生的指导下完成的。从那时开始，我就对西北的少数民族历史，特别是古代回纥、新疆维吾尔等民族历史感兴趣。1982 年本科毕业后，我到中央民族学院民族研究所读民族史专业的硕士研究生。当时，林耀华先生是所长。我的导师程溯洛先生重点研究新疆民族史。他和冯家昇先生（曾在美国国会图书馆任研究员）都是中国维吾尔史研究的开拓者，中国最早的一本维吾尔史《维吾尔族史料简编》就是他们合写的。该书把古今中外跟维吾尔史相关的关键材料都按照年代编排下来，并分别对这些史料做了很详细的、很高水平的按语。这些按语既对这些史料进行了言简意赅的解读和分析，又将国际学界的有关研究，特别是不同观点和他们自己的判断做了简要介绍。现在像他们那样编书的已经很难见到了。那不是啰嗦的历史，而是把关键的史料（多数是第一手材料）编排下来，除了中文以外，还有阿拉伯文、波斯文、突厥文、回鹘文的史料，把这些史料搜罗得比较全，并且翻译出来需要有很深的学术功底，这本身就是一项难得的贡献，而且他们还在每段史料后插入自己研究性的按语，和国内外学界以往的研究进行前沿讨论和对话，言简意赅。他们把最重要的材料和最重要的观点，用特别简要的话很明白地告诉读者。所以，读那样的书，一下子能走到该领域的前沿。我们应该提倡这样的研究成果，而读现在出版的一些书，往往啰嗦，对材料没有甄别，杂七杂八，什么都堆到上面，也没有什么新的分析，让读者不得要领，虽然书很厚，对相关研究却没有推进。

我在1985年硕士毕业留校任教，1992年开始在职跟林耀华先生读民族学博士学位。在读博士学位之前，1990年，我到加拿大西蒙弗雷泽大学人类学社会学系进修，进修期间，我听了生态人类学的课，并且读了几本有关的英文书。从那以后，我看问题就多了一个生态的角度。

在美国、加拿大的人类学系，教师在课堂上多是启发式授课，讲重点，不面面俱到地灌输，鼓励学生多读书，而且不限于本专业的书，那是一个很好的传统。

我们国内高校一般把社会学和人类学分得很清楚，但西方有的国家不太分，而是把这两个专业放在一个系，西蒙弗雷泽大学就是这样。中国的传统，从吴文藻、潘光旦，一直到费孝通先生，对社会学和人类学是不太区分的，所以费先生说他既是社会学家，又是民族学家、人类学家，他说自己也分不清自己的作品到底是属于社会学，还是属于人类学、民族学。[1] 现在我们的年轻人把这两个学科分得比较清楚，我的看法是，把门户划分得那么清楚，原因之一是为了在学者之间划分资源，对研究不一定有利。你的导师王铭铭老师是人类学学者，但是社会学的方法他也用，他继承费先生的传统比较多，因为他们都是在英国留学的，英国把美国的"文化人类学"叫作"社会人类学"，把社会学的理论、方法和人类学结合在一起开展研究。王铭铭的很多作品也是吴文藻提倡的社区研究那些方法，这个"社区研究"就是人类学和社会学结合的研究。所以，我觉得他的学生大多比较优秀，跟这个有关系，因为这把中国人类学和社会学界比较优秀的传统发扬下来了。

中华人民共和国成立以后，中国的哲学社会科学研究受苏联的影响很大。苏联在20世纪20年代就撤销了人类学和社会学两个学科，称那是资产阶级学科，但保留了民族学。20世纪50年代初，中国也撤销了人类学和社会学两个学科。美国和英国把民族学学科叫作人类学，德、法、俄将其叫作民族学，欧洲大陆也有人类学，但指的是体质人类学，文化人类学就是民族学。他们把对本民族的研究叫作民俗学，把研究少数民族和其他殖民地民族的叫作民族学，民俗学和民族学在德语里是同一个词，只是民俗学是单数，民族学是

[1] 费孝通. 费孝通文集（第13卷）[M]. 北京：群言出版社，1999：24.

复数，这是欧洲大陆的传统。在美国和英国，对自己本土社会的研究叫作社会学，主要关注的是工业社会。实际上，民族学和人类学是一回事，虽然英、美、欧洲大陆各有一些自己的特点，但共同点是主要的。例如弗朗兹·博厄斯（Franz Boas）这个人，他本是德国人，在德国学习民族学，以后他到美国哥伦比亚大学教书和从事研究，美国学界就说他是“美国人类学之父”，是人类学家。再举德国马普社会人类学研究所的例子。在德国，所有的自然科学和社会科学的国家级研究所，都叫马普所，有 60 多个所，组成马普学会。其前身是德国的威廉皇家研究院。我到德国马普民族学所去访问过几个月，研究所大门的牌子上用德文写的是“民族学研究所”，英文写的却是“社会人类学研究所”，他们也清楚两个名称是一回事。我们中国有从德、法等国留学回来的，有从美国、英国留学回来的，所以就带回来两个牌子。蔡元培留学德国，他的导师是德国第一位民族学专业的教授，他回国后在“中央研究院”建民族学所，也在北大设民族学专业；潘光旦、吴文藻都是从美国哥伦比亚大学留学回来的，回国就建人类学系；杨堃、杨成志都是留学法国，回国后就把这个学科叫作民族学。

翟：那您怎么看待民族学和人类学的关系？

杨：我认为它们是一回事，理论是相通的，是一套；方法也是相同的一套，主要是实地调查方法；研究领域都是不同的人群。民族学那个“民族”既包括我们概念里的这些民族，如藏族、维吾尔族、汉族，也包括更宽泛的内容，例如追星族、啃老族、上班族，指的是不同的人群，我觉得将其翻译成“群学”更科学。

翟：您是指史禄国那个“ethnos”吗？

杨：没错，我给人写过一篇小序，说这个学科叫作“人群学”更合理，研究不同人群的社会文化特点，分析这些特点形成的原因，方法也都是从这个研究需要来的，也就是比较法，比较不同人群，从而找出特点。人类学也一样，不研究单独个人，而是研究人群，理论方法、研究领域完全一样。这个学科是开放的，一开放，就形成很多分支学科，从不同角度展开研究，例如经济人类学、历史人类学、医学人类学等，到 20 世纪 60 年代，出现了生态人类学。从环境的角度来研究社会文化，欧洲在 19 世纪就有一个地理学派，主要从环境的角度去解释，但那时不叫生态这个名称。欧洲的地理学派，现在仍在做地理和文化的研究，而在美国、英国，生态人类学出现得比较晚，直到 20 世纪 60 年代才出现。

翟：一般认为从美国斯图尔德这里开始了生态人类学，您认为欧洲的地理学派实际上是生态人类学的一个源头吗？

杨：对，从理论和研究角度来看，欧洲地理学派是生态人类学的源头，但它不这么叫，而且在欧洲的发展没有美国影响这么大，所以就没有和生态人类学联系起来。其实欧洲地理学派对中国也早有影响，因为在苏联时期，地理学派通过苏维埃学派传到中国。20 世纪 50 年代初，苏联的那些民族学家到中国来教课，他们的书也被翻译成中文，他们将其叫作"经济文化类型"研究，其实这个就是从地理学派发展过来的，从地理学派发展到"经济文化类型"研究，跟马克思主义有关系。西方主流的人类学，主要从文化的角度研究人群，他们认为文化决定着各种人群的不同特征，不同的文化、文化的变迁造成社会的发展变化，他们对地理环境的重视比较晚。较早重视地理环境的是欧洲地理学派。马克思主义重视经济基础，认为经济基础决定上层建筑，文化就是上层建筑，这是马克思主义民族学或者马克思主义人类学与西方的主流人类学、民族学的一个非常重要的区别。后来，苏联继承欧洲地理学派，就将经济与自然环境结合起来看问题，叫作经济文化类型研究。50 年代初，苏联一个很有名的民族学教授到中央民族学院来讲课，当时民族学院开了一个民族学研究生班。

翟：您指的是不是切博克萨罗夫（H. H. чебоксаров，1907—1980）？他当时与林耀华先生一起开了一门课。

杨：是的，不过当时林耀华先生的地位还不能跟切博克萨罗夫平起平坐，而是协助他讲课，因为林耀华先生是从美国留学回来的，是要向苏联人学习的。苏联和中国学者合办了一个研究生班，就在中央民族学院研究部，有 20 多个学生。因为苏联没有硕士学位，当时给他们授予的是副博士学位，后来就说，副博士学位相当于中国的硕士学位。那位苏联教授开课，讲的就是"经济文化类型"，在上课的同时，林耀华先生陪着他，在中国的边疆民族地区转了一圈，包括广东、云南等地，做了田野调查，并根据经济文化类型理论，对中国各少数民族展开分析，回来之后，他俩就合写了一篇文章《中国的经济文化类型》[1]，有三万字，一开始用俄文写作，“文革”之后，翻译成中文发表，后来又翻译成日文，这可视作中国生态人类学的一个开端。所以，其实中国生态人类学是从苏维埃学派传过来的，但更早的渊源应该是欧洲的地理学派。它是这么一个脉络，但因为是20世纪50年代末写的，没有人把它跟生态人类学联系起来。后来我们做中国少数民族研究，都从那个角度出发，比如为什么蒙古族是那样的社会？这跟他们的草原环境有关，维吾尔族与绿洲有关，当然分析得还比较浅，实际上这是中国生态人类学的早期研究实践，最主要的还是从经济类型与自然环境关系的角度展开分析。

翟：当时在少数民族大调查的时候，从这个经济文化类型出发，也做了大量的调查和阐述。

杨：是的，这些都是从苏维埃学派学来的分析方法。其中一个特点是从经济角度说到阶级划分，然后是历史发展阶段论的角度，要证明少数民族有的是原始社会末期，有的是奴隶制社会残余，还有的是封建社会早期，要把社会形态排列起来，证明马克思主义的社会发展阶段论是对的，这是苏维埃学派一个重要的关注，也是其研究的重要目标。20世纪50~60年代，苏维埃学派从历史的角度研究中国少数民族的发展历程，但不是从当时的现实状况进行研究，只是从经济、阶级划分的角度来排列历史阶段。

翟：后来林耀华先生又写了一篇文章，他把经济文化类型变成社会文化类型，对经济的强调好像就没有以前那么浓了，是不是说，这个苏维埃学派的影响就淡了？

杨：可以说慢慢就淡了一点，也可以说是在经济文化类型理论的基础上又往前走了一步。到1960年，社科院民族学与人类学研究所组建起来，原来计划叫民族学研究所，真正挂牌子的时候则叫民族研究所。当时全国只有一个民族学的教学研究单位，就是中央民族学院历史系的民族学教研室。但1960年，这个民族学教研室改名为民族志教研室，也不叫民族学了。

翟：那您自己最早进行生态研究大约是从哪个时期开始的？

杨：20世纪80年代。我从1992年跟林先生攻读民族学博士学位，当时

---

[1] 金天明，索士丁．经济文化类型理论在中国的应用和发展［J］．中央民族学院学报，1988（1）：51-54．该文最初以俄文发表于苏联，1985年在国内以中文发表，收录于林耀华．民族学研究［M］．北京：中国社会科学出版社，1985：104-142．

民族研究所和民族学系合并了，林先生是所长并兼任民族学系主任，我一边教课，一边读书。1990年，我去加拿大进修、听课，在那儿负责指导我的是加拿大人类学学会的会长，叫伊恩·赖斯·惠特克(Ian Rice Whittaker)，他有的课是从生态学的角度讲的，受他的影响，我也读了一些书，但是当时并没有具体参与生态方面的研究。1992年，他来到中国，到中央民族大学民族学系来开课，讲授调查研究方法，讲了一个学期，我就给他做了一学期的翻译。当时，他那门课讲了很多环境跟社会文化的关系，我受他的影响比较大。所以那一年，我就开始从这个角度考虑问题。

我的学术底子是历史学，在新疆历史、北方民族历史方面下的功夫比较多。我于1991年出了一本《回纥史》❶，1993年出了《资治通鉴·突厥回纥史料校注》❷，后一本书我编了十年，那时候很下功夫，跟现在不一样，当时没有电脑，所有史料都是手抄，一本一本的，共有一百多万字，又对每段史料做校对、做注释，本来准备自己研究时用，这样比较方便，后来北京大学张广达先生看到了我抄的那些资料和校对注释，感觉很珍贵，就跟我说一定要把它出版了。因为我在北方、新疆民族历史上下过十几年死功夫，比较重要的史料几乎能背下来了，所以后来做民族学、人类学研究，选择新疆为田野点，我就希望从环境和历史的角度，对现实的维吾尔社会文化特点做出我的解释。民族学研究主要是解决两个问题，即“是什么”和“为什么”。一是找出研究对象的特点是什么，即这个民族、社区或人群的文化特点、社会特点是什么；二是解释为什么会有这些特点。对于“为什么”的问题，各种解释角度都有，我就想从历史传统和自然环境的角度去解释。而历史的角度，不像内地历史文献那么清楚详细，新疆多数地方的历史文献是断断续续的，不完整，有很多历史空白。但新疆有一个地方的历史文献是比较完整的，那就是吐鲁番，为什么呢？因为有吐鲁番文书，是当地挖掘出土的，另外，敦煌文书里面也有很多吐鲁番文书。

翟：这些文书中会不会有一些关于生态环境方面的记载？

杨：都是民间各种各样的文书、契约，有关宗教的最多，也有各种民间

❶ 杨圣敏．回纥史［M］．长春：吉林教育出版社，1991；1998年又在新疆人民出版社出版了此书的维吾尔文版。

❷ 杨圣敏．资治通鉴·突厥回纥史料校注［J］．天津：天津古籍出版社，1993.

的买卖、土地契约和官方公告等文书。敦煌文书有两三万卷，吐鲁番当地也出土了不少各类文书，为什么出土了那么多呢？因为吐鲁番气候干燥，是新疆最干燥的地方，也是中国最干燥的地方，那些文书不容易腐烂，得以保存下来了，之后大量从墓地挖出来，这么大量的第一手文献，引起国际学界的关注，就形成专门研究的国际性学问——吐鲁番学。

翟：所以这个环境也是对这个地区的历史有决定性影响的。

杨：是的。敦煌和吐鲁番文书后来遭到来自俄、英、德、日等国的克莱门兹（D. A. Clements）、奥登堡（S. F. Oldenburg）、斯坦因（Marc Aurel Stein）、格伦威德尔（Albert Grünwedel）、勒・科克（Albert Von Le Cog）、橘瑞超（Tachibana Zuicho）等人的掠夺，导致这些文书逐渐分散到全世界各个图书馆；我们北京图书馆（简称北图）也有一部分，原件是看不到的，都被制作成微缩胶卷了。我于20世纪80年代在北大听张广达、王永兴两位先生的课，他们都是吐鲁番文书和敦煌文书研究的权威学者，王永兴与我的硕士导师程溯洛是西南联大的老同学。所以我听他们俩的课，就做敦煌文书和吐鲁番文书的研究，当时只有北大图书馆和北图有这些文书的微缩胶卷，北图不对外开放，将其视如珍宝，这是他们拿外汇买来的，80年代有点外汇不容易。北大图书馆的倒是可以看，因为我在北大听课，所以就每天到图书馆看那些文书的胶卷，看的时候拿笔抄写，抄了不少文书，还对其中一份有关古代回纥的文书（敦煌卷子P3633号）做了研究，写了论文并发表。以后读林先生的博士生，我就直接去吐鲁番做研究，因为那里的文献比较多，也挺完整的，适合于从民族学角度分析。

人类学和历史学做研究有一个区别，那就是历史学研究的点比较大，是区域性的，很少会做一个村子、一个乡，研究一个县的都很少，它关注的面比较大；另外它是纵向的研究，涉及年代也比较长，这样它就能保证有足够多的文献材料支撑研究。而民族学、人类学不一样，人类学是研究一个点，因为是研究者一个人去做调查，不可能研究太大的面，研究一个乡都觉得太大了，最好是研究一个村子；另外，人类学一般是横向地做各个方面的调查，主要不是去考证历史文献，而是对当代的人和事这些细节进行深入调查，从中总结出这个点上的社会文化的特点。吐鲁番文书的特点是有细节，可以用它对社会文化的特点进行解释。

当时我除了在图书馆查阅吐鲁番文书，更多时间是在乌鲁木齐和吐鲁番鄯善县的档案馆找中华人民共和国成立前那些档案。那时候的调查得到地方上很多人的帮助，所以我也努力和地方上的人交朋友，也和档案馆的人交朋友，每次去都送他们礼物，有机会就帮他们办点事。那时候研究经费挺少的，20 世纪 80 年代我去新疆常住两块钱一晚的小旅店，当时年轻，能吃苦。我记得一次夏季住在吐鲁番一个乡的小旅店时，缺水，住的店一天就给一壶水，洗啊，喝啊都是这一壶水。那时候年轻，我也插过队，觉得这都不算什么。就是节约经费，尽量节约点钱给地方的工作人员买点东西，到村子里时给农民买一点礼物。所以和他们的关系挺好的，看档案就比较便利，访谈也比较便利。

吐鲁番那个地方耕地少，人均不到两亩地，因为干旱少雨，人口虽不断增加，却无法开垦新的耕地，主要是没有水。我就帮他们村子申报了一个日本的扶贫基金，那个基金是小额度资助，一般 100 万元以下，给中国一些贫困地方资助。我帮他们申报了一个在沙漠里打井开田的项目，申报了两年，下了很大功夫设计项目，写报告，主要是在村子旁边的沙漠里打四眼机井抽地下水灌溉新开垦的 400 亩农田，共申请 70 多万元。然后我拿着申报书到日本大使馆去申请，通过了各种审查手续以后，日本大使馆说，你得找那个县的工作人员和你一起来。但是县里工作人员听说要去日本大使馆，谁也不肯出面。好不容易有一个机会，鄯善县的维吾尔族县长到中央党校培训，我就去找县长说此事，他也是坚决不去。后来我又托人找了维吾尔族的国务委员司马义同志，向他说明情况，他点头了，说是一件好事，可以做。但县长还是不愿意去。再后来，吐鲁番地区的一位维吾尔族副专员来北京出差，跟我挺熟的，他跟我去了大使馆，这样事情才办妥。基金会给了 70 万元人民币，那时候 70 万元挺管用的，大部分钱拨到了村子里，村委会用那个钱租拖拉机在沙漠里推土，推掉表面一米厚的沙子，下面就露出了非常好的土地，这样开垦了 400 亩地，打了 4 眼很深的机井，在周围又种上防风林。20 世纪 90 年代初，土地已经包产到户了嘛，这 400 亩地就成了村子里的公地，种了棉花和哈密瓜，每年的收成全村一起分，平均每人能分到四五百元，那时候已经不少了，一个村子几十户。

从那以后，吐鲁番英坎村就成了我的调查基地，村里的维吾尔族老乡都把我当自己人。我去别的村，别的乡做调查他们也会热心地陪着我，给我当向导，当翻译。调查的时间长了，我就感到，对于吐鲁番维吾尔族社会文化的特点，仅从历史传统的角度作分析作解释是不够的，这个地方的风俗习惯与当地干旱的自然环境关系太密切了。

翟：所以您就提出了干旱区文化这个概念吗？

杨：对。后来我到斯坦福大学人类学系访问，他们让我给他们的研究生做讲座，讲我在吐鲁番的调查。刚开始，我没有一个很好的题目，斯坦福大学著名的 Arthur Wolf 教授，中文名字叫武雅士，给我提了一个建议，说，你的这个论文就叫“干旱地区的文化”，副题叫“吐鲁番的调查”。然后，我在那里看了很多生态人类学的英文材料，感觉全世界很多地方都属于干旱区文化。很感谢武雅士教授，可惜前几年他去世了，我经常会想起他。

翟：所以您就有了一个比较的视角，和中东这些地区进行比较研究了？

杨：对，既然是研究干旱区，就不仅中国有干旱区，世界干旱区文化的特点应该有共性，中国只是一个案例，可你在这儿做调查前，首先要做文献回顾，必须把中东、阿拉伯、中亚、北非等干旱区的研究都关注到，文献都得看。

翟：那这些研究有没有很明确地把干旱区文化概念提出来？

杨：这个少，把“干旱”这个关键词打进数据库（那时候中国还没有知网这样的数据库，那时美国已经有了，再晚一点，我到德国访问时，那里也有了），再把“绿洲”打进去，就能找到很多文章。有的不是专门讲这个的，但是涉及这一块，特别是中东地区涉及干旱的研究较多。坎儿井也是我研究的一个主题，也是吐鲁番地区的一个特点，20 世纪 50 年代吐鲁番 90% 的耕地都是用坎儿井灌溉的，现在坎儿井已经所剩无几了，只剩几百条。新疆人都说坎儿井是他们发明的，但我把“坎儿井”这个词输入检索，发现有文章说坎儿井是公元前 7 世纪伊朗那边发明的，“坎儿井”这个词汇波斯语称为“坎纳孜”。我就想到原始的材料里找，找了很多年，1995 年从斯坦福大学找到夏威夷大学，我在夏威夷大学图书馆查到了资料出处，那是刊登在 20 世纪 50 年代初的一本美国杂志上。那个杂志是研究欧洲古代死语言的，因为读者太少，50 年代就停刊了。那里面有一篇文章介绍古代波斯的一块石碑，碑上记录了当时波斯帝国西北的一个小王国发明坎儿井的经过，因为碑文也是死语言，所以就刊在那个杂志上。但夏威夷大学图书馆也没有那篇文章，不过他们有那个检索服务，你给他们付钱，也不是很贵，他们帮你在整个北美检索。我回国之后，他们找到了那篇文章，给我邮寄过来，是波斯文的，上面把发明坎儿井的过程写得非常清楚。以此为线索，我继续查找相关资料，就把坎儿井传播推广的过程基本梳理清楚了。公元前 700 多年，波斯王把发明坎儿井的那个小王国灭了，然后把坎儿井技术在帝国境内推广，不久，整个波斯帝国的大部分地方都用坎儿井灌溉，直到 20 世纪 60 年代，伊朗一半儿以上的土地都是用坎儿井灌溉的，有几十万道坎儿井，现在还有十几万道坎儿井，阿富汗也有 6000 道坎儿井。

翟：到了现在，坎儿井依旧是他们主要的灌溉方式吗？

杨：对，一千多年前修建的坎儿井，有些现在还在用呢，是一些特别宏伟的工程，有些部分是砖石砌的，不仅用于灌溉耕地，还用来供应大城市的生活用水。相比之下，我们新疆的坎儿井比较短小，都是在地下挖的土洞沟渠，延续的时间比较短。找到 2700 年前波斯人发明坎儿井的碑文以后，我又继续查找阅读其他文献，知道世界上有二十多个国家都有坎儿井，除了中东、北非以外，南美洲一些国家，如智利、秘鲁；欧洲一些国家，如西班牙、塞浦路斯都有坎儿井。那里的坎儿井是随着伊斯兰教从中东传过去的，又从西班牙传到南美那些干旱的地区。像秘鲁、墨西哥等国都有坎儿井。所以我知道，我们这儿根本就是坐井观天，还有人主张拿自己的坎儿井去申报世界文化遗产，《人民日报》还刊登了这样的建议。有人说被别国抢先申报了很可惜，即使你现在去新疆，还有人这么说，并说坎儿井是汉代时关中地区的井渠法传到新疆而产生的，但我们知道井渠与坎儿井是性质完全不同的两种灌溉工程，完全是两码事。我为什么要研究坎儿井的起源和传播呢？因为开挖坎儿井的成本很高，愿意开挖坎儿井的地方都是气候比较干旱的地方。坎儿井是地下水，在地下的渠道中输送，不会蒸发，这是干旱区对付环境的方法。这说明什么呢？既然坎儿井是那个地方传过来的，那么，环境相似的地方，社会风俗、法律制度甚至宗教信仰等方面也能进行比较。中东古代就有“坎儿井书”，就是有关坎儿井的法律、制度，怎么修、怎么用、怎么继承等。和新疆的坎儿井文化一对比，基本是相同的。所以，通过这个研究，我认识到在新疆吐鲁番这种比较严酷的自然环境中，人类的社会和文化受环境影响制约特别大。所以对这些地方文化的解释就既要从历史传统的角度做解释，又要从环境的角度做解释。

翟：是不是可以说，从环境角度来做研究和解释，历史史料和宏观视角都是不可缺少的？

杨：对，历史文献不可缺少，世界的宏观视野也不可缺少。从全世界范围来看，同样环境中生存的人类，其传统文化往往有相似之处。因为文化是对付环境的工具、手段。

（该文曾发表于《三峡论坛》2019 年第 5 期，此次收录文字略有改动。）

杨圣敏教授访谈录（下）

——历史与民族视野下的生态人类学思考

翟：我有一种感觉，生态人类学传到中国后，总是在一种地方性知识的框架下和民族学结合，这样视野就有点窄了，您是怎么看待的？

杨：对，这样视野就比较小。国内一些学者有这个问题，强调地方性知识，而且把这种知识完全固化，说这种知识完全是正面作用的、不能违背，一旦违背了就怎么不好。只能说这种观点有一定的合理性，但不能绝对化，因为社会和文化都是变迁的，变迁的动力是新的生产力和生产方式的出现。在科学和生产技术都比较落后时，一些地方性知识和民族传统能够帮助人们在特定环境中生存，这些知识和传统就值得传承、保持。但是当科技和生产力提高了，旧的社会传统和知识也需要逐渐更新。如果我们不囿于个别民族，能够站在更高的视角去观察和比较，就能够更理性地去看待这些知识和传统，也能够更理性地看待一些少数民族的传统文化与现代化的关系。

翟：您是说，环境系统和文化系统、社会组织构成了一个整体，所以需要整体地、变动地理解吗？

杨：对。社会组织、文化系统、人这三者与其周围的自然环境是互相制约、互相配合的一个整体，这就是中国哲学的“天人合一”观。与西方哲学把自然环境与人对立起来是不同的。同时中国哲学又说“道可道，非常道”，也就是说，宇宙万物是变化不息的，没有不变的道。这个整体是会变化的，变化的原因是由内部和外部两个方面的矛盾集聚推动的。从内部来说，可能是生产技术的变化、人口的增长、人际关系的变化等；从外部来说，则是周围大的社会环境和自然环境的变化。一般来说，大的自然环境变化很缓慢，甚至长期没有明显变化。但是小环境是在不断改变的，人们每天生活于其中的小环境，小的社会环境和自然环境是会不断改变的，小环境的变化会推动人的思想和行为规范逐渐变化。如果人们不去适应周围这些小的变化而不断改变自己的行为，小的矛盾集聚得多了，就会形成大的矛盾力量，从而造成社会的动荡和突变。所以我们应该看到这些小的变化，随时地、不断地调整人类自己的文化去适应它，也就是在人与环境的矛盾还小的时候就解决它，这样社会就能够平稳地发展。这是最理想的发展模式，但要做到这一点，需要站得高一些，看得远一些，才可能知道自己应该往哪个方向调整、改良。

新疆的少数民族大多是农牧民，在古代传统社会，其生产方式几百年甚至上千年没有明显变化，他们的文化也就不会变。但现在不一样了，科技发展得太快了，现代化、经济和市场的全球化冲击着每一个角落，全世界都在大变、突变，不顺应形势去改变是不可能的。但怎么变、怎么调整自己、如何顺应环境的变化，以变应变，这就需要借鉴一下其他民族、其他地方的经验，成功和失败的经验。学者的作用在这种时候就体现出来了，因为学者有更宽阔的视野，学者了解得更多。如果学者也不能站得更高，仅在一个小的视野里发表意见，那么其就没有起到学者应有的作用。

1949 年，新疆仅有 400 多万人，现在已经超过 2200 万了。过去那些游牧民，冬天去南疆，夏天去北疆，现在不行了，没有那么多草场供人们游牧了，人们就要调整自己的生产生活方式。但是这种调整是否把旧传统一概丢掉呢？比如，新疆的老房子用生土砖砌，墙很厚，窗户比较小，用砖头砌成穹隆顶，不用砍树去盖房顶。这样的建筑既冬暖夏凉，又节约木材。这种建筑形式更适应干旱区的环境，就不一定要变。所以即便全球化、现代技术影响到了每一个角落，各地各民族仍有各自不同的适应方式，完全抛弃旧传统是不可能的，完全不变也是不可能的。

人和环境都在变，技术在发展，文化在变迁，所以，没有变化的观念，没有世界范围的视野，就会看不清这一点，就会和现代化有冲突。例如有的学者说，这不好，别修电站，别修水库，因为这会把我们改变了、把环境改变了。但其实人类文化需要变，只是变要有一个度，要渐变，环境和文化是一个博弈的过程，有新的、更好的、可解决矛盾的、可持续的文化代替它，它就得变，而不变的、能留下来的那些传统文化都应该是可持续的，社会的进步需要的是渐变，不能突然消灭掉太多旧传统，而是要继承一部分、改造一部分；社会环境也是这样，各种亲属制度、人际关系的各种规则不能突然都改变了，而是要渐变。渐变社会就稳定，突变容易造成动荡。

翟：您的这种观点在您的生态人类学研究中有没有具体的体现？能否详细谈一谈？

杨：我对新疆帕米尔高原上塔吉克族所作的调查和研究就是这样的例子。塔什库尔干塔吉克自治县是新疆自然环境最恶劣的县，自然灾害很多，三年一小灾，五年一大灾，因此也是人均收入最低的县。塔吉克族的一个传统，是家族内近亲通婚，一般一个村子内的人都是亲戚关系。一些学者说他们这个风俗落后，但他们的社会很安定，是新疆犯罪率最低的县。在那种恶劣的自然环境中，只有大家更紧密地团结在一起，才能有效地对抗环境的压力。通过家族内近亲结婚，大家族不分家，内部就更团结了，人与人之间的关系就更近了，灾害来了，大家互相帮助，有饭大家一起分着吃，再穷、再苦，也饿不死人。

翟：他们那里也属于干旱区吗？

杨：是干旱区，雨很少，年降水量只有100多毫米。再看新疆的维吾尔族小家庭，也能用这种逻辑进行解释，维吾尔族地区也是干旱区。从环境角度看问题，能让你对世界有新的更深入的理解。

翟：也就是说，环境会让视野更开阔一点，可能会更开阔地去理解背后的东西。

杨：从这个角度看问题，能够给人很多启发。怎么看边疆地区、民族地区、不发达地区，因为越是这些地区，环境影响就越大。环境影响大、压力大的地方就需要人与人之间有更多互相的依靠和帮助，所以，我觉得这是很好的一个角度，但是要注意不要眼界太窄，只看一个小地方，别把环境跟文化的关系固定化，它是变动的。当我们进行分析的时候，就要从那个小地方跳出来，站得更高，从发展的角度、历史的角度来看环境与文化的互动，从而指出对人类更有利的发展方向。

翟：所以现在出现了一个环境的全球史，尤其是生命共同体的看法，因为不仅是人了，它把动物、植物，也放在里边。比如我们做全球环境史的视野是够了，但是这种操作性怎么来把握呢？

杨：操作性就是在你研究的那个点上，你要弄清楚它的特点是什么，把这个特点找出来，分析哪些是受到了环境的影响。这样，你必须得作对比。为什么我把新疆和海南岛作对比，还到云南去做调查？就是要把降水量差别很大的不同地方作对比。比如说对比这两个地方的回族和维吾尔族。海南岛那边雨水特多，新疆这边降水特少，特别干旱。这种对比就能让你看出来哪些文化因素是受了环境的影响。

翟：最起码把文化这个变量控制了，再来比较环境，是这个意思吗？

杨：对啊，比较干旱环境和湿润环境的影响。

翟：家族形式会有很大区别吗？

杨：海南那边的自然资源比较丰富，资源竞争就不那么激烈，人的生存压力没有那么大，家族组织就小一些，松散一些。另外，那里的现代化水平和社会化程度高一点，家族之间、人际关系就淡一点，民族意识也比西北地区淡得多。福建泉州的回族在饮食上不太讲究，为什么呢？个人不必太强调民族身份，就可以维护住自己的利益。那里的自然环境和社会环境都与西北有差别。做这些对比，就能够明白他们的文化为什么有差别。

翟：所以比较的方法在生态人类学很重要，一个是纵向的，一个是横向的。后来，您提出一个绿洲生态人类学，包括现在新疆石河子大学他们也在提这个。

杨：绿洲生态这个概念国际人类学界提了很多年了，至少在半个世纪之前就提了，相关的研究很多，把“绿洲”输入数据库检索，文章太多了，有几千篇。其实，在干旱区、沙漠地带，人生存的地方都是一些小绿洲。中东、北非都是这样。所以绿洲生态人类学不是新的研究领域，在 20 世纪 60 年代西方的生态人类学理论创立以前，就有很多人在研究绿洲文化了。

翟：我看到您对历史上的民族关系，包括民族变迁都很关注。您觉得民族关系的变迁过程，其背后有没有生态、环境在起作用，它是怎么样的？

杨：环境对民族关系的影响主要是两个方面：一个是不同环境中的文化，如宗教信仰、生活习俗、语言等不一样，互相之间会有误解，产生矛盾；另一个是资源的竞争，就是经济利益的争夺。与文化差别相比，资源争夺对民族关系有更大的影响。不同文化的民族经过长时间的接触，那些误解能够逐渐消除，甚至能在文化上互相融合，但是资源竞争就不一样了，为了一点土地、水源、矿产等资源，就能打几百年甚至上千年。以色列和阿拉伯人就为了争土地、水而流血，其实他们的文化没有那么大的差别。所以，如果民族关系不好，其实往往就存在资源竞争的问题。现在很多学者从文化上说事，其实单纯从文化上说事解决不了问题。有人主张只谈文化，不要往政治上扯，出发点是好的，但并不能从根本上解决问题。政治比文化影响大，要缩小贫富差距，要让社会上的资源分配公平、平等，就需要政治上的举措啊。

翟：从生态人类学的角度来看，环境是很重要的，比如，我们在沙漠中都去争夺绿洲，那必然要引起民族的迁移啊，或者类似的人群竞争。

杨：是的。糟糕的、恶劣的环境，战争也多，资源竞争更激烈。

翟：从这个方面来看，民族竞争之类的这种研究多吗？

杨：民族学在这方面的研究不太多。对历史事件的分析呢，过去主要用阶级分析法，从民族竞争这个角度讲的比较少。而且学者们受西方的影响比较大，尤其人类学界的主流理论还是西方的，西方的主流学说还是认为文化是核心，分析什么问题都用文化说事。但是生态人类学认为经济是核心，经济问题、资源问题是核心，这是各种矛盾的本质。所以生态人类学在西方发展也比较慢，中国很多学者总跟着西方理论转，在文化里转，所以在生态人类学角度的研究就比较肤浅。

翟：现在我们中国生态人类学的一个问题似乎在于学科的理论比较少，仍旧是斯图尔德的文化生态学，您觉得制约因素是什么？

杨：没有太大进步，还是原来西方的那点理论，没有新思想，本质上在于他们仅从文化上研究，仅关注文化。其实，环境主要是资源和经济的问题，对民族关系影响最大的也是经济和资源问题。这是中国人类学界需要明白的一点。中国人类学界的很多学者都有这个倾向，一定要跟美国人讨论，不和美国人对话就觉得学问不够，不前沿。实际上他们主要是研究文化，最后解决不了实际问题，讨论了很多文化问题，与社会焦点的大问题离得很远。

翟：从这个角度出发，虽然现在生态人类学发展得相对一般，您认为是否还是有前景的？

杨：生态人类学是人类学研究非常重要的一个角度，前景广大。从这个角度开展研究能够帮助我们看清人类社会的很多事情。比如，各种文化特点产生的原因、民族关系问题、民族发展道路问题、传统文化与现代化的关系等。最初这个角度的理论是西方学者创建的，对我们很有启发，值得借鉴，但我们不能一直囿于这些既有的理论，我们需要在自己的实证研究中去不断发展和创新，才可能对解决很多环境与人类之间关系的问题提出有价值的解释和思路。重要的一点是不仅要从文化的角度去分析，也要从经济的角度去分析；不仅要与西方学者对话去讨论他们的理论，更要以中国的现实问题为导向去做调查和研究，从中总结规律和理论，这样做研究，这样的成果才能够推动生态人类学的发展，也才能够得到国际学界的尊重。

翟：这是中国人类学界的一个悖论，我们似乎总是向西方靠，但是西方把我们当成他者，人家想听我们自己的事情。

杨：在国际人类学、民族学界，西方学者认为我们是他们的学生，因而他们习惯我们跟在他们后面做研究，鼓励我们去论证他们的理论，关键是我国不少学者也愿意就一直这样做研究。

翟：您说如果生态人类学走对路，就会很有前景。那您觉得我们应该怎么做、怎么走？

杨：我并没有很成熟的意见，刚才提了几条：一是要有全球的视野、历史的视野，才能看清楚方向；二是不要把文化与环境的关系看成固定不变的。“道可道，非常道”，世界上的一切都是在变化的，变化才是世界的规律，环境与人类社会、人类文化都在变化之中，人类要以变应变，这才是正道。如果生态人类学通过各种案例讲清楚了这种种变化的规律，就可能对人们找到以变应变的恰当方式提供有价值的参考。

翟：您如何看待生态人类学的应用性？

杨：我们要在具体环境下探讨社会如何发展，考察传统文化的意义，尤其为适应环境而具有的那些传统文化，哪些应该保留、哪些应该改、改变的度在哪里，不能把旧的全都扔了，有很多是有存在价值的。比如说在新疆的农村，很多妇女戴头巾，是因为那里风沙大，不能一概说是封建迷信。另外南疆的那些土坯砖建筑，那种穹庐顶、平顶的建筑，既经济，又适合当地环境，就不一定都要用钢筋水泥来代替。我每次去南疆农村调查，就更愿意住在土坯砖的房子里，冬暖夏凉。

翟：这些对学者的实际调查要求会不会更加广泛一些？

杨：比如说要给政府搞现代化的时候提供参考，当地传统的人际关系准则、家族组织不能全部打破了。例如在帕米尔高原上，环境严酷恶劣，当地人为了在这种环境中生存，就要维持大家族，维持大家族的一个办法就是近亲通婚。如果塔吉克族的生产力没有很明显的提高，你认为进步的社会组织方式不能很有效地对抗环境的压力，你就不能说近亲通婚就是落后，不能马上要求他们改变这个风俗，只能让他们逐渐改变。我看到有的塔吉克族进了城，到了喀什、乌鲁木齐居住，还是保持大家族的传统，几个兄弟不分家，上班挣的钱都交给老父亲管，家里谁花钱、包括孙子辈上学、上兴趣班，都是老父亲来分配钱，他们这种大家族很和睦，这说明有些传统保持着并没什么坏处，传统里边有很多正面的东西，其还是有保持价值的。

翟：这里面包含着很深、很广的生活智慧。

杨：对，就是说，人类社会的发展不能跳跃，不能跨越，要渐变、渐进。

翟：现在新疆的生态旅游比较火热，很多人到新疆旅游，就比如说草原圈起来，房子就在这儿，人家都去看这个房子。您对生态旅游有什么看法？

杨：现在生态旅游在全国都很火啊。游客来几个月，圈起来的那个草原就踩坏了。新疆的旅游，不管是生态旅游，还是历史文化旅游，都是大的公司占便宜，有国企的，也有私企资本的大公司，把地方圈起来了，周围老百姓当然受影响了，土地、草原都有一定程度的破坏，公司把大钱挣走了，老百姓在街边摆个小摊什么的，挣点小钱，所以肯定有意见。我去日本时，了解到京都、奈良等地方规定外地公司不准来搞旅游，只能是当地人自己来搞旅游业，公司也只能是当地的，这样就让当地人能够受益，也能防止外来的公司把资本卷跑。本地人搞旅游可以保持一些本地的文化，它是真的，不是假的，游客来了，我穿什么衣服、跳什么舞，这是真的，也不会制造很多社会矛盾。

翟：刚才您讲到吐鲁番的研究，从干旱区文化提到了历史的视角、比较的视野，之后您在新疆研究中，关于生态环境的考虑是否依然在进行？

杨：是，其实是没做完，我当了十五六年的民族学与社会学学院院长，工作比较忙，其实很多调查没有做完，我也希望能继续去做，毕竟人脉关系还在呢，村里的老乡都比较认可我，关系都很好。现在有的学者看新疆问题热，都跑到那儿去了，但不太容易进去，我可以进去，我可以接着做，做得再细致一点，我的博士论文已完成二十多年了，到现在还没有出版，因为我觉得还能做得更细一点，增加一些材料。

翟：我觉得从2000年到现在，生态人类学有一个很活跃的变化，尽管还没有奠定好基础，但是出来很多新的东西，比如有的学者探讨政治生态学，说生态背后是有政治权力的，比如说建一个国家公园，是为了有闲阶层能够回归自然，此外也包括生态补偿、生态权力之类的讨论，从政治经济学的考虑很多，您如何看这种新的变化？

杨：其实生态人类学包括两个部分：一部分是自然生态环境，一部分是社会生态环境。自然生态和社会生态这两部分都是非常关键的、缺一不可的。比如社会生态环境里肯定包括一些权力的不平衡和博弈，也包括社会变迁、民族关系的变化、现代化与传统文化的关系等。所以，生态人类学的研究视角是很广泛的。

翟：还有一个是生态人类学的跨学科视角，比如说，民族植物学、民族动物学，还有一些民族昆虫学，都归在生态人类学下边，和"民族"关联起来形成一些分支学科，您怎么理解这种跨学科？

杨：这些是从自然环境的角度分得特别细，是没有尽头的。因为十几年前我跟日本九州大学的学者合作，在海南岛的一个村子做调查。中国学者对当地生产和生活的变化作的描述是：过去村民吃不饱饭，因为大米不够，现在粮食产量多了，稻米多了，人均产量比原来多很多，都吃饱饭了，生活好了。日本人对此变化的看法不一样，他们的看法是什么呢？他们的调查做得特别细致，那个调查团队有二十多人，有教授、有学生，他们整天跟着农民观察，农民每天去种地，此外还去打鱼、打老鼠，因为当地人也吃老鼠和各种虫子。日本学者就跟着去记录，也访问老年人，还把那些老鼠、虫子，以及那些杂七杂八的野果子等，都记录下来，收集样本，然后拿回日本去化验，分析里边有多少营养成分、多少卡路里。经过一番计算，他们的结论是，过去当地人的营养也不差，非常丰富、均衡，所以生活也不错，过去大米不够吃，但是为了填饱肚子，他们就打老鼠、捉虫子、摘果子、挖野菜等；现在虽然米吃得多了，但营养未必有过去丰富、均衡，所以未必像我们中国学者说的，是生活改善了。所以这个研究也是生态人类学的一个角度，这个角度的分析让我们重新看到这个社会的发展角度怎么能更好，也能够很好地反思我们的进步主义。开了那么多的荒，把树林砍了，种了稻米，米是够吃了，但营养更单一了，虫子少了，小动物少了，环境破坏了，其实也未必就是好的、就是进步的。

所以我也很受他们的启发，和他们合作也很有意思。生态人类学、跨学科研究，越做越深入，所以这个研究是没有尽头的。然后，这些研究的结论确实对我们重新认识人类自己的生活、人类的社会有很多启发，也让我们不断地反思发展的观念，思考什么样的发展是好的，让我们保持着清醒和警惕。我觉得，人类学对人的本性研究比较少，而最高的研究就是研究人性，其实不管是什么人，不管是美国人，还是中国人，不论是哪个民族的人，人性都是相通的、只是因为自然环境、生活环境、社会环境不一样，才形成不同的人，不同的文化。而生态人类学能够对这些都有所关注，让我们更了解人性，因而很重要、很有启发。

翟：杨老师，今天的访谈就先到这里。非常感谢您从生态人类学的发展历程、个人的研究经历等角度展开讨论，我收获良多。希望以后能有更多的机会再当面向您请教！

（该文曾发表于《三峡论坛》2019 年第 6 期，此次收录文字略有改动。）

任国英教授访谈录

——从个人的学术经历思考中国生态人类学

任国英教授简介

锡伯族，1965 年生，黑龙江齐齐哈尔人。中央民族大学法学（民族学）博士。现为中央民族大学民族学与社会学学院教授、博士研究生导师，兼任中国社会学会理事、环境社会学专业委员会副会长等。俄罗斯圣彼得堡大学（1998—1999、2006—2007）、中国香港中文大学（2001）、中国台湾“中央大学”（2003）和美国芝加哥大学（2014）访问学者。主要从事生态人类学、环境社会学等领域的教学和研究。在《民族研究》《世界民族》《中央民族大学学报》《中南民族大学学报》《云南民族大学学报》《黑龙江民族丛刊》等杂志发表学术论文数十篇。出版《满—通古斯语族诸民族物质文化研究》（2001）、《民族研究文集》（2008）、《内蒙古生态移民研究》（2011）等多部著作。主持国家社科基金、教育部、国家卫生与计划生育委员会、香港理工大学和中央民族大学等若干项目。2005 年、2006 年、2012 年三次获国家民族事务委员会社会科学研究成果奖。2013 年获第七届北京市高等教育教学成果奖二等奖。2016 年获教育部高等学校社会学类专业教学指导委员会优秀教学成果奖。2005 年入选教育部“新世纪优秀人才支持计划”。

访谈者： 张姗

访谈时间： 2019 年 6 月

任国英教授是国内较早开展生态人类学研究并将国外生态人类学理论及发展情况介绍到中国的学者，其所做的内蒙古生态移民研究是我国生态移民研究的重要代表。除此之外，任国英教授于1995年在中央民族大学率先开设了“生态人类学”课程，二十多年来，培养了大量从事生态人类学专业学习与研究的学生。

张姗（以下简称张）：任老师，您好。非常高兴有这样一个机会能拜访您，向您学习请教。您的研究领域是非常广泛的，今天我们的访谈主要围绕生态人类学展开。生态人类学作为一个新兴学科，在国内的起步是比较晚的，但是您在2004年就发表了《生态人类学的主要理论及其发展》一文，这篇文章也成为后来生态人类学学习者与研究者的必读文章。当时是怎样的一个契机，让您关注到生态人类学？

任国英（以下简称任）：这个话题还要从我读书时说起。我是1984年在中央民族学院民族学系读本科。当时学习的民族学在研究传统和课程设置等方面受苏联民族学的影响很深。1988年读硕士研究生时跟随民族学研究专家、当时的民族学系副系主任金天明先生。金先生早年留学苏联，俄语的功底和苏联民族学研究功底深厚。因此，我的硕士专业方向是世界民族的苏联民族研究方向。跟随金先生学习了三年，对苏维埃学派的苏联民族学有了一些了解。我的硕士毕业论文写的是关于东北亚地区的驯鹿文化的研究，运用苏联学者切博克萨罗夫的经济文化类型理论，阐述驯鹿文化与生态环境的关系。1991年硕士毕业留校后，我给学生上“世界民族概论”课。1994年，庄孔韶教授从美国做完博士后研究回来，担任中央民族大学民族学系主任，开始对民族学系的本科生课程进行改革，增设一些人类学的课程。由于历史原因，那时候民族学系的课程设置历史类的比较多，包括中国历史（古代、近代、现代），世界历史（古代、近代、现代），古代汉语，历史文选等，课时长、比例大。民族学课程都是苏联传统的民族志类的，包括中国民族志和世界民族志，民族学概论，“家庭、私有制和国家的起源”，原始艺术，父系家族公社，考古学，语言学，体质人类学等，基本没有涉及文化人类学的内容。受过美国人类学训练后的庄老师希望能开设一些人类学的课程。作为年轻教师，当时我只有世界民族概论这一门课程讲，也想借此次教改机会拓展一下自己的教学和研究领域，于是就报了一门生态人类学课程。

当时国内很少有学校开设这门课程，也没有一本教材可以参考，一切都要从头开始。可以说是边学边教，挑战很大。20 世纪 90 年代收集资料还不像现在这么方便，我经常跑北京图书馆（现在的国家图书馆）查阅和收集资料，特别是收集从国外翻译过来的与生态人类学相关的文献。为了开设这门课程，我投入了很大精力，自己编写讲课大纲、写讲义。那时民族学系本科生招生和就业都不太理想，连续几届都是隔年招生，每个班就十几名学生。2000 年以后，学校决定设置一些交叉学科专业，由民族学与社会学学院与其他院系联合培养本科生，其中民族学与社会学学院和生命与环境科学院联合培养民族学与生态学双学位专业的本科学生。这个专业一共招收过三届学生，我是第二届 2002 级民族学与生态学双学位班的班主任。冯金朝老师给学生上生态学课时，我去旁听了一个学期，借此补充学习生态学方面的知识。后来日本东京大学学者卯田宗平来我们学院访学，他给研究生上的生态人类学课程，我也全程听了下来。再后来，尹绍亭老师的《人与森林——生态人类学视野中的刀耕火种》（云南教育出版社，2000 年）著作出版，这是中国学者出版的第一部生态人类学著作。同时，美国第一本生态人类学教材——唐纳德·L. 哈迪斯蒂（Donald Hardesty）的《生态人类学》（文物出版社，2002 年）翻译成中文并出版。还有凯·米尔顿（Kay Milton）的《多种生态学：人类学、文化与环境》被收录在《人类学的趋势》（中国社会科学文献出版社，2000 年）中出版。所以，这个时期国外一些人类学名著陆续翻译成中文并出版，再加上社科院民研所（现中国社会科学院民族学与人类学研究所）的《民族译丛》（现《世界民族》）杂志翻译了一些相关的文章。这些资料都成为我讲授“生态人类学”这门课程的重要参考内容。自 1995 年设立这门课程之后，“生态人类学”一直是民族学专业学生的必修课。我讲授这门课程至今已经 24 年了。2002 年，我开始培养硕士研究生，2007 年开始带博士研究生。我把生态人类学课程的资料与讲义都给学生分享，陆续培养了一批硕士和博士研究生做生态人类学研究。作为老师，看到学生们的成长与收获，我真的很欣慰。

张：对于一门学科的发展，人才与队伍的培养很重要，很感谢您在过去的二十多年里在这方面所做的工作。在生态人类学这门课程上，您教授的内容主要包括哪些？

任：主要讲授生态人类学的概念、性质和特点。国内外研究概况，包括欧美、日本、俄罗斯、中国生态人类学研究情况。生态人类学主要理论和研究方法，生态人类学对人与环境的关系、生态环境问题的研究，以及我个人这些年进行的一些研究案例等。

张：那您这些年的讲义有计划出版成教材吗，应该是很值得期待的一本书。

任：原来是有这个计划，但总是因为其他方面的工作太多，实在无暇将其整理出版。在我教授这门课的过程中，我也在不断地补充、调整和增加新内容。在多年的教学和研究中，我发现在人与生态环境的关系中，生态环境这个现实问题是回避不了的，但生态人类学的解释力不足，解决问题方面也比较有限。近些年，我在尝试将同样作人与环境关系研究的生态人类学与环境社会学打通，从更开放和广阔的视角来研究问题，效果很好。

张：说到研究区域与研究对象，广义的生态人类学应该是研究人与自然的关系与互动，应该不只限于少数民族，应该也要研究汉族，不仅要研究边疆村落，也要研究城市社区，等等。但是感觉目前国内生态人类学的研究对象主要以少数民族为主，研究区域主要集中在少数民族地区，您觉得这种状态形成的原因是什么呢？是否与国内民族学、人类学的学科大背景有关？

任：你所说的这个问题不只存在于中国，国外的生态人类学也是如此。这还要从人类学这个学科背景说起。人类学作为一门研究异民族、异文化的学科，它的产生与欧洲的殖民活动密不可分。欧洲殖民者征服新大陆之后，对新大陆所接触到的非欧洲民族十分陌生，通常把他们称为“野蛮人”“无文字民族”等，带有明显的歧视和偏见。同时既定的理论和方法难以对其进行研究，于是在19世纪中叶，西方形成一门专门以美洲、非洲、大洋洲和亚洲“落后民族”作为研究对象的独立学科——“民族学”或“人类学”。因此，人类学自产生之初就是以“异民族”“异文化”为研究对象，这也已经成为这门学科的研究传统。美国、欧洲、日本的人类学研究最早都是在其殖民地国家或地区进行，像美国人类学家斯图尔德提出来的“文化生态学”理论就是基于对南美印第安人的一个分支肖肖尼人提出来的；罗伊·A. 拉帕波特《献给祖先的猪：新几内亚人生态中的仪式》以大洋洲的巴布亚新几内亚僧巴珈·马林人为研究对象，从人口、种群、经济、生计等方面探讨生态环境与宗教仪式之间的关系，提出系统生态学理论。

目前国内做生态人类学的前辈基本上有着民族学或人类学的背景，即便不是民族学专业出身，在后来的工作中也都在从事相关研究，如尹绍亭老师、杨庭硕老师、崔延虎老师等。我自己也是民族学背景出身，我是1984年考入中央民族学院民族学系的本科生，是民族学系第二届学生，之后又在这里攻读民族学的硕士和博士研究生，因此在毕业之后从事教学科研时自然而然地关注少数民族。回到你刚才的问题，为什么生态人类学不研究汉族？这还是和刚才说到的人类学的学科背景有关。汉族作为中国最大的一个民族群体，应该是人类学和生态人类学研究的重要组成部分。以汉文化为代表的中华文明有上下五千年的历史。汉民族在漫长的历史长河中也积累了很多生态智慧，比如我国古代劳动人民依靠长期经验的积累而创立的二十四节气，就是根据大自然气候的变化来安排日常生活、农业生产和民俗活动，是宝贵的生态智慧。时至今日，农历在我国民间还广泛使用。中华文明积累下来的几千年的生态智慧还有很多，只是目前对汉族的生态人类学研究很少，这确实是一个问题。一方面是研究者的研究习惯与专业背景的原因，我国生态人类学的研究基本上是围绕少数民族。具体到我个人，目前的调研点基本上是在东北和内蒙古地区。另一方面，这也与生态人类学的学科特点有关。生态人类学是研究人类、人类文化与生态环境的关系。在传统社会里，越是受自然环境影响较大的民族，他们的文化与生态环境关系越密切。在我国，少数民族大多分布在偏远地区、生态环境相对较为恶劣和封闭的地区。因此，生态人类学对少数民族和民族地区的关注更多。比如我是锡伯族，我们的民族服装是袍子加坎肩。这与我们祖先原来居住在东北大兴安岭东麓，以打猎为生有很大关系。还有我们民族不吃狗肉这个传统，是因为狗是帮助我们打猎的忠实伙伴，并且传说中它还曾救过我们的祖先，所以我们崇拜狗，不吃狗肉、不戴狗皮帽子、不穿狗皮缝制的衣服等。这些生活风俗都与我们所处的生存环境有很大关系，而这些文化的产生离不开当地自然环境的塑造，体现了当地生态环境的特点。这样的生态环境造就了锡伯族人的生计方式，以及与之相适应的民族文化，并反映在物质文化、制度文化与精神文化等方面。生态人类学就是要解释这些与生态环境相关的文化现象，那么在当今社会，哪些人的文化与生态环境关系最为密切相关呢？那肯定是那些受现代化、全球化、市场经济影响相对较少的民族。在现代社会，这些民族大多生活在偏远地区，或者自然环境相对恶劣的地区，他们的生存对自然环境依赖性更强，与自然环境的联系更加密切，而他们保留下来的与自然和谐相处的“生态智慧”和“地方性知识”，正是生态人类学关注的重点。因为这些东西在现代社会尤其都市里是很难看得到的，但是现代社会也不是空中楼阁，生活在这里的人们也面临着很多问题，比如，由于人类过度利用生态环境所产生的生态环境问题。这也是近些年我要结合环境社会学做生态人类学研究的一个重要原因。在全球化的背景下，现代化、市场经济已经渗透世界的各个角落，那种纯粹的人与自然的关系已经很少见了。上周在生态人类学课堂上，我还给学生放映了《走进非洲》的视频，里面有世界上最矮小的俾格米人，即便他们生活在人迹罕至的非洲热带森林深处，也已经有大量旅游者去观光，他们懂得如何与外面的人打交道而赚到钱，同时国家力量不断介入要让他们走出森林，接受现代化。还有生活在南部非洲卡拉哈里沙漠的布须曼人，他们的酋长在接受中央电视台记者采访时，展示了狩猎时的射箭技艺，但是那种展示已经是表演式的了，最后酋长没射中猎物，他自己还挺不好意思的。正如影片旁白中所说，如今布须曼人的狩猎技艺只用于给外来观光者表演了。由此可见，全球化、现代化、市场化的影响有多大，可以说是无孔不入。非洲如此，亚洲、美洲、澳洲等其他大洲也是这样。在这种情况下，如果还想在一个没有被外界干扰的纯天然封闭环境中开展生态人类学研究几乎不可能。文化的形成是一个复杂的过程，生态环境因素只是一个方面，还要关注到社会环境因素对人类的影响。在现代社会，人类文化不仅受自然环境影响，而且受社会环境的影响更大。这也是生态人类学在 20 世纪末 21 世纪初转向环境人类学的原因。詹姆斯·C. 斯科特（James C. Scott）的《国家的视角——那些试图改善人类状况的项目是如何失败的》一书就深入剖析了国家力量对改变人类社会所带来的后果，强调在进行社会规划时必须要了解地方习惯和实践知识。[1]

张：是的，我看您在《内蒙古 S 苏木草原生态恶化原因的结构化解析》一文中就提到了这个问题，网围栏的设计本来是想来保护草场，但实际结果

[1] 詹姆斯·C. 斯科特. 国家的视角——那些试图改善人类状况的项目是如何失败的［M］. 北京：社会科学出版社，2004.

却恰好相反，破坏了草场的生态。

任：是的，那是2003年我做国家社科基金项目——“内蒙古生态移民研究”时的成果之一，因为生态移民就是很典型的一种国家力量，目的是保护草原生态环境，改善牧民的生存状况。网围栏是20世纪80年代末90年代初内蒙古草原牧区实施草场承包责任制后，为避免“公地悲剧”发生，各家各户用铁丝网把自家分到的草场围起来，但是现在看来，在市场经济作用下，“超载过牧”现象普遍存在，网围栏不仅没有起到保护草场的作用，反而加速了草场沙化的速度。同时，在天然气资源开发中，牧民为了获得更多草场补贴，又增加了一道网围栏，草场再次被资本化。这就是国家力量、现代化、市场经济等社会因素作用带来的后果。

现在我在主持另一个国家社科基金项目，关注的是后生态移民时代牧民社会状况及其治理机制。通过调研我们发现，在内蒙古地区牧民生态移民之后的生存状况比移民前困难，生存能力降低，收入明显减少，基本生活主要靠政府补贴。如何改善生态移民的生存状况，在放弃传统的畜牧生计方式进入现代社会之后，让牧民尽快适应现代社会，值得我们深入研究。说到政策的问题，我曾经在《民族研究》（2011年第5期）上发表了一篇文章——《生态与生计——神农架下谷坪土家族民族乡动物与人争食考察》，强调国家制定政策时应充分保护人的基本生存权利，避免“极端生物中心主义”，实现人与自然的和谐共存。在当代中国做生态人类学研究，国家力量、现代化、市场经济是绕不开的话题，传统的生态人类学理论是解释不了的。

张：我阅读过您的这篇文章，印象很深刻，感觉那个民族乡里的动物比人有着更多的权力。人在黑熊、野猪、猴子的欺负下，只能丢弃自己的耕地选择离开。新的居所又没有耕地，他们的生活处境比较困难。这些人也算是生态移民吗？

任：算是生态移民。因为生态移民是为了保护生态环境而移走的人，有从保护区移走的情况，也有从生态环境特别恶劣、不适宜人类生存的地方迁移出来的情况。我在这篇文章中指出，在人类历史上，我们对待生态环境的态度往往从一个极端走向另一个极端，即从最初的“人类中心主义”到现在的“极端的生物中心主义”。早期人类自认为是万物之灵无所不能，表现得极端自信，近现代以来，随着人类征服自然环境的能力不断增强，对自然环境过度干涉导致生态环境问题频繁发生，我们又走向另一个极端——万物至上。人类屈从自然，哪怕牺牲人类自身的利益，甚至威胁人类的生存，也要保护自然环境的“极端生物中心主义”。在处理人与自然的关系时，我们提倡人与自然和谐相处的“生物中心主义”思想，把人与自然放在同等地位上，和平共处，互利互惠。我在文章中呼吁对神农架自然保护区的生态环境保护政策进行反思，保护生态环境也应该涵盖对人的基本生存权利的保护。

张：根据目前对后生态移民时代的研究，您觉得这些生态移民的发展出路在哪里？

任：我在内蒙古调研点看到，在生态移民后的十几年中，移民村已经呈现“空心化”现象。平日村里只剩下老人，虽然中年人住在移民村中，但白天都去城镇打零工。年轻人和小孩基本上在镇上或者更远的地方打工谋生和上学。老年人生活基本上靠草场补贴、六十岁老人补贴、贫困户补贴等各种补贴为生。一年每人草场补贴 5000 元，两个老人就是 10000 元。如果不生大病，根据当地的消费水平，10000 多元钱就已经足够用了。但是对于中年人和年轻人来说，仅靠领取补贴生活显然是不够的，所以他们大部分外出打工赚钱。年轻人基本上在城镇安家了，但中年人因为要照顾老人，就城镇、移民村两头跑。我去调研的地方是一个政府给生态移民建的奶牛村。最初移民来的有 120 户、281 人，由于奶牛养殖不赚钱，市场风险大，后来都陆续放弃了，目前仅剩下 9 户在坚守奶牛养殖业。目前的生存状况堪忧。这部分生态移民未来的发展出路一方面靠自身内生性发展，培养适应现代社会的生存技能；另一方面，政府的正确引导，再有产业发展的启动资金支持也非常重要。

张：我觉得您说的这个问题不仅仅是民族地区的问题，在中国许多地区的农村很具有普遍性。

任：是的，这是一种普遍现象。这里面最值得关注的是一些弱势群体。像老年人，比如放弃原有生活方式的鄂伦春族、鄂温克族的老人以及这些生态移民的老人，基本上已经不具备赚钱的能力，要是没有必要的制度保障，晚年生活会很艰难。中年人由于之前接受的教育也有限，没有什么生存技能，现在只能靠干些体力活打零工赚钱。他们这个年纪“上有老，下有小”，生存压力大，生活境遇也不是太好。新生代的年轻人因为从小就进入城镇生活，接受正规教育，在掌握新知识和新技术方面优于他们的父辈，会很容易融入现代社会。

张：您说到鄂伦春、鄂温克族，我想起您在《使鹿鄂温克族的生态智慧——基于敖鲁古雅鄂温克民族乡的调研》中提到“在全球生态环境问题愈演愈烈的情况下，一些身处边远地区的少数民族却用他们的生态智慧实现着人与自然的和谐共生”。与此同时，国内许多关于生态人类学的研究也都很注重对地方性知识的收集。那么像这种生态智慧以及“地方性知识”，在当前社会里面临着哪些方面的挑战？如何能够与时俱进地将这种“生态智慧”应用到现实生活中？

任：“生态智慧”也好，“地方性知识”也好，应该说是生态人类学研究的一个重要内容，也是生态人类学的贡献所在。这些“生态智慧”与“地方性知识”是当地人与自然界和谐相处的产物，一般是在局部地区发挥作用。比如在云南西双版纳的傣族，他们有一些“生态智慧”，比如对水、土地、森林的重视，他们有龙山文化，对于保护当地的生物多样性起到非常重要的作用。还有傣族的寺庙文化，寺庙里有五树六花，很多植物都与佛教有关，其被保护起来，进而就保护了生物多样性。这种保护一般是局部性的。再如尹绍亭老师研究的云南少数民族“刀耕火种”的生计方式。从生态学家或者环境学家的角度来看，这种生产方式是破坏生态环境，也是破坏森林法的一种行为，但是尹老师从生态人类学角度指出，这种生产方式不但没有破坏环境，还在某种程度上保护了生态环境。原因是这是一种局部区域的生产方式，这个区域人的人口数量有限、生产力水平有限。他们的“刀耕火种”并非是将树木全部烧毁，只是烧掉一小块地，够生活就可以。烧掉的这一小块林木变成草木灰，成为肥沃土壤的肥料。人们在上面耕作几年后就弃耕，再去开辟新的土地。人们离开之后，土壤的肥力很快恢复。庄孔韶老师将这种游耕方式称为“螺旋式”或者“前进式”。[1] 在现代社会，类似这样的“生态智慧”面临着挑战，但是在某些地区，其对生态环境问题的解决仍然可以发挥一定的作用。当然，这种作用只是“一定”的，因为它还不能与现代科技相提并论。就像治理内蒙古的沙尘暴问题，从来没有让人类学家去解决，而是请生态学家利用现代技术去改善土壤，优化播种方式等去解决。这些是我们人类

[1] 庄孔韶．云南山地民族（游耕社区）人类生态学初探（油印本），中央民族学院民族研究所，1982 年 8 月。

学家所不具备的能力。在科学技术发展日新月异的今天，国家在保护生态环境和解决生态环境问题时，利用的是现代科学技术。它力度大、见效快、效果好。面对现代科学技术的挑战，地方性知识显现出它的局限性和有限性。两者保护生态环境的路径不同，但作为人类生态智慧的地方性知识，也有科学技术所不能达到的效果，值得我们参考和借鉴。另外，这些“生态智慧”之所以在现实中面临挑战，还有一个原因就是生态人类学专业的人士在政府决策、大众科普、实际应用等方面发挥的作用不大，发出的声音太弱，不能不说这是生态人类学学科自身局限性的结果。回顾生态人类学几十年的发展，真正对人类社会产生影响的成果并不多，尤其近二三十年。我曾经就此问题问过欧美和日本的学者，并得到验证。一方面是由于在现代西方社会，包括他们本国的土著人大多进入现代社会，传统的生态智慧在他们当中保留下来的并不多；另一方面是由于这些国家生态环境问题基本得到解决（除自然灾害）。因此，近年来，西方人类学家关注生态环境和生态环境问题的研究不多。随着我国经济在近三十年的快速发展，生态环境急剧恶化，生态环境问题严重。早在1962年蕾切尔·卡逊（Rachel Carson）在《寂静的春天》中就指出，经济发展和保护生态环境是一对矛盾。“愈来愈多的迹象表明，环境问题仅靠发明一些新的治理措施、关闭一些污染源，或发布一些新的法令是解决不了的；环境问题的解决根植于更深层次的人类社会改革中，它包括对经济目标、社会结构和民众意识的根本变革。”❶ 因此，我们关注生态环境和生态环境问题要综合经济、政治、意识形态、社会文化等多方面因素。

20世纪90年代以来，人类学在继承传统生态人类学研究的同时，开始反思人类学中“自然—文化”的二元论，在理论取向、实践立场和研究方法上都出现了新的特点。“传统生态人类学关注特定生态系统的地方适应，强调适应的重要性。环境人类学则从社会与文化的后结构理论、政治经济学、跨国主义与全球化理论中汲取营养，关注权力与不平等、文化历史形态的偶然性、知识生产体制和跨地域进程加速的重要性。”❷ 出现了从“生态人类学”到“环境人类学”的转变。这样，人类学不再把所研究的对象视为一个封闭的系

❶ 蕾切尔·卡逊. 寂静的春天［M］. 长春：吉林人民出版社，1999：3.

❷ 罗意. 反思、参与和对话：当代环境人类学的发展［J］. 云南师范大学学报，2018（1）：149-156.

统，而是在全球化背景下回应人类与它所处环境之间的关系。环境人类学是用新的理论解释更多新的文化现象。在现代社会，无论世界哪个地区和角落都无法避免现代化、全球化、市场经济、国家力量带来的影响，无法继续单纯地用一种学科理论或者从一种学科视角来解释这些问题，因此，我们必须要“跨界”，拓宽研究视野。

1968年，安德鲁·P. 维达（Andrew P. Vayda）和拉帕波特首次提出“生态人类学”这个概念，在此之后出现了人类学的一个新的分支——生态人类学。但就生态人类学的学科史而言，应追溯到1955年斯图尔德提出的“文化生态学”理论。生态人类学在20世纪六七十年代是大发展时期。那时，日本学者田中二郎甚至预言：“生态人类学”有替代“体质人类学”的可能。他曾指出：“综合地研究人类生活的人类学，大致可分为以研究社会、文化为主的文化人类学和以研究社会、生态学为主的生态人类学。”❶ 但是经过几十年的发展，事实证明，情况并非如此。“体质人类学”依旧还在，而生态人类学的影响却没有多大改变。

环境社会学出现在20世纪70年代。它是伴随环境问题和环境运动应运而生的。它关注的是环境与人类社会的关系。从出现的时间上说，环境社会学与生态人类学出现的时间差不多，生态人类学稍早一点。迄今为止，生态人类学和环境社会学都已有五十年的发展历史。同样是对人与生态环境的研究，环境社会学更关注与人类生存问题密切相关的现实问题。目前在中国，环境社会学的研究在广度和深度上要更胜一筹，有一些很好的研究成果呈现。因此，我们需要借鉴环境社会学的研究，拓宽生态人类学的研究视野，未来才会更有生命力。

张：您说到这一点，其实我也挺有体会的，特别是在阅读您那篇《内蒙古S苏木草原生态恶化原因的结构化解析》时感受较深。一般情况下，一说到草场的恶化，我们的第一反应往往是人类活动对自然的破坏，第二个考虑的因素可能是先天的自然灾害。但是您那篇文章提到这些看似自然现象的背后，其实是有无形的国家力量与市场力量的推动，我觉得这个视角很新颖。

任：生态环境问题的出现是人与生态环境关系的不和谐。这些问题的出

---

❶ 陈国强. 简明文化人类学词典［M］. 杭州：浙江人民出版社，1990：138.

现是全球化、现代化、国家力量、市场经济等因素综合作用的结果。生活在现代社会的人类的生产生活离不开现代化的影响。因此，传统生态人类学的解释力有限，应对生态环境问题的能力也有限，需要结合和借鉴相关学科的知识、理论和方法。

张：因此，您认为生态人类学今后的走向是怎样的？

任：就是我反复提到的那个观点，要保持开放的态度，要跨界，要开阔视野，再有就是要关注现实问题。比如在解决生态环境问题时，我们常常看到的是国家力量自上而下的干预，却听不到底层民众的声音。从生态人类学的视角来说，当地民众对当地生态环境最了解，对于如何保护和解决当地生态环境问题，当地人最有发言权，我们应该向他们学习。作为专家学者，应成为搭建政府与民众之间的桥梁，要让政府部门听到民众的声音，这对国家政策的制定和实施会有帮助。例如，在内蒙古实施生态移民过程中，如果能多征求一些牧民的意见与建议，发挥牧民的主观能动性，结合他们的生存智慧，我相信生态移民的效果应该比现在更好。就像斯科特指出的，国家工程往往是利用国家力量，简单的清洗化式的设计❶，是方向性、政策性的，而每个地方的情况又不一样，地方工作人员为了完成任务和实现政绩，往往缺乏谨慎的论证，问题很多，往往是国家花很多钱，收效甚微，甚至出现“好心办坏事”的结果。这样的例子很多。

张：您在2004年写的《生态人类学的主要理论及其发展》中提到：“虽然大多数学者在一两个领域有所建树，但是对于广大的公众和政府机构的决策影响不大”。您觉得这种状况有所改善吗？

任：我所说的在一两个领域有所建树，除了刚才提到的生态智慧的贡献，还指生态人类学打破了对农耕民、游牧民、狩猎采集民在饮食营养、劳动时间、劳动强度等方面的传统认识。马歇尔·萨林斯（Marshall Sahlins）的那篇《原初丰裕社会》❷ 是借助美国学者理查德·李（Richard Li）在非洲对布须曼人的生态人类学研究成果得出的创新性结论。这个结论让我们透过非洲土著人窥见人类早期社会的真实生活，颠覆了我们对这部分人群的传统认识，也

---

❶ 詹姆斯·C. 斯科特. 国家的视角——那些试图改善人类状况的项目是如何失败的 [M]. 北京：社会科学出版社，2004：2.

❷ 许宝强，汪晖. 发展的幻象 [M]. 北京：中央编译出版社，2003.

打破了我们对人类早期社会的认识。这就是生态人类学的贡献。生态人类学在其他方面，特别是在应用方面的贡献不大，对媒体、对大众、对政府决策方面的影响比较小。国家更关注生态环境问题的解决和生态环境的保护。政府会找生态学家或者环保部门咨询和解决。作为社会问题之一的生态环境问题，社会学家也会发声，可是在发声者中我们几乎没有看到生态人类学者的身影。2018 年，中央民族大学生命与环境科学学院的龙春林教授、中国社会科学院民族学与人类学研究所的艾菊红研究员、舒瑜副研究员和我一起去巴西参加国际民族生物学大会。虽然这是一次生物学界的会议，但是有很多国外的人类学家参加。在会上，令人震撼的是，国外人类学家展示了对当地印第安人的地方性知识的研究成果，以及用原住民的知识制成的药品、化妆品、饮料等。当时，会场楼下搭建了一个大卖场，有许多当地的印第安人在这里出售他们的食品、生产生活用具、各种饰品，包括给人文身等技艺，他们表演的音乐和舞蹈等很受与会者青睐。这种形式既宣传了当地人的文化，也给当地人带来经济收入，很好地体现了生态人类学和土著文化在现代社会中的应用价值。

张：您在《生态人类学的主要理论及其发展》中提到了环境决定论、环境可能论、文化生态学、文化唯物论、生态系统论、民族生态学等诸多理论，在这些理论当中，您觉得对中国生态人类学研究影响比较大的是什么？

任：中国生态人类学由多条脉络汇集而成，有老一代学者的开拓奠基、中年一代学者的继承发展，也有新生代年轻学者的创新提升，不能一概而论。

就我个人而言，对我影响最大的是苏联著名民族学家切博克萨罗夫教授提出的“经济文化类型”理论。这和我的专业知识背景有关。20 世纪 80 年代我在中央民族学院民族学系民族学专业学习时，中央民族学院的民族学接受的是苏联的苏维埃民族学派的学术传统。像林耀华先生主编的《民族学概论》（中央民族大学出版社，1997 年）是由我们系老一辈民族学家集体撰写而成的。这部著作的章节结构和内容都是苏联民族学研究关注的内容。其中第四章“经济文化类型理论”是张海洋教授对切博克萨罗夫教授的经济文化类型理论重新做出的诠释，并且他根据经济文化类型理论和方法以中华人民共和国成立初期各民族的经济文化状况为基础整理出中国经济文化类型大致的框架。❶ 后来我们系的赵俊智老师和我的硕士导师金天明教授将切博克萨罗夫教授于1971年在苏联出版的著作《种族、民族与文化》翻译成中文出版，书中详细地阐述了经济文化类型理论。❷ 1956—1958年，作为苏联专家切博克萨罗夫携夫人切博克萨罗娃来中央民族学院执教，协助指导民族研究班工作，并将经济文化类型理论介绍到中国，还与中国学者共同研究了中国、东亚各民族经济、文化等，并且到广东、云南等民族地区做了田野调查。后来中苏关系恶化后，苏联专家被撤回，1958年冬，切博克萨罗夫夫妇回国。1961年，苏联一家期刊发表了一篇长文《中国经济文化类型》，署名是林耀华和切博克萨罗夫两个人的名字。日本学者斋藤达茨郎先生将这篇文章由俄文翻译成日文，并在《东亚民族学论文集》（1965年第2期、1966年第3期）连载。20世纪80年代，中日关系好转，1981年，林耀华先生赴日本访问时意外获得了这篇论文的日文版本，1982年将其修订后用中文发表，后来这篇论文被收录到林先生所著的《民族学研究》中。该论文运用经济文化类型理论将中国境内各少数民族，也包括东南亚部分国家的少数民族进行经济文化类型的划分和阐释。

我是在中央民族大学民族学系读的本科和硕士、博士研究生，受20世纪80年代中央民族学院老一代民族学家的影响比较深。同时，我的第一外语是俄语。从读本科的时候就开始接触苏联民族学者和他们翻译发表的俄文民族学资料。硕士研究生阶段跟随著名苏联民族学研究专家金天明先生学习俄罗斯民族学。毕业留校工作后，在1998年至1999年、2006年至2007年两次去俄罗斯圣彼得堡大学历史系民族学教研室做访问学者，跟随民族学教研室主任B. A. 科兹明教授做俄罗斯西伯利亚远东地区各民族驯鹿文化研究，同时系统地学习了民族学专业的主要课程，阅读了大量俄罗斯民族学著作，对俄罗斯的民族学、生态民族学有了比较深入全面的了解。回国后曾经表过《俄罗斯民族学的成就与走向》（《中央民族大学学报》，2000年第3期）、《俄罗斯生态民族学研究综述》（《世界民族》，2009年第5期）等多篇有关俄罗斯民族学、生态民族学研究的学术论文。我的硕士毕业论文和博士毕业论文都涉

---

❶ 林耀华. 民族学通论［M］. 北京：中央民族大学出版社，1997：79-97.

❷ H. H. 切博克萨罗夫，И. H. 切博克萨罗娃. 民族·种族·文化［M］. 赵俊智，金天明，译. 北京：东方出版社，1989.

及生态人类学的内容，特别是我的博士论文研究满-通古斯语族各民族的物质文化，就是大量运用俄罗斯研究成果，特别是经济文化类型理论对中俄边境地区满-通古斯语族各民族做的研究。

20世纪90年代以后，随着西方人类学不断进入中国，欧美、日本生态人类学研究成果陆续传进来，我也开始阅读学习这些成果，不断拓宽自己的视野。尤其2000年以后，我陆续阅读到一些翻译过来的生态人类学著作，比如中国台湾学者张恭启教授翻译的美国著名人类学家斯图尔德的《文化变迁论》（台北远流出版事业股份有限公司，1989年），该著作首次提出“文化生态学”理论；李培珠老师翻译的马文·哈里斯（Marvin Harris）的《文化人类学》，其中有一章“生态学、能、人口”；还有唐纳德·哈迪斯蒂著的《生态人类学》（文物出版社，2002年），是美国第一本生态人类学教材。另外还有日本学者秋道智弥、大塚柳太郎编著的《生态人类学》（云南大学出版社，2006年），美国生态人类学创始人、生态系统学派代表人物罗伊·A.拉帕波特著的《献给祖先的猪：新几内亚人生态中的仪式》（商务印书馆，2016年）等。除此之外，我还阅读了一些介绍西方生态人类学的论文。就这样，我又陆续开始接受欧美和日本的生态人类学熏陶。

张：因此，生态人类学在中国、日本以及西方的发展路径与趋势也都不尽相同。

任：是的，前面我也提到了这个问题。作为人类学的分支，美国的生态人类学研究的往往是异大洲、异民族。他们研究的是在非洲、大洋洲、南美洲的土著人以及本国的土著印第安人。生态人类学诞生在美国。因此，美国的生态人类学研究最早，研究范围广，影响大，研究成果也很多。日本的生态人类学研究分为京都大学和东京大学两个派系。研究传统不太一样。他们的研究范围主要在非洲、距离日本比较近的大洋洲以及东南亚等地。第二次世界大战结束后，日本丧失了殖民地，也开始关注对本国内的研究，比如对北海道的阿伊努人、日本渔民的研究等。目前，日本的生态人类学研究应该是走在了前列。除了京都大学和东京大学，大阪的民族博物馆等相关部门也在做生态人类学研究。日本的生态人类学研究有自己的特点，研究做得很精细，也取得很多成果。在俄罗斯（包括苏联时期），对生态民族学研究做出成就的除了切博克萨罗夫，还有科兹洛夫（В. И. КОЗЛОВ），我在《世界民族》

杂志上发表过一篇《俄罗斯生态民族学研究综述》就专门介绍过他的成果。科兹洛夫在20世纪90年代出版了两本著作，一本是《民族生态学：理论和方法》，一本是论文集《民族生态学：理论和实践》，他是继切博克萨罗夫之后比较有影响的代表性人物。除了这两位知名学者，俄罗斯还有不少做生态人类学研究的学者。苏联时期，每一个加盟共和国的国立大学在历史系下面都设有民族学教研室。即便是在苏联解体之后，俄罗斯联邦的国土面积仍旧排世界第一，包括高加索地区、远东西伯利亚地区、欧洲部分等，各地区生态环境各异，境内有100多个民族，各民族文化丰富多彩，研究资源丰富，从事生态民族学研究的学者依旧很多。我参加过两届"全俄民族学大会"，每次会议都设有生态民族学组，会议代表也很多。他们的研究仍然保留着苏联民族学传统。

张：那您觉得经过这些年的发展，国内生态人类学比较有代表性的学术机构或者学者有哪些呢？

任：我国老一代民族学家在他们的研究中都关注过人类文化与生态环境的关系。以中央民族大学为例，林耀华先生和切博克萨罗夫在20世纪60年代合作发表过文章《中国的经济文化类型》。宋蜀华先生知识渊博、学贯中西，他非常强调民族学的纵横研究，晚年开始关注文化与生态环境的研究。宋蜀华先生在20世纪90年代人类学高级研讨班上做过《人类学与研究中国民族生态环境和传统文化的关系》[1]的演讲，并对"生态人类学"做了详细的阐释，之后又发表了《论中国的饮食文化与生态环境》（2001）一文。后来，庄孔韶教授曾发表过《云南山地民族（游耕社区）人类生态学初探》（1982）。张海洋教授对中国各民族经济文化类型进行了分类和阐释（1997）。杨圣敏教授发表了《环境与家族：塔吉克人文化特点》（2005）。麻国庆教授进行了蒙古族、鄂伦春族的生态人类学研究，曾发表过《草原生态与蒙古族的民间环境意识》（2001）、《开发、国家政策与狩猎采集民社会的生态与生计——以中国东北大小兴安岭的鄂伦春族为例》（2007）等论文。

但对我国生态人类学研究贡献较大的当首推云南大学的尹绍亭教授。他不仅将日本的生态人类学研究介绍到中国，同时自身在云南本土开展的生态

[1] 周星，王铭铭. 社会文化人类学讲演集（上）[M]. 天津：天津人民出版社，1996.

人类学研究也硕果累累。吉首大学的杨庭硕教授和他的学生罗康隆教授，以及他们的团队对贵州、湖南等区域的研究很有代表性。新疆师范大学的崔延虎教授在新疆地区开展了相关研究，并提出“绿洲生态人类学”的概念。南开大学的袁同凯教授翻译出版的英国学者凯·米尔顿教授的著作《环境决定论与文化理论——对环境话语中的人类学角色的探讨》，让我们看到了欧洲学者的生态人类学研究。新生代的学者陈翔军、付广华、张雯、罗意等在专业学习方面都有很好的训练，研究成果都很不错。

张：我想年轻一代学者的成长与您们这一代学者的培养和支持是密不可分的。这些年您自己在生态人类学领域的关注点有哪些呢？

任：最初我对东北亚地区的驯鹿文化、狩猎文化，还有中俄满-通古斯语族各民族做过一些研究。后来申请到国家社科基金，对内蒙古生态移民做过一段时间的调查和研究，现在关注后生态移民时代生态移民的生存状况。我试图将民族学、人类学与社会学等相关学科结合起来，不仅关注生态环境与人类、人类社会之间的关系，对人类社会的文化现象做出生态人类学、环境社会学的解释，而且试图做一些行动干预，希望对有生存困境的广大民众有所帮助。

张：经过这些年的观察与研究，您觉得除了外来的理论，中国生态人类学有产生自己的理论吗？

任：一个新的理论甚至学派的出现并被学术界广泛接受，需要一个长期的发展过程。中国生态人类学出现的时间不长，需要探索的空间还很大。我个人认为，中国生态人类学产生自己理论的条件还不够成熟。其实，有没有自己的理论不重要，只要有好的研究成果呈现，这些成果能被国内外学术同行广泛认可，能对人类乃至人类社会发展有所帮助，才是一个学者追求的真谛。

张：谢谢您的回答，受益匪浅，也再次感谢这些年您对推动国内生态人类学发展所做出的努力与贡献。

（该文曾发表于《三峡论坛》2020 年第 1 期，此次收录对题目做了修改，文字也略有改动。）

崔延虎教授访谈录（上）

——中国生态人类学研究漫谈

崔延虎教授简介

汉族，1950 年生，新疆乌鲁木齐人。原系新疆师范大学社会文化人类学研究所教师、教授，现已退休。从 20 世纪 80 年代中期开始从事社会文化人类学研究，主要研究领域为生态人类学（牧区生态人类学与绿洲生态人类学）与民族地区社会发展，在新疆南北疆和甘肃河西走廊西段进行过长时期人类学田野调查。剑桥大学社会人类学系与内亚蒙古研究所访问研究学者（1991—1994 年），应邀到日本、澳大利亚、挪威、巴基斯坦和泰国等国学术访问或参加学术会议。出版学术著作 1 部、学术译著 4 部，发表学术论文 50 余篇，包括在国际出版物上发表的 12 篇英文论文。曾是中国民族学会、中国人类学民族学联合会理事。

访谈者：范明明

访谈时间：2019 年 6 月

崔延虎教授是国内最早从事生态人类学研究的学者之一，从 20 世纪 90 年代初开始长期在新疆做草原游牧民族、绿洲生态等相关研究，对新疆的生态系统、民族文化、社会变迁有着深刻的认识和思考。在三十年的研究生涯中，崔延虎教授经历了生态人类学在中国的发展过程，也对本学科的优势、困境及未来发展方向有着独到的见解。因篇幅所限，本次访谈分为上、下两篇。

范明明（以下简称范）：崔老师，您是国内比较早从事生态人类学研究的学者，能否简单介绍一下您是如何开始从事生态人类学研究的？

崔延虎（以下简称崔）：我本科学的是英语，很偶然的机会，最后被人类学抓走了。那是1984年、1985年，我在西安读研究生的时候，学校请来几位美国教授，其中一位美国俄亥俄大学的人类学家给我们上写作课。他给我们的范文中有不少人类学的文章，比如研究印第安人的、研究非洲部落的，这些文章引起了我的兴趣。因为我是从新疆来的，这里的多民族文化环境使我对这些研究不同文化的文章有一种亲切感。后来慢慢地和他聊，给他讲新疆的情况，然后他开始给我介绍一些人类学的著作让我看，那是我接触人类学学科最早的经历，后来就是自己读能找到的书。到了1988年，我接受英国一个教育基金会的邀请，到英国做了6周的学术访问，到了几所大学，其中包括剑桥大学，在那里接触了几位人类学家。1989年，我申请到剑桥大学读社会人类学学位，接到录取通知后，由于当时的国内情况，没有得到批准。到1990年下旬，剑桥大学社会人类学系原先确定的我的导师卡罗琳·汉弗莱（Caroline Humphrey）博士派了一位年轻老师到新疆，邀请我参加他们的一个国际合作项目——“内亚环境与文化保护国际合作课题”。得到学校批准后，1991年2月，我到了剑桥参与这个课题的研究，1994年课题结束后回国。其间我接受了一段时间培训后，我于1993年回到新疆，在阿勒泰市的汗德尕特乡和哈密地区巴里坤县萨尔乔克乡做了近九个月的田野调查。这是我学习社会人类学和接受训练的一段最重要的经历。课题主要研究围绕阿尔泰山脉的几个国家和地区的草原生态环境与社会变化，参与人员来自俄罗斯图瓦、布里亚特，蒙古国，中国内蒙古和新疆，参与者的学科背景既有人类学等人文社会科学专业的，也有自然科学专业。卡罗琳·汉弗莱博士是国际上研究内亚牧区的著名社会人类学家。她对我们安排的培训是多学科的，课题研究的问题主要集中在内亚牧区生态环境与社会文化变迁上。从那个时候起，我自己对生态人类学有了比较系统的接触和学习，也受到了相关的田野调查训练。回国以后，我开始做的研究基本上也是在牧区生态人类学领域。后来新疆师范大学的民族学硕士点建立后，我带两个方向的学生：一个是“环境与社会”，另外一个是“民族地区社会发展”。当时还不敢用“生态人类学”的名称，因为我们的硕士点是民族学，人类学是社会学下面的一个二级学科，生态人类学是二级学科下面的一个方向。在“环境与社会”这个方向内，对学生的教学和培训基本上是按生态人类学进行的。在国内人类学、民族学圈子里，我是一个不受门派约束的学习者和研究者，无门无派。

范：中国的生态人类学是20世纪80年代至90年代才开始发展的，进入21世纪逐渐形成规模，出现了较多的研究成果和几个研究团队，您怎么看待中国生态人类学的发展?

崔：从我不很全面的了解来看，国内生态人类学的发展大概是从20世纪80年代末发表的一篇介绍性论文开始的。我认为在人类学这个领域中，生态人类学的发展还算是比较快的。我觉得，国内生态人类学的整体发展可以分为两个阶段：第一个阶段是引进国外生态人类学的理论和方法，这个引进阶段到2008年左右结束，花了十几年的时间。在这期间学界出现了一些比较好的基于田野调查的著述，比如，云南大学尹绍亭及其带领的团队一直走在学科发展的前列，有很多高水准的成果出版或发表。吉首大学杨庭硕老师主要的研究地域在湖南、湖北、贵州，也出版了一些著作，其中有一些在国内具有开创性的意义。在这个过程中，第二个阶段，生态人类学的研究逐渐转到了国内的民族地区，最早是在西南、西北地区，然后是内蒙古地区。在第二阶段，尹老师发起组织了一些讨论会，其中2007年在云南大学召开了“生态人类学高级论坛”，来自厦门大学的曾少聪老师做了海洋生态人类学的论文报告。当时我们开玩笑说，以前我们主要研究陆地，现在终于有了一个研究海洋的学者。这个会议标志着生态人类学学科在国内的发展有了一个比较紧密的群体，把研究领域扩大了。尹老师研究云南和贵州的民族生态文化，成果斐然；云南师范大学崔明昆老师的民族植物学研究做得非常深入且细致；杨庭硕老师的团队在吉首大学成为学校学术重点团队，在罗康隆老师的支持下，研究领域逐渐扩大，成果也更多；内蒙古大学阿拉坦宝力格老师做的蒙古游牧人类学和生态人类学的调查研究成果很是喜人。更为重要的是，就在2000年后，尹绍亭老师、麻国庆老师及其他老师们培养的一批博士和硕士相继毕业，成为国内生态人类学研究群体的新生力量，从他们的博士、硕士论文可以看出，他们的田野调查做得很扎实，论文大都聚焦在国内西南、北方、西北民族地区的人与自然的关系。从国内来讲，从第一阶段国外理论的引进到开始集中在国内的生态、文化、社会及环境研究，生态人类学是国内人类学研究比较热的一个分支学科。翻开那个时候的学术期刊和相关的学术网页，可以看到以“生态人类学视野下的……”为题的文章非常多。

范：目前生态人类学在国内发展的困境是什么？

崔：第一个问题是国外引进来的理论与中国语境适应的问题。国外，特别是欧美的研究大多数是基于在非洲做的调查，以及在南北美洲和大洋洲做的调查，形成的理论是否完全能够解释我们国家悠久的历史进程中人与自然的关系？后来我们也感觉到，对于国内生态人类学研究形成的经验、认识、话语，欧美的学者理解起来有一定困难。有一个来自美国的人类学家问“你们的范式是什么？”也就是说，一定要找一个研究范式出来。当时我也比较困惑，过去我们使用西方建构的生态人类学的理论来解释我们在田野调查中获得的资料，但是我们自己感觉到这些理论用在中国的一些地区的具体案例上，解释起来很费劲。不是说不能解释，而是感觉用西方生态人类学的理论解释我们获得的民族志资料的时候会遇到两个问题。

第一，西方的生态人类学早期形成的理论对国家的作用基本不涉及，但是我们现在研究的这些地区的具体案例，比如云南的“刀耕火种”、新疆牧区的游牧，为什么成为需要改造和抛弃的生计方式，占据意识形态主流地位的社会发展史、进化理论认为“刀耕火种”、游牧是落后的，所以说这个东西得按照我们的历史和逻辑来解释。

第二，国外早期生态人类学形成理论的调查地区的社会大多数被西方认为是“原始”（primitive）的，没有系统的书写历史，因此缺乏长时段、大尺度的民族志描写和理论阐释。中国有着悠久的历史，没有发生过文化中断的现象，而且有着连续不断的历史书写。像蒙古族、哈萨克族等历史上的游牧群体自己的历史书写，其中生态文化的书写和记录，包括存在于民间通过代代口述相传的自然生态知识，尤为丰富多样。与西方生态人类学的调查和研究相比，中国生态人类学研究的对象有着长时段的历史和本土知识的记录，这对中国从事生态人类学研究的学者们来说是宝贵的“本土文本”。忽视这些“本土文本”，为了能够应用西方生态人类学的理论做我们的研究，“削足适履”显然是不可取的。无论是在西南地区，还是在北方地区，各个民族社会都有丰富的认识自然、处理人与自然关系的本土生态文化。国外生态人类学家提出的生态人类学研究出发点、研究的对象、设定的目标这些都没问题，但是他们的理论和方法是不是完全适用我们这里就值得讨论。

范：国外的这些理论，对于中国的生态人类学以后的发展有哪些是我们值得借鉴的方面？

崔：第一，斯图尔德的适应理论，我们需要再认识。斯图尔德的文化生态学得出的一个结论是，文化是特定人群对特定自然生态环境适应的结果，这是他的适应理论最基本的一个观点。那么，他依据的是对类似肖肖尼这样的印第安人部落调查获得的资料，有没有复杂社会的人类群体对复杂的自然生态环境以及人造的生态环境的适应问题？这在当前中国生态人类学研究中是无法回避的问题。我接触过的一些研究生抱怨说，他们的田野调查点“不典型”，是不是与国外生态人类学早期调查对象形成的定势模式有关？适应理论对生态人类学研究有着重要的认识作用，但是我们在面对已经发生巨变的自然生态环境和人类社会时，需要进行改造和创新，以此来适应复杂社会的生态人类学研究需要。适应总是存在的，而且现在的适应比肖肖尼那些印第安人的适应更加困难，如果我们接受气候变化的现实，人类社会如何适应气候变化就是生态人类学研究面临的新问题。我们不仅面对着一个支离破碎的自然生态环境，而且面对着一个人造的“自然”生态环境。所以，我觉得适应理论仍然是我们观察问题的一个非常重要的理论，但是需要把它应用到复杂社会的生态人类学研究中，需要通过认真的田野调查创新和改造。现在我们要看在复杂社会和“人造的自然”生态环境中，现在的人类群体怎么适应这个复杂的环境与社会。

第二，政治生态学。过去生态人类学的研究不太注意权力和决策对于人地关系的影响。现在看来，在中国目前的语境下，乃至在全球语境下，权力、资本和政策的影响很大，政治生态学的理论有很多东西值得我们借鉴，当然不是全部搬过来。

第三，过程生态人类学。我们的研究不太注重过程，新的生态人类学理论提醒我们，可能过程比最后的结果在生态人类学研究中更重要。过程中的人地关系是一个动态的过程，再加上刚才讲的政治生态学理论，各种权力、决策等，特别是资本等对一个具体社会的人地关系的影响，无论是微型社会，还是大社会，只有在日常生产与生活的过程中才可以观察。

第四，最近二十年，生态学本身有一个新的发展领域——深生态学（deep-ecology）。过去生态学研究一个自然群落中的各种关系，深生态学研究自然群落中生物多样性各种各样的关系，以及扰动它们的另外的系统（社会系统）之间的关系。实际上，这个扰动最大的力量来自人类社会本身。最近我读到一些生态人类学的新理论认识，在欧美的研究中借助了深生态学的角度来看这种扰动。因为我们现在进行的是全球最大规模的基础建设与工业发展，这个扰动了不得，生态学的这个新理论认识可能对我们有所帮助。生态人类学研究也需要从生态学角度看问题，过去我们比较多地从人类学的角度看问题，现在再加上生态学这个角度更好。

国内有些学者写论文说斯图尔德的适应理论现在不适用了、过时了，我感觉不是。我们都在适应，包括这些研究者自己都在适应（只不过适应的范围或者对象不同）。拿我做了二十多年调查的阿勒泰市汗德尕特乡来说，两个调查村三十年前是传统的牧业村，我们跟着牧民游牧，参与和观察他们的日常生产和生活。现在去看看，虽然一年的四季游牧依然在进行，但是游牧的方式、时间以及牧民与外部世界的交换方式都发生了巨大变化。牧民在冬草场的住房与过去完全不一样了；手机成为牧民联络最主要的工具，以前牧民骑着马走上三四个小时到乡政府所在地办事，现在手机一拨，问题解决了；使用汽车转场；乡里派医疗车巡回在牧道上；商人们的汽车跟着游牧的牧民和畜群走；牧道也变了，春秋草场成为阿勒泰市著名的旅游景点，人来人往。看到这一切，我们好像到了另外一个世界。原来我们参与游牧时熟悉的很多东西不见了，但是游牧还在，牧民们正在适应这种变化。五十多岁的牧民用手机打电话，二三十岁甚至十几岁的牧民拿着手机，一边放牧，一边通过手机“看”外面的世界。作为生态人类学的研究者，我们也处在适应过程中。适应理论的基本东西没有过时，生态人类学研究人类社会和自然生态环境适应的关系，而且现在我们面临的问题与生态学家们一样，需要观察和研究自然生态环境怎么适应人类社会、怎么适应来自人类社会的干扰。

范：目前我国生态人类学面临着新的问题和挑战，因为与以往不同，“生态”已经成为热门词汇，作为一门与现实问题紧密联系的学科，面对着国家不断出现的新议题，比如生态文明、“两山论”、“一带一路”倡议、人类命运共同体等，未来，学科建设与发展应该注意哪些方面？

崔：首先，基于本土历史和现实的理论建设或理论构建依然是第一位的。现在我们处于一个比较尴尬的阶段，我们自己还没有一套完全基于中国丰富的生物多样性和文化多样性存在的生态人类学理论。我们国家有着历史悠久的认识和处理人与自然关系的知识体系，而且这个体系本身就是多样性的，包括生态环境史的问题，也包括不同历史时期各个地区处理人与自然关系上形成的哲学观念。在理论构建上，我一直在思考三方面问题：第一，现在应该多做一些区域生态人类学的理论探索，按照不同的区域生物多样性和文化多样性的特征，探索和形成我们的理论认识。美国印第安纳大学埃米利奥·莫兰（Emilio F. Moran）教授的《人类适应能力：生态人类学导论》（Emilio F. Moran：*Human Adaptability：An Introduction to Ecological Anthropology*）于1980年出版，其后又再版了两次，我认为这是一本比较成熟的生态人类学导论。我觉得这本书里面的框架结构非常合理，按照不同的气候地理地带，如温带、热带、湿地、干旱区、高山区，等等，论述生态人类学的基本原理和研究方法。我觉得他的这本著作与其他学者的著作不大一样，强调不同的地理生态区域的研究。在理论建设问题上是不是先考虑按照中国的地理生态区域，比如说干旱区、中原地区农区、西南的亚热带地区、中南的水区，以及曾少聪老师提出的海洋海岛，通过扎实的调查，逐步形成一些理论。第二，要做结合的研究。比如古今结合，古人提出“天人合一”等这些历史上形成的认识，需要探究古人是怎么通过观察得出这些结论的，然后和我们现在观察得出的结论结合起来，其中要特别注意的是，在结合问题上要尊重文化多样性。具体来讲，要特别重视不同民族在漫长的历史过程中形成的本土生态文化。第三，中国的生态人类学研究和调查要注重过程研究，今天我们看到的一些论文，包括一些硕士或者博士论文都比较偏重描写他们观察到的结果，对于过程的研究比较少。尹老师《人与森林——生态人类学视野中的刀耕火种》一书里面实际上对刀耕火种的整个过程，包括被消灭掉的过程都有非常好的描写。因为人与自然的关系是在互动过程中逐渐演变来的。现在我们田野调查时只看到了当时呈现出来的现状和一些结果，如果没有过程研究，我们不知道人与自然的、人与特定生态环境的关系是怎么演变的，在演变过程中，他们的文化是怎么形成、发展和变化的，而这些文化又怎么随着生态环境的变化而变化。我觉得现在理论建设要做的就是这三方面。最近几年，我在塔里木河流域做了一些调查，一直在问当地的农民，他们记忆中的塔里木河，上一辈、上上一辈传下来的关于塔里木河的一百多年的记忆是什么？在最近一百多年中，塔里木河河道是怎么摆动的？他们怎么样随着这个摆动而适应变化，从而调整自己的生计方式和生活方式？这个过程非常重要，搞不清楚，就很难说我们在塔里木河流域的生态人类学调查和得出的结论是接近事实的。我们需要若干个这种过程描写构建起我们中国不同地区、不同生态地区人与自然关系的认识，这恰恰是我们现在的研究比较缺少的。大部分已经出版发表的成果呈现的是发现的现象、现状和产生的结果，对于这些现状之前的演变过程是怎样的不是太清楚。

其次，生态人类学的田野调查可能和其他人类学分支学科的田野调查有点区别，生态人类学的田野调查至少需要连续一年或者一年半的时间，因为认识一个小型区域人与自然的关系，需要参与四季自然循环和人类活动的过程，没有长期地、不间断地对于整个过程的田野调查，包括细致地观察和访谈，我们对一个小型或微型社会中人与自然的关系的认识不能说是“全面的”，更不能说是“深刻的”。现在国内很多生态人类学的学者们，特别是研究生们，在现行制度安排上很少做一个年度连续性的田野调查实践。现在的博士们田野调查到底做多长时间，假如能认认真真做连续性的6~9个月就是相当不错的了。但是没有这种不间断的、长时段的田野调查，能够说我们已经对一个小型或微型社会中人与自然的关系了解“清楚”了吗？对田野点的选择，我们依然存在一个受传统人类学观念影响的认识，即一定要找一个“典型”的或“有代表性”的“传统”存在比较明显的田野调查点。然而，完全不受现代化或全球化影响的田野点存在吗？现在中国已经是一个发生巨大变化的国家，现代化和全球化影响波及了过去我们认为的“传统社会”。由于社会的变化，人与自然的关系也在发生变化，现在影响人与自然关系的因素和过去影响人与自然关系的因素有很大不同。就是说，田野点的选择已经无法找到“传统”的、受外界干扰不多的地点了。选择传统与现代都存在，而且有冲突的田野调查点不可避免。当代的人类学调查和研究对象已经没有我们“理想”中的那种部落和村社，应该面对当代社会。

再次，我们需要处理好多学科和跨学科的问题。大部分生态人类学研究者的学科背景是民族学、人类学或者社会学，基本上是文科，我们缺乏生态人类学研究和观察所必需的自然科学（地理、生态、生物）的视角和方法。前面提到的剑桥大学课题研究中，汉弗莱博士组织的培训内容确实让我耳目一新。除了人类学理论、调查方法的培训外，多学科的培训对我有极深的影响。请来的老师中有一位美国普林斯顿大学环境学教授，他是一位国际上知名的动物环境行为学家，他讲马、斑马与草地环境的关系，以及马的食草行为对草地环境的影响，声情并茂，至今我还记得他的讲课动作。另外一位老师是剑桥大学北极研究所的一位教授，讲气候与环境的关系，以及北极气候变化对内亚草原生态环境和牧民的影响，当时对我来讲，真是前所未闻。受到这种多学科研究的影响。过去二十多年来，我与本校的海鹰教授合作做研究，他是一位干旱区地理生态学家。我和他一起做调查、向他学习，获得生态学、植物等方面的专业知识，从自然学科的角度认知草原、荒漠植物以及草原、荒漠植物群落，它们与其他环境因素的关系等，一起讨论新疆的生态环境及变化，收获确实很大。从事人类学研究的学者和从事自然科学研究的学者合作做生态人类学的调查研究，会慢慢觉得各自的学科知识是互补的。我的看法是，缺乏多学科的视角和研究，生态人类学总好像少了一条腿。因为生态人类学和其他人类学的分支学科不一样，其他分支学科主要针对的是人及其社会、文化，而生态人类学除了这些之外，还有自然地理生态环境。对所研究地区的地理、生态、生物存在及其与社会的关联不懂，在书本和网络上抄点资料，没有实地观察的认识，这样的研究不是认真的学术研究。我觉得这个问题需要在将来的学科建设中予以注意。

从次，现在需要坚决地把生态人类学的研究从所谓的“简单社会”研究转向复杂社会的研究。现在我们面对的是全球化浪潮席卷下的社会，是一个急剧变化的复杂社会，或者是有人说的“后自然社会”“后现代社会”，那么在复杂社会的田野调查必然会面对复杂社会中人与自然关系的问题，生态人类学调查得出的结论、形成的认识与早期欧美人类学家研究“简单社会”形成的认识有巨大的或“质”的差别。这些结论有可能成为我们的研究形成理论非常重要的来源。三十多年前，我们到中国帕米尔高原地区，那里受国家现代化进程的影响非常晚，用官方语言来说，这个地区的发展非常缓慢。最近十几年，我多次到这里，发现在北京援疆团队的大力推动下，基础设施建设好像飞跃了半个多世纪。援疆单位把北京的发展经验、社会管理的经验推及到了帕米尔高原，所有这些在改变着那里的塔吉克社会和文化，变化之大使我感到非常惊讶。1984 年我第一次到帕米尔高原留下的一些记忆与近些年来的所见所闻对不上号了。在这样一个处于急剧变化的复杂社会里，生态人类学应该研究复杂社会，非常复杂的人与自然关系。

最后，生态人类学研究者不仅直接进入了田野调查的社会，也身处这个社会所在的生态环境中，面对着社会和生态环境急剧变化的现实，看到传统文化的消失、生态环境变差等一系列问题，就会根据自己的调查研究结果给国家和地区提出建议，特别是发展方面的建议，这很自然，这是应用生态人类学很重要的一个方面。这个学科应该为国家和地区的发展服务，但是怎么服务？这是一个大的问题。刚才你提到国家不断出现的新议题，如生态文明、“两山论”、“一带一路”倡议、人类命运共同体等，生态人类学确实有自己独特的可以做贡献的领域，但不是说生态人类学的一些理论或我们形成的认识可以直接成为国家进行生态文明建设的依据。我们的一些认识、理论通过什么方式加以转化，首先，能够被决策者理解和接受；其次，能够被从事生态文明建设的老百姓理解和接受。这需要人类学家做大量工作，做哪些工作？怎么做？也需要认真思考。我觉得有几个方面需要思考：第一，态度必须严肃。有一些建言的文章把作者看到的现象和某些理论凑到一块儿，就提出了如何做、做什么的许多建议。还有一些是依据国家提出的议题，凑上一些事例，就形成政策建议或发展建议，实际上有多少具有可行性？包括我们学科研究生的毕业论文，不单写一章“政策建议或应用”类的文字也不行，但是海量的“政策或发展建议”中有多少得到了决策者的认可和接受，起到了作用？我们心知肚明。所以生态人类学研究者在为国家和地区的生态文明建设等方面提供服务、提出政策或发展建议时，要有一个严肃的态度，不能人云亦云，更不能随心所欲。第二，认识必须客观。最近看到一些涉及生态人类学与生态文明建设的论文，感到对传统生态文明和传统本土知识的认识和评价有点脱离实际。传统农耕时期和游牧时期形成的人与自然生态环境之间关系的理念和方法在那些时期是适用的，但是到了现在大规模的工业化、信息化时期，是不是或能不能原封不动地照搬过来为国家的生态文明建设服务？

需要在认真调查的基础上，按照严格的学术方法去芜存菁、保护和弘扬传统生态文化中的精华，扬弃不适应今天社会发展的内容。有一个问题，就是在传统社会形成的那些观念、方法是不是在今天完全适用，这里要打问号，我们要客观地看待这个问题。我们生态人类学必须认识、阐释传统的生态文化和生态行为，核心问题是什么？是价值观念和生态智慧，而不能完全照搬传统社会的一些做法。第三，持严肃客观批评的学术立场。生态人类学在为国家和地区的生态文明建设提出建议的时候要保持一个学术批判的态度，因为存在各种不同的有害于生态文明建设的问题。当然，在我们目前的环境中，批评和批判比较难做，但是还得做，换一种能够被接受的方式来做。我曾经参加过一个古村镇大会，在会上，一个公司展示了他们的“古村镇保护和创新方案”，给我们的感觉就是一个蛋糕的模子，把古村镇所有的元素揉到一块儿，按照同质化的方式进行改造和新建。听完之后，我们觉得有问题，按照那种设计方案，每一个村镇基本上是一种思路、一个标准，生态多样性和文化多样性，特别是生态文化多样性没有了。从公司的角度来看，如果这个方案被接受，是一件盈利的事情；从某些地方政府工作人员的角度来看，这个方案很新，而且标准化程度很高，只要有资金，做起来就不难。但是他们都忽视了一个问题，那就是这个高度标准化的方案把（生态）文化多样性这个中国古村的灵魂抽取掉了。第二天我们发言的时候指出，如果按照这个方案搞古村保护，又走了过去相当长的一段时期里中国城市规划建设的那种套路，千村一貌，这是不可取的。

生态人类学研究可以也能够为国家生态文明建设做出自己的贡献，这是生态人类学应该承担而且可以承担的责任，我想，要做到有所贡献，生态人类学研究者应该恪守严肃客观的学术态度、学术规则，通过认真的田野调查，把不同地区、各个民族的传统生态智慧和优秀的生态文化挖掘好、整理好、阐释清楚，在这个基础上，按照国家生态文明建设的总体要求，提出分区域、注重乡村的理论和方法建议。同时，对那些胡编乱造、哗众取宠的“理论”和“策略”保持一个严肃客观批判的态度。

范：您对生态人类学学科的发展和建设的思考非常系统和全面，尤其您提到的复杂系统、政策层面的应用等都非常必要和紧迫，现在生态人类学的研究落地与发声还是挺困难的，尤其为决策部门提供准确的信息和有效的政策建议很难，应该怎么看待和解决这个问题呢？

崔：不能说“非常系统和全面”，仅仅是个人在过去数十年间田野调查和做研究的一点体会，而且不能说有多少价值。

通过过去数十年的田野调查和研究，生态人类学研究者浸润在中国各个地区和民族生态文化的丰饶土壤中，获得了中国各个区域、各个民族本土生态文化的大量第一手资料，为我们这个多元一体国家人与自然的关系建立起了一个初步的知识体系，对快速发展的中国人与自然的关系中出现的各种问题有着来自田野的切身感受，所有这些使我们坚信，生态人类学研究对国家生态文明建设等基本国策的实施和落实有重要的价值和意义，这一点毋庸置疑。

另外我们也应该看到，诚如你所言，学科存在“在生态人类学的研究落地与发声还是挺困难的”问题，这个问题需要从两方面看：首先，如同我前面所说，学科研究在理论建构上依然薄弱，实际上这是中国人类学学科发展面临的共同问题之一。在引进国外生态人类学理论和建构，将其植根中国历史和现实的理论方面做得还不够好，没有形成能够解释这片大地上人与自然关系的系统的理论体系。也许这是中国生态环境与社会历史和现实非常复杂的原因所致，但生态人类学学科内研究力量、研究视野和研究方法不足或薄弱是一个不能忽视的问题。还有，由于复杂的原因，急功近利的“研究”思维也影响着学科的发展。其次，从各级决策层和大众对于这个学科的了解和接受角度来看，生态人类学对中国的发展，特别是对国家生态文明国策的实施和不同地区的生态文明建设究竟有什么作用，恐怕对此了解的政府人员和大众很少，即使是那些直接参与和指导生态文明建设的人们，对这个学科的认知情况也是如此。我曾经参与关于新疆生态发展战略的一些会议，讨论生态文明建设时，有一些工作人员的发言只能是“背书”，他们对于生态文明建设基础之一的生态文化的认识还只是集中在美化环境、改善人居条件等方面。这些与生态人类学学科知识的普及远远不够有关，也与整个社会对生态文明与生态文明建设的认知不到位有关。这就是我们面临的问题，也是需要下大力气推动和解决的问题，生态人类学研究者需要考虑走进另外一个“田野”，即如何参与到各个地区生态文明建设的决策、实施中去，做好田野调查，在这场伟大的实践中汲取营养，提升自己，反过来反哺生态文明建设。

生态人类学学科发展和服务于国家发展决策不能回避的一个问题是，我们的研究思路和如何提供准确信息与咨询建议。前面我多次提到，生态人类学研究应该是多学科的研究，人文社会科学与自然科学的结合和融合是不能回避的研究思路。现在有一个倾向，即多学科等于定性与定量研究结合就可以了，比如现在学术论文的写作，包括人文社会科学的研究受到一种驱动，一定要搞数据，但是对人类社会的研究，甚至包括对自然的研究，完全依靠数据并不能得出定性的结论。现在决策部门也要求提供准确的数据，但是我老在想这个问题。什么叫作准确的数据？人类学研究者往往通过获取当地政府数据和做问卷获得需要的数据。我们按照社会学的方法做问卷，获得的数据准确吗？我自己有不少疑问。二十多年前，我在阿勒泰地区一个乡做了近7个月的田野调查，其间也做了问卷调查。在田野调查即将结束时，我对所做问卷获得的信息，特别是数据的准确性产生了怀疑，因为通过近6个月的参与式观察，我对田野点的了解更加深入了。为了验证我的怀疑，我又用同样的问卷选做了十几家的问卷调查，结果令人吃惊。我发现，在他们回答的过程中，我可以对他的回答或选择提出我的问题，十几户问卷第二次做完之后，我与之前做的一对照，第一次做的问卷里面获得的数据和信息的60%是有问题的，第二次得到的答案比较真实。

这件事情给我的教训就是人类学做问卷调查一定要小心，在后来的很多调查中，我很少做问卷调查，我宁可缠上一个人问他一天。从生态人类学的角度，怎么把自然科学，比如生态学所要做的量化研究和我们这种定性研究结合起来得出一个认识，是需要磨合的。刚才我说最好的方式是和自然科学研究者合作，他去调查一个样方，从高山到盆地大概一公里半的垂直带，形成十个样方；我在旁边跟着一群羊，我记录下羊群在哪里停留时间最长、比较喜欢啃食哪些草。然后问牧民一天赶上羊，从下面到上面几趟、羊在哪里停留时间最长。那么在这一公里多的垂直带上，一对照羊群的移动、行为、吃草频率和草地垂直带样方中植被的变化就看清楚了影响在什么地方。自然科学研究者做的这种量化调查，如草场盖度、密度什么的，和我们对这群羊啃食观察的东西结合起来，得出的关于载畜量、放牧密度等结论基本上是准确的，我的观察获得定性资料和他的数据可以对上号。

人类学的诱惑正好在这个地方，老让你犯错误，当时说调查清楚了，过了十天再过去看，发现自己清楚的事情还不完全是这样。所以我在田野调查的时候就同一个问题会多访谈几个人，被调查对象具有共同认识的那一点可能就是比较接近真实的。因为每个人谈事情，他自己自身的经历都可能影响他的叙述。

范：新疆的自然生态环境特别复杂多样，沙漠、盆地、高山、草场、农田各种类型都有，同时是一个民族特别复杂多样的地区。您在这个地区已经进行了三十多年的研究，从您的角度来看，新疆的生态人类学研究比较棘手的有哪些问题？或者比较有意义的点有哪些方面？

崔：我觉得新疆应该是国内做生态人类学调查和研究比较好的一个地区，因为有三方面事物存在：第一，生物多样性存在。新疆的生物多样性在于它的生态环境多样性，这里除了没有海洋，地球上其他的地理单元都有。第二，文化多样性。新疆文化多样性体现在世居的十三个民族文化上，每个民族和每个民族之间在文化上的差异很明显，文化多样性特征就非常明显。第三，新疆文化多样性体现在东西方文化交流积淀在这个地区的多种文化，这种积淀形成历史文化的复杂性。所以我觉得从生态人类学来看，在这个地区做研究很有意思。这几个方面对生态人类学研究来讲，既提供了比较好的研究对象和资源，也构成了学术和其他方面的挑战，因为对象太多、资源太丰富而让我们感到力不从心。我自己认为，在新疆做生态人类学研究需要注意以下几个方面：

第一，恐怕要转变现在单一民族的生态人类学研究，做国家在场的生态人类学调查。这个分两个方面看：一方面是前些年我做了一个新疆生态文化类型区的划分，第一类是森林—草原生态文化；第二类是沙漠绿洲生态文化；第三类是高原生态文化，主要是帕米尔高原的生态文化；第四类是屯垦绿洲生态文化。这实际上是按照生态功能区划分的，按照这个分类，你会发现每一个生态文化区里面不是单一的民族。比如说森林—草原，至少现在有哈萨克族、蒙古族、柯尔克孜族，还有一部分维吾尔族游牧。在这样一个区域之内，有多个游牧群体在生存，并且历史都很悠久，这样以单一的民族为基点进行的生态人类学研究就显得不足。在帕米尔高原，柯尔克孜族和塔吉克族生存了无数代，有非常长的历史。然而，近七十多年来，这里居民的民族成分在增加，维吾尔族、回族和汉族等的人口都有了，人与自然的关系正在发生变化。另一方面，国家在场的生态文化区。现在这些生态文化区不是过去描写的那种“原始的、朴素的、粗犷的”部落区域，半个多世纪以来，国家在这些生态文化区内对这些民族社会进行改造、整合，花了很大力气帮助他们发展，起了非常大的作用。同时，国家的建设工程，包括民生建设工程对这些地区生态环境的改造影响是非常大的。比如1982年，中石化、中石油进驻塔里木盆地，刚开始，他们的勘测点基本上在绿洲、农村旁边。这些对外界了解不多的绿洲居民看到现代化的采油设备和运输工具，用他们的话说“吓呆了”，“没有见过比我还要高的轮胎的车”。这些现代化的符号对当地人民的认知和行为产生了影响，于是变化就发生了。这种影响一步一步让农民们去适应，刚开始，这些油田工作者不太照顾当地利益，后来他们意识到不和绿洲农民搞好关系，生产生活有许多不便，于是加强了与绿洲社会的互动，慢慢地，双方关系融洽了，这就是国家在场的影响。当地人与自然的关系增添了新的因素和变数、外来人群生态环境行为与当地绿洲居民生态环境行为的差异和互借互融，使沙漠绿洲的生态人类学研究有了新的社会和文化因素与内容，整体上复杂化了。我觉得国家在场的生态人类学研究是一个非常重要的课题，甚至是一个重要领域。

第二，这些年我们感觉到，在新疆生态人类学研究中，对水以及水与人类社会关系的认识是极为重要的。水对自然生态环境与人类社会的存在都是核心要素，特别是在沙漠绿洲这个区域里。杨庭硕老师和他的团队做侗族、苗族的水资源使用和生态文化研究，成绩斐然。我们做了一些牧区哈萨克族、柯尔克孜族、蒙古族、塔吉克族人民与水关系的调查，了解他们怎么看待水、他们和水之间的关系是什么、怎么应用水、特别是关于水他们有多少各种各样的禁忌与仪式，等等。后来我们把关注点集中到了绿洲，绿洲离不开水，没有水就没有绿洲，在这里是一个常识。我们做了绿洲居民，主要是维吾尔族农民，也包括一些汉族农民，关于水的调查。对水与不同生态文化区域内居民关系的调查，形成我们对新疆不同生态文化区内人和自然关系的一些新认识，这个研究我们还在继续。最近，我们关注到了气候变化带来的一系列涉及水资源和对生态环境、生计的影响问题。

第三，政治生态学视角下的决策研究。政治生态学讲的是政治决策、政策决策等对于生态区域和人地关系的影响。决策分为三个方面：一个是各级政府的决策，一个是大大小小的企业在农牧区的决策，一个是牧民、农民自己的决策。过去我们只说农民怎么决策，王晓毅教授和他的团队在内蒙古做了长期调查，研究现在政府怎么决策，以及在这个区域内企业或公司决策，以及农牧民怎么决策，成果非常多。我很同意王晓毅的看法，从政治生态人类学角度来讲，牧区现在的问题就是各种决策博弈的问题。

第四，生态文化多样性。现在，新疆生态文化研究连一本著作都没有。论文倒是有，各种各样的论文，而且大多数是研究单一民族的生态文化，比如维吾尔族生态文化、哈萨克生态文化等。前面我讲了，这种单一民族生态文化研究已经不能全面反映现在人与自然的关系，需要从区域的角度考虑问题。现在我们非常想做高原、沙漠绿洲、森林草原的基于不同区域生态文化的田野调查与研究，换一种视角来看，可能会有新的发现和认识。这是基础性的东西，以前调查不多，需要把这个搞清楚。即使做单一民族生态文化研究，也得看传统形成的生态文化，形成的过程和最后积淀起来的那种文化是什么样的，这个生态文化的核心价值观念是什么，然后看不同区域的生态文化价值观念有没有共同的东西。

第五，理论上有一种感觉，需要搞清楚生物多样性和文化多样性之间的关系。我个人感觉生态人类学在某种意义上是为了探究这种关系。关于生态人类学的定义非常多，这个学科在某种意义上是认识和研究生物多样性和文化多样性之间关系的桥梁。联合国教科文组织把生物多样性和文化多样性看作地球这辆车上的两个轮子，缺一不可。裴盛基教授指出，人类社会对地球各种生命形式的巨大影响，使生物多样性不再是一个与人类社会相互分割的自然单元，人类的文化、价值观、社会经济、资源管理、政策法律、伦理道德等与生物多样性的管理密切相关。他又说，人类活动改变生物多样性的生存状态是由文化价值观决定的，文化表达人与生物多样性的互动关系。[1] 新疆是一个做这两种多样性关系研究的好地方，但是我们与尹绍亭和杨庭硕老师他们团队做的研究相比，落后了一大截，我们对本土知识的收集整理不够。特别是这些年来，这种收集整理遇到了很大的问题，我也比较着急。生物多样性与文化多样性关系搞不清楚，生态文化多样性就说不清楚。

---

[1] 裴盛基. 生物多样性与文化多样性［J］. 科学，2008（60）4：33-36+4.

第六，在新疆，应对气候变化的生态人类学研究非常重要。大多数科学家认为，现在全球气候发生了变化。最近十几年，新疆气候变化的明显特征是温度升高，降水量增加，过去新疆人老盼着夏天天气凉一点，下雨多一点。今年，南疆地区、北疆地区降水量明显多了。这种变化对草原、绿洲和高原生态环境会产生什么样的影响，目前还没有很明确的研究成果。但是我们在牧区和绿洲的调查初步显示，出现的变化已经对牧民和农民的生计产生了影响，适应气候变化已经不再是一种对未来的预测。当年在剑桥大学参与课题研究的时候，汉弗莱博士很有远见，请来给我们做培训的学者中，有剑桥大学北极研究所的学者，他给我们讲北极地区气候变化对欧亚草原地带的影响。当时我们有点糊里糊涂，亚洲北部草原放牧羊群还要受北极气候变化的影响？现在慢慢感受到了这种影响。比如牧民游牧到夏牧场的时间推迟了，意味着他们和牲畜在夏牧场待的时间缩短了，如果 9 月底开始降雪，他们就得驱赶着牲畜赶快下山。降雨时间变化和降水量增加对新疆棉花生产也产生了微妙的影响，在棉花生长期间雨水过多，日照不足，导致棉花生长出现问题。如果气候变化趋势是长期的，那么对新疆人与自然的关系会产生非常大的影响。生态人类学的研究在这方面可以做很多工作：在气候变化的过程中，不同生态区域的人类社会是怎么样适应气候变化的？在牧区田野调查中我们了解到，牧民有一套应对极端天气的传统知识体系，如何使这个知识体系与现代科学结合起来，这是生态人类学研究面临的挑战。我自己认为，在人类学所有的分支学科中，生态人类学可能是在气候变化问题上能够与自然科学直接对话的学科。

第七，按照国家“一带一路”倡议，现在新疆是丝绸之路经济带核心区。我们的丝绸之路经济带走出新疆到中亚，走出帕米尔高原到南亚、到巴基斯坦，以后要到更远的地方，这些地区有一个共同点，就是干旱区半干旱区。沙漠绿洲、草场森林生态系统的存在，和新疆的相似性和可比性非常之高。这些地区的生态环境和生态文化与新疆的相似性比较大。人类命运共同体的内涵中包括了人类生态文明共同体，维系文化和文明的多样性，维系生物多样性是人类生态文明共同体建设的重要内容，保护好人类赖以生存的地球家园，建设生态文明关乎人类的未来。如果新疆生态人类学形成研究干旱区半干旱区人与自然关系的理论和方法体系，无疑对帮助国家的丝绸之路经济带建设有好处。生态人类学家介入丝绸之路经济带建设沿线地区的调查研究，了解那里人与自然的关系、生态文化，然后提出对策、参与培训等，可以降低丝绸之路经济带建设中生态环境和当地文化可能遭到负面影响乃至破坏的风险。这对于国家“一带一路”倡议的实现和建设无疑是有用的。

（该文曾发表于《三峡论坛》2020 年第 2 期，此次收录文字略有改动。）

崔延虎教授访谈录（下）

——生态文明建设与草原、绿洲的生态人类学研究漫谈

范：目前我国进入了生态建设的高峰期，不同于以前单纯的污染治理、种树绿化等工程式的生态建设，而是将与生态相关的制度设计提到了新的高度上，生态文明建设从国家到省市再到乡镇都行动了起来。“生态文明”可能就和以前的生态保护不一样了，您觉得这些年有没有什么实质性的变化?

崔：绿水青山就是金山银山，这是生态环境治理国家层面上观念和决策的巨大变化，习近平总书记的这个观点正在被层层地落实和接受。国家层面的生态文明建设作为国家基本国策被提出来，这是一个重大的转变，中国发展到了关键时刻，不能不面对生态环境出现的问题，需要做出新的决策。我觉得这个决策是非常及时的、正确的。国家实施生态文明建设的力度也比较大，我在新疆看到，现在不少地方政府的决策发生了变化。生态文明建设、生态环境保护已经成了地方政府或是不得不接受，或是非常乐意接受的选择。从老百姓方面来看，不管是乡村社会，还是城市社会，和十年前相比，民间生态环境保护意识大大提高了，这确实是非常可喜的变化。所以从整体上看，我认为国家层面的决策，地方政府不管是被迫还是主动接受执行的，发生的变化都是积极的。如果能够长期地、不搞形式化地把生态文明建设进行下去，对我们国家整个生态环境向好变化和人们生态环境保护意识进一步加强好处非常多。

但是变化中需要注意两种倾向：第一种倾向是“去文化”的生态文明建设或生态环境保护。我的意思是，现在有一种倾向，那就是生态文明建设不讲文化、生态环境保护不讲文化。习近平总书记多次强调，生态文明建设不能和优秀传统文化割裂。生态文明建设要吸收传统文化中的优秀部分，尤其

要把那些起重要作用的传统生态文化的精华部分纳入生态文明体系中。国内学者已经就此发表了很多成果，但是怎么形成一种共识还需要努力，生态文化始终是生态文明建设的一个基础，不能回避。从生态人类学的角度来看，生态文明是生态文化发展到一定阶段的产物与结晶，而生态文化则是人类社会在处理人与自然关系的过程中产生和发展起来的事关人类群体生存的文化，历史上的人类文明都有生态文明作为组成部分，其中生态文化是生态文明的基础，生态文化不存在了，生态文明就失去了存在和发展的基础。我们注意到现在不少讨论生态文明建设的文章有一种漠视生态文化或“去文化”的错误认识。另外有一些文章也讲生态文化在生态文明建设中的地位，“构建生态文化”成为一种很时髦的论点。中国的生态文化不是无源之水，而是从古到今在中国这块大地上生存的各个群体解决自己生存问题的智慧结晶，具有多元的特征。在生态文明建设中，生态文化不是对传统否定后的“构建”，更不是在工业化思维指导下“构建”一种单一的普适化的“文化”，而是在传统生态文化的基础上适应今天和未来社会发展的继承和创新，没有过去，哪有今天，这是一个常识问题。第二种倾向是现在生态环境保护的一些措施并不是“生态取向”的，有一些则存在危害生物多样性的风险，看上去是在保护生态环境，但实际上是在破坏一个地区的生物多样性，城市绿化就是一例。引进外来的物种，把城市中原来植物系统中被认为是杂草的除掉，不美观的树木全部换掉，换成景观树种，这样做，原有的生态系统中的物质流动、信息流动、基因流动可能被破坏了，这就有可能破坏当地的生态系统和生物多样性。这种情况不仅存在于城镇，也存在于其他地方。“去文化”的生态文明建设和生态环境保护不可取，因为价值和灵魂没有了，“去文化”的生态环境保护会导致一个过度工业化的环境保护、技术导向的生态保护，甚至破坏性的生态环境保护。过去的实践已经证明，这些对生态文明建设是有害的。

生物多样性是生态学提出来的，生态人类学不能回避生物多样性，原生态系统的生物多样性是最稳固的，新的物种进来，原来的生态系统就会晃荡起来，最后外来的把本土的驱逐出去。对于这件事情，我觉得国家应该从决策层面、地方层面认识起来。现在网上经常宣扬的“沙漠变良田”，处理不好就有可能导致生态灾难的发生。因为沙漠的存在有它的合理性，沙漠及其周边的生物构成了一个生态系统，其是几十万年形成的，存在一定稳定性，如果引进外来植物，可能危及这一稳定性。

我的看法是，国家主导的生态文明建设需要生态人类学研究提供基础性的学术认识成果，其中研究生物多样性和文化多样性在不同地区的存在及其关系非常重要，“一方水土养一方人”的古训在今天依然有着启示作用。生态文明建设是国家的基本国策，但是在执行过程中不能“去文化”。习近平总书记指出，“山水林田湖是一个生命共同体，人的命脉在田，田的命脉在水，水的命脉在山，山的命脉在土，土的命脉在树”，说明了生物多样性与生态文化多样性之间的重合依存关系，揭示出人与自然生态生存关系的思想精髓。他又指出，“生态文明建设是关系中华民族永续发展的根本大计。中华民族向来尊重自然、热爱自然，绵延5000多年的中华文明孕育着丰富的生态文化。生态兴则文明兴，生态衰则文明衰”。[1]

生态文明建设的一个核心问题是生态文化价值观的继承和创新，这个价值观念被政府接受了，被社会接受了，行为上的很多事情就好办了。

范：崔老师，您长期关注游牧民问题，这些年，新疆的游牧民都陆续定居了，牧区社会发生了很大变化，您怎么看待现在的这种变化？

崔：在1984年牧区改革的时候，新疆哈萨克族、蒙古族、柯尔克孜族和塔吉克族（维吾尔族游牧民没有计算在内）从事游牧的牧民家庭有数十万。1986年以后，自治区政府做了一个规划，在15~20年的时间内，使牧民实现完全的定居和半定居，也就是希望在21世纪初的时候，新疆游牧民能够实现定居和半定居。为了推动新疆游牧民定居，农业部和联合国粮农组织于1988年达成了一个协议，联合国粮农组织出资支持新疆阿勒泰地区数万游牧民定居，实施了2817牧民定居项目，项目在阿勒泰市、布尔津县、哈巴河县、富蕴县和福海县建立了5个定居点。我从一开始就在关注这个项目，那是最早的国家在场的大规模游牧民定居工程，在中国政府主导下，由新疆政府在国际组织支持下提供建设5个2817定居点的资金和技术，开垦了耕地，修好了水渠，耕地边种植好了林带，盖了房子，牲畜棚圈也都盖好了。每一户定居牧民获得了180亩耕地，主要用来种植饲草。布尔津县的定居点在县境内布尔津河和额尔齐斯河之间的一片过渡草场上，我在这个定居点做了多年田野

[1] 2018年5月18—19日，习近平出席全国生态环境保护大会并发表重要讲话。

调查。到了1994年，2817项目结束。每个定居点吸收了户数不等的牧民家庭，当时选择吸收定居的牧民的标准有三个：一是家中劳动力缺乏，没有人放牧；二是经济比较贫困；三是家庭的羊只数量已经不足一群羊，也就是120只羊以下。我主要观察了布尔津县的2817项目，也去过福海县、富蕴县、阿勒泰市和哈巴河县的定居点。到了2000年的时候，4个县的2817项目区要么改变了用途，要么没有实现原来的设计目标，有些定居的牧民又回去游牧了，只有布尔津县的2817项目搞得比较好。当时我产生了一个疑虑，那就是政府和国际组织设计、大力支持的定居工程为什么会出现这样一个后果？调查之后，我提出了定居牧民再社会化的问题，什么意思呢？就是牧民对于新的生态环境、社会环境乃至新的生计方式的再适应有一个过程，从游牧到适应农耕，最短需要七年的时间。政府的观念是农业比游牧先进，所以牧民定居后，当地政府逐步地把种植饲草改成了种植粮食作物和经济作物。但是他们没想到这是一个导致文化变迁的项目，更没有想到这是一个从适应草原生态环境到适应农区生态环境的过程，这一过程需要一定的时间。

定居牧民需要七年左右的时间才能学会种地，其中最难的是农业节气，农耕是按照二十四节气来安排的，而哈萨克游牧民自己的节气是按照游牧需要而形成的。到了该播种的时候，定居哈萨克牧民不知道，说我晚十天和早十天有区别吗？布尔津县2817项目比较成功的一点就是他们选派的项目办公室主任是一个农业专家，支部书记是一位出生于游牧民家庭的哈萨克族干部，两个人合作得非常好。他们知道哈萨克牧民务农的艰难，于是请了周边农区会哈萨克语的几户农民过来，手把手教这些牧民。拔草和砍树是草原游牧社会的一个禁忌，牧民从小就教育孩子，不能拔草原上的草。所以到该除草的时候，一开始，定居牧民坚决不下地除草，汉族农民帮他们把地里的草收拾完了，带他们去看，除草之后，庄稼长得非常好，没除草的，长得不行。定居的哈萨克牧民慢慢地懂得了这个道理，学会把农田的草晒干后给羊吃。

在政府主导下的游牧民定居引起了新疆牧区深刻的社会、经济和文化变迁，从我们田野调查的情况来看，定居有些地方成功了，有些地方不那么成功，有些地方直到现在还存在很多问题，重要的原因之一是，主导者认为只要提供了定居条件，问题就可以解决。然而，深刻的问题是怎么样让被要求定居的游牧民从游牧的空间观念、时间观念、行为方式上逐步转到农耕的空间观念、时间观念和行为方式上，这是一个痛苦而又必须经历的文化变迁过程，政策制定者和实施者看不到这一点，觉得政府已经给予被定居者那么多物质支持了，他们还不满足，他们把问题归结为游牧民的思想意识“落后”，没有看到牧民定居的复杂性和不确定性。

从大的方面来讲，在政府的强力推动下，游牧民定居似乎已经是一种不可改变的趋势，但是对于如何看待游牧的历史价值和现代价值，学术上的争论并没有结束。用社会进化论指导游牧民定居的思维已经造成了许多新的社会、经济和文化问题，政府付出的成本太大，而且在继续付出，游牧的终结对人类、对我们这个有着悠久游牧历史传统的国家究竟意味着什么？现在下结论过早，生态人类学应该继续关注这个问题，并且提出理论认识。

范：在我熟悉的内蒙古地区，牧民基本上已经全部定居或者半定居，内蒙古的发展趋势是否是一种不可避免的现象，游牧还会存在吗？

崔：这个问题很有意思。在新疆，定居是不是一个不可逆的结果一直是我思考的问题。近年来，我比较关注央视对新疆游牧民的报道，过去关于牧区的大部分新闻报道集中在牧民定居上，报道牧民定居对他们有什么好处、带来了什么可喜的变化，等等。但是近几年央视对新疆游牧民的报道比较多地通过新闻报道、纪录片反映了转场、草原生活等。每年 3 月，中央电视台的摄像机架在那里拍摄，高速公路上面汽车在跑，旁边专门修出来转场的道路，牧民驱赶着牲畜从高速公路下面钻过去，转到另外一个山头的草场。央视对游牧的态度发生了变化，这是很有意思的。我自己的看法是，在新疆，游牧还会继续存在下去，完全停止游牧在目前是不可能的。原来我预计，五十年内可能游牧就没有了，这几年，这一情况变了。现在新疆至少还有 15 万~20 万牧民游牧，虽然国家和地方政府还在搞牧民定居，但是现在似乎对游牧不再施行让它快速消亡的政策，认识上可能有所转变。

针对这一情况，我认为有三个原因：第一，生态环境和资源利用的问题，高山草场有最好的牧草资源，牧民定居了，高山草场的牧草资源不利用的话，草场植被会发生逆转，不仅是浪费，也会出现新的生态环境问题。因为天然草场的牧草得不到牲畜的啃食，便可能退化。牲畜适度的啃食是牧草保持生长的必要条件。几位研究牧区的学者，如刘书润、韩念勇老师，都有这样一种认识。第二，游牧本身是一种非常有利于草原生态系统得到恢复、再生的生计方式。新疆游牧民一年四季在不同草场的游牧放牧，为不同季节的草场牧草恢复、再生提供了空间和时间，从保护生物多样性和生态环境保护的角度来说，游牧有着其他生计方式不能相比的优势。第三，游牧文明是世界文明的重要组成部分，也是留给当代的重要文化遗产，游牧的适度存在为这份遗产的保护和发展提供了基础。虽然还有学者对游牧采取了社会达尔文式的态度，断言游牧必然消亡，但是全球依然有游牧民在游牧。另外，由于我们国家经济的发展，可以为游牧民提供维系现代条件下继续游牧的基础设施和社会条件。在新疆出现了用火车帮助牧民牲畜转场游牧的新现象，这些年来，新疆在牧民定居点基础设施建设上投入了很多，发生了非常大的变化，包括医院、学校，等等。不能继续游牧的老人可以在定居点待着，孩子们可以在那里上学，医院专门派出医务人员到四季草场巡医，草原上出现了专门为游牧民转场服务的“游牧汽车”。

还有一个现象是草原地区旅游业的快速发展，游牧为草原旅游业提供了最主要的旅游资源，草原旅游业为牧区游牧人口提供了新的生机。越来越多的年轻人愿意到草原体验游牧，对游牧的认识发生了变化。新疆北疆地区最红火的旅游景点大多在草原。当然旅游业过快或过于专注利润的发展对生态环境和本土文化都带来了一些负面的问题，有些还相当严重，这是我们需要高度注意的。

范：接续这个问题的是，现在都在提乡村振兴战略，当然牧区也是“大农区”的重要组成部分，我们知道乡村振兴战略在很大程度上是根据农区的情况提出来的。牧区和农区本身的情况很不一样，无论是对于土地的利用、劳动力的转移、经济收入的来源等方面都存在很多差异。您上面提到了很多牧区自然生态的特殊性、游牧方式的特殊性，那么您觉得传统牧区的乡村战略应该把握哪几个大方向？

崔：乡村振兴战略提出的前提是农区乡村出现了大问题，这个战略在设计的时候，是否考虑牧区的特殊性不得而知。现在又把农区乡村振兴计划搬到了牧区，是否行得通？在牧区，什么是乡村，是指一个村子，还是一个嘎查？是一个游牧社会组织，还是一片草场？从人类学的角度来看，应该首先搞清楚的问题是，什么是牧区的乡村？政府决策部门和实施部门不考虑这个问题，认为一个自然村或一个行政村就是一个村子。做牧区人类学研究的，特别是生态人类学的学者需要做一些调查，希望有人在翔实调查资料的基础上写出文章，说明什么叫牧区乡村。牧区与农区不一样的地方很多，这是两种生态环境、两种社会结构、两种文化，差异性很大。假定牧区有自己的“乡村”，那么这个乡村需要振兴什么？完全实现定居的牧区乡村振兴与没有实现定居的牧区乡村振兴一样吗？用普适化的思维搞乡村振兴只会适得其反。即使在农区，乡村振兴也不是只有一种模式，北方和南方、稻作区和麦作区的乡村振兴不一样。在没有搞清楚基本情况的前提下，现在牧区的乡村振兴已经开始实施了。在牧区乡村修一些漂亮房子，把道路修好，搞一些公共文化室、健身设施，这样就振兴了？乡村振兴计划除了经济考量外，最重要的是文化振兴。所以从牧区来讲，尴尬的事情是有些地方牧民不游牧了，有了一个定居的“村落”，但是适应定居的文化还没有完全形成，文化振兴怎么搞？有些地方游牧依然在进行，乡村的概念对游牧民来讲，又是另外一回事。

问问牧民他们的乡村概念是什么？哈萨克牧民会告诉你是“阿吾勒”，这是一个由血缘关系组成的群体，在哈萨克人的概念里，“阿吾勒”也在变化。1949 年以后，国家对哈萨克人的社会结构不断改造，组建了合作社、人民公社等新的社会组织。他们适应之后，把人民公社看作“阿吾勒”。在他们的概念中，阿吾勒是一个空间、时间、社会结构、文化甚至精神存在的综合体，是切实存在的精神家园和生存共同体，既是社会，又是文化；既有生存空间—草原、又有历史—代际相传的知识体系，更重要的是有他们赖以生存所寄托的精神世界。过去四十多年里，由于复杂的原因，牧区也出现了在农区出现的一些问题，但是表现又与农村不完全一样。在这样的情况下，牧区乡村振兴有着自己的特殊问题和特殊性，那种“一刀切”的完全同质性的乡村振兴模式又有可能出现 1984 年“一刀切”的牧区草原承包制造成的生态、社会和文化问题。

在当代复杂社会的生态人类学研究中，需要特别注意资本对人地关系的复杂影响。国家乡村振兴战略鼓励资本下乡，资本是多元化的，有国家资本，也有地方政府的资本，还有私营企业、国有企业等的资本。资本的一个特点是获取利益，不可能不让资本获益。多元化的资本追逐利益的目标是不一样的，资本进入乡村，在有些情况下可能成为一种复杂的破坏力量，这在内蒙古地区已经出现了。乡村确实需要振兴，但是具体振兴什么、怎么振兴，从国家顶层设计来说，虽然有了比较清晰的政策规定，但是具体实践起来，问题不少，“一刀切”的比较多，因地制宜的不是很多。我们刚才谈到那么多问题，那么多差异，如果牧区的乡村振兴还是“一刀切”，其结果是牧区的乡村振兴战略实施就会出现与设计者的初衷相背离的情况。

你问我传统牧区的乡村战略应该把握哪几个大方向，这是一个很大的问题，需要做深入的研究。就我这些年来做调查获得的认识来说，有几点可能有咨询价值：第一，牧区乡村振兴不能照搬农区那一套。第二，经济发展要适合牧区的特点，使牧民生计来源多样化，收入增加，安居乐业。第三，在牧区已经出现的草原生态环境碎片化、社会结构碎片化和游牧文化碎片化的状态下，怎么样通过生态文明建设，恢复草原生态环境，怎么样重建牧区的社会结构，使其既能适应已经变化了的社会，又具有历史上传统草原社会结构所有的活力，怎么样保留住、继承好、创新好草原文化，提振牧区社会的文化自信。第四，地方政府需要懂得历史，把牧区传统管理经验吸收到现代牧区社会治理中，做到人心顺。最后一点可能最为重要，避免“一刀切”，需要“问政于诸野”，因此传统牧区的乡村战略究竟怎么样实施，还是要和牧区的牧民和农民多商量，多听取他们的诉求和建议，使这个战略的实施建立在最广泛的草根社会意愿和需求基础上。

范：从 2011 年开始，草原生态奖补制度就开始推行了，像在内蒙古很多地方，奖补资金成为牧民收入的重要来源，可见国家对草原生态的投入力度之大。在您所了解的新疆这些地区，生态补偿制度的影响大不大，具体有哪些影响？

崔：对于这个问题，我做的调查不多，不能讲得很具体。我们从早些年的退耕还林、退牧还草谈起。我自己的看法是，这些都是不得已而为之的一些政策，没办法，只好用这种办法把一些困境缓和一下，或者缓冲一下。因为牧区草原现在出现的问题，如我们在之前谈到的三个碎片化的问题，是不是能够用经济手段完全解决？退耕还林、退牧还草起到了一定的积极作用，有一定效果，但是有两个问题：第一，这种补偿性的制度能够持久吗？第二，这种补偿政策能够让牧民生计得到可以持续的多样化发展吗？

现在实施的草原生态奖补制度在一定程度上可以缓解草原地区的生态环境困局，但是能不能使他们的生态保护观念和行为在新的情况下建立起来？

牧区治理有一个盲区，那就是对草原牧区缺乏一个整体的认识和治理思路，也不太注意草原牧区的特殊性。其结果是，要么不愿意面对现在草原地区生态环境恶化的问题，要么受到各种利益方的博弈牵制，缺乏一个综合性、整体性的治理体系，犹如电脑软件常常通过打“补丁”的方式解决出现的问题。什么意思呢？在1980年之前，内蒙古、新疆，包括甘肃、青海的草原有退化现象。退化出现的原因很复杂，其中人口增加、牲畜数量增加是重要原因，与其他各种因素纠缠在一起，本身就非常复杂。但是草场退化速度最快的是1984年以来的这个时期。关注研究牧区的一些老专家，比如刘书润老先生，和我们有一个共同认识，那就是1984年牧区承包制改革造成的政策制定者始料未及的一个负面结果是全国草场大面积退化，当然这不是唯一的原因。我们做了二十年左右的调查，1984年，牧区开始改革，到了1993年，牧区草场使用权归户所有，牲畜作价归户，有一个原则是“生不加，死不减”。开始时，牧民清醒地知道，草场是国家和集体的，自己只有使用权，但是越到后来，这个认识越模糊了，“是我的草场”成为一种不言而喻的认识，也就是草场在产权不明晰的情况下“私有”了。我们在草原调查和历史资料调查中了解到，历史上草场从来没有私有化过。20世纪50年代初，为什么当时中共中央同意了西北局的一个决定，在牧区不搞土地改革，不分草场，不分牲畜，国家对牧主实行赎买政策。在中国草原历史上，草场所有权从来没有完全意义上的私有化，也没有家庭草场所有权一说。这个历史事实说明，草原有自己的规律，草场使用上“公田”的传统有其存在的道理。

20世纪80年代的时候，草场改革，把有“公田”性质的草场分给了一户户牧民。内蒙古还好，一户牧民的草场基本上是连片的，而在新疆，冬草场在盆地、河谷，春秋草场在前山和丘陵地带，夏草场在海拔2000~3000米以上地带的高山上，且不连片。承包制施行后前五年的时候，牧民还是延续以前的游牧规矩，你的牛羊进了我的草场，我让你过去，不需要报酬或补偿。因为牧民们知道游牧必须互助，单个一家无法游牧。后来媒体甚至政府工作人员向牧民灌输了“现代经济思想”，你进我的草场必须给我补偿。这种观念从市场和经济学的角度来看无可厚非，但是没有考虑到的一个后果是解构了游牧文化中的互助观念，导致游牧文化逐渐消失。过去每个牧民都知道，没有一个家庭可以单独游牧，内蒙古是一个嘎查或苏木，新疆是一个小部落，都是集体游牧。我在阿勒泰市的汗德尕特做了十几年田野调查，在1995年之前，每年3月10日，各家各户准备好移动到春秋草场。3月初从冬草场出发，越过额尔齐斯河，到汗德尕特的丘陵地带，在那里待两个月，完成接羔。待到小羊羔能走了，6月中旬又开始移动到中山草场，在这里待上一段时间。小羊羔长大一点，可以爬山了，6月下旬就向高山夏牧场移动，在那里放牧2~3个月。在1993年调查时我们了解到，乡政府牧办对游牧时间和游牧路线管理与人民公社时期一样，非常严格。主持牧办工作的一位副乡长告诉我们，更早的时期他们也是这样做的，不会发生哪一家牧民不愿意随集体同时出发。到1995年后，我们几次再去调查的时候，出现了新情况。有的牧民家庭甚至在5月才从冬牧场出发。我问为什么，得到的回答是，3月出发的家庭的牲畜把路上的草吃光了，他们5月出发，路上的草场又长起来了，他们的牲畜可以吃到草了。后来的调查发现，这样的家庭多了起来，这把原来游牧的习惯性规则破坏掉了，导致冬草场的牧草、春秋草场的牧草得不到休养生息的空间和时间。他们接羔在冬草场，在春秋草场待的时间很短，而后急忙地赶往中山草场和夏草场。原来冬草场休牧时间最长，而现在短多了，春秋草场四个月的休牧时间也乱了，唯一不乱的是高山草场。所以到了21世纪初，发现冬草场退化最严重，其次是春秋草场，高山草场的退化比较轻。

我反复提到草原生态环境碎片化、游牧文化碎片化，和王晓毅、张倩老师指出的草原牧区社会结构碎片化合在一起，是牧区现在产生所有问题的最直接的原因，也是问题的最终结果。既是原因，也是结果。这三个碎片化解决不好，草场生态补偿制度、退耕还林，包括围栏等都是没有办法在整体上解决牧区现在的生态环境、社会和经济问题的。而且在某种意义上，用补偿这样的经济手段虽然提高了牧民的收入，但是消解了牧民对草原的敬畏，他们把草场仅仅看作一种经济收入来源，而不是过去游牧人认为的那种家园。因为我有草场，国家会给我补偿，文化上弱化了游牧人对草原那种近乎生命的依赖。人们看不到这些，但是其一直是草原文化的核心，到了第二代，就会逐步弱化甚至消亡。我看到了一些资料讲内蒙古有一些合作社，按照过去的嘎查组织这种生产方式，把牧民的全部草场放到一块儿，然后集中放牧、移动。没有补偿制度的时候，因为没有利益，大家看到的是放牧的收益。突然来了一个草场补偿制度，补偿制度不是以合作社为基础的，而是以1984年分给牧民家庭的那块草场面积为基础的。我的草场比别人的草场大一点，我不希望合作社平均来分，我希望我有一万亩，你给我一万亩的奖补资金；别人有两千亩，你给他两千亩的奖补资金。这就是我讲的对牧民原有游牧文化价值观的破坏。

范：那么，草场地区该如何解决碎片化的问题呢？解决牧区现有的生态、社会、经济问题有什么可行的途径吗？

崔：我在前面已经讲了自己的看法，针对牧区现在社会、生态环境、文化和经济各方面的问题，国家应该有一个综合性的政策设计，不能是草场有窟窿，就补草场的窟窿，牲畜有窟窿，就补牲畜的窟窿，牧民家庭有窟窿，就补牧民家庭的窟窿。需要综合性的顶层设计，用什么方式减弱或消除碎片化带来的后果。我的几点不成熟的看法是：第一，原来以部落或嘎查为基础的社会结构已经不存在了，恢复是绝不可能了。但是能不能利用国家的力量，通过嘎查和部落这种社会结构以游牧中的传统功能及其治理方式，发展牧场式的新的社会结构，用牧场来代替嘎查和部落？也就是说，由个人管理草场和牲畜变成集体管理。第二，应该看到牧区的牲畜增加，有人说牲畜增加是草场破坏的根本原因，这在一定意义上有道理。1949 年以来，特别是近四十多年来，牧区医疗条件改善很大，社会也稳定了，牧区人口增加。人口过多，出现很多游牧社会不能承担的问题。在现在的具体情况下，政府能不能通盘考虑牧区劳动力转移，把游牧人口中的三分之一甚至二分之一转移出去从事其他职业。一个家庭有五百只羊、三个孩子，留下一个孩子放牧，两个孩子转移出去，这样就减轻了增加牲畜数量养活一大家人的压力。牧区人口转移出去是一个办法。这需要国家做政策设计，人口转移出去干什么，国家要承担起从培训到发展其他产业的责任。第三，从这个角度来考虑，牧区文化需要有现代转型和创新，转型和创新并不是放弃传统的游牧文化，而是在游牧文化核心价值的基础上进行创新，使牧区社会和文化适应现代社会的发展。实际上牧民也在自己创新，比如说他的合作制度、互惠制度，现在也在新的条件下摸索着创新。一谈文化，牧区政府看重的是表演等方式。比如说互惠、互相帮助是传统文化的一部分，怎么让他认识到这是文化。在传统游牧文化基本价值保存的情况下，适应现代社会转型。牧区文化创新不是由上面设计一套文化，而是在原来的基础上，让现代文化怎么进去、怎么继承和发展。

第四，是对牧区放牧制度的重新认识，既在保持游牧的基础上，对放牧制度做一定的适应现代社会变化的改变，游牧还得继续，但又不能完全是过去那种方式，实际上也恢复不到过去，新的放牧制度要考虑给草场留出更多休养生息的时间。所以顶层设计应该是一个综合性的设计，而不是今天你搞退牧还草，明天他来搞草场生态补贴，后天再来一个人搞其他什么。草原学家一直在强调，草原问题的核心是处理草—人—牲畜的关系，这是很有道理的，现在缺少对这种关系的深刻认识和理解。

范：在新疆，有一个相对特殊的研究领域，那就是“绿洲”，“绿洲生态人类学”也是您很早就提出来的，当时您的出发点是什么，在提出这个概念之后又做了哪些工作，能否为现在的研究提供一个比较新的视角？

崔：绿洲生态人类学这个概念大概是在 2006 年，我在北京的一次会议上提出的。在这之前，1994 年，我和海鹰教授两个人合写的一篇文章《文化人类学与新疆文化研究》中就谈到了应该研究新疆的草原文化和绿洲文化，要特别注意它们之间的关系。在 20 世纪 80 年代后期，我们除了在牧区调查，还经常跑到南疆，在调查的过程中，我感觉到塔里木盆地，特别是塔里木河和叶尔羌河流域，从生态文化的角度来看，许多东西还不清楚。1997 年，我在喀什市附近的阿瓦提乡待了一个多月，住在一户农民家，五六月的时候，棉蚜虫爆发了。我跟着这户人家到棉田里“捉”棉蚜虫，整整搞了三天。晚上和他们聊天的时候，他们说今年的棉蚜虫最严重。我说你们这里种棉花种了几百年了，过去没有发生过这种事情吗？老人们跟我讲，过去也有棉蚜虫，但是只存在了二十天左右，棉蚜虫就不见了。我问是喷药了吗，他说当时没有农药，我说你们用什么方法使它们不见了，老人们告诉我，过去农民种棉花的时候，在棉花的田埂边要插种两行东西，一行是大麻，另外一行是藏红花。第一代棉蚜虫出来以后，还有第二代棉蚜虫，以后到第三代就没有了。我说为啥啊，农民说得很幽默，说“给它们计划生育了”。我问什么是意思，他们告诉我说，第二代棉蚜虫就已经没有生殖能力了。我说这个与种大麻和藏红花有什么关系，他说大麻的味道和藏红花的味道混到一块儿，棉蚜虫呼吸了以后，棉蚜虫娃娃就没有了。2000 年我去昆明开会的时候，去拜访裴盛基教授，我给裴先生讲了这个情况，他说这正是民族植物学要研究的。后来裴先生派了一个博士研究生到南疆做调查。以后我见到裴先生，他告诉我说从藏红花和大麻混合物中提炼出来的有些成分具有抑制生育的作用，棉蚜虫呼吸进去以后，其生育能力就被阻断了。

我为什么转去做绿洲生态人类学调查？当时的感觉是绿洲中可能有些东西我们不清楚。后来与中科院新疆生态研究所潘伯荣等几位老先生讨论，与海鹰教授一块儿下去做调查，向他们学习，我学到了很多知识。感觉到和我在草原地区做生态人类学调查一样，绿洲可以做同样的调查和研究。另外绿洲社会，特别是维吾尔社会和游牧社会的情况不一样，绿洲生态人类学调查研究可能会有新的发现。新疆绿洲在中国是最集中的，我到过的绿洲，像喀什噶尔地区，有好几万平方公里，是一个巨型大绿洲。我也到过最小的绿洲，在若羌县，只有三户人家。这个绿洲四周全部是沙漠，被树围了起来，非常小，绿洲中有一口泉水，他们就靠这个泉水生存。到现在人类学形成一些认识，即绿洲存在于干旱区、沙漠和荒漠，在干旱区只要有河流的地方就有绿洲。后来我查阅了一些历史资料，汉代的时候，塔里木盆地周边存在 36 个国家。在班固的书里面有记载，一个国有多少人口、多少兵记载得非常详细。从现代的观念来讲，这些绿洲国家是一些聚落型的绿洲“城国”。在这些绿洲“国家”，农耕和畜牧业一并存在，有着独特的文化。绿洲实际上是一个生态、社会、文化聚合体，而且这个聚合体内部的关系非常紧密。后来 36 国都消失了，从生态环境的角度来讲，主要原因是河流消失或改道造成的。根据考古发现，一个绿洲依从河流而存在，河流两岸的生物多样性存在给予了绿洲生存的自然和资源条件，绿洲人类群体有其自己的生存方式，组成了一个社会。我们调查的结果发现，绿洲人与自然关系的一个节点或者一个交点就是人与水的关系。刚才讲河流消逝绿洲就消逝，这是铁定的规律性的东西，河流消失了，一个绿洲城国或者绿洲聚落也就不存在了。后来我又到了甘肃民勤，100 年前，民勤是河西走廊东部的一片大绿洲，现在沙化问题非常严重。民勤绿洲近几十年来发生的情况验证了我们对塔里木盆地绿洲调查获得的认识。调查中有一种现象让我很感兴趣，那就是一个汉族农民家庭和一个维吾尔族农民家庭迁到新的地方，三年以后你就会发现，他们的居住环境不一样。维吾尔族家庭做的第一件事情是种树，在简陋的房子周边年复一年地种树。汉族农民家庭做的第一件事是盖房子，然后开地。三年以后，维吾尔族农民家的房子已经被种的树遮盖起来了，汉族农民地开好了，种了庄稼，房子周围基本上是光秃秃的。我问了很多维吾尔族农民，他们说这是我们祖先传下来的。这样的情况在我调查过的盆地中基本都有。绿洲居民对水的态度一直是我调查的重点，对水的“圣化”现象很普遍。绿洲居民，特别是维吾尔族人，对水有一套完整的本土知识体系。我调查了吐鲁番的坎儿井，吐鲁番是中国最干旱的地区，叫作极端干旱区，年降水量20~40毫米，蒸发量3000~4000毫米。我们在吐鲁番对坎儿井做了好几次调查，坎儿井是吐鲁番盆地绿洲人适应极端干旱生态环境的产物，它不仅是水利设施，而且有着丰富的文化。当我听到当地坎儿井匠人告诉我坎儿井里有一个神，这个神是保佑他们的。他们讲，过去掏挖坎儿井时用一个两头尖、中间鼓起来的陶壶，壶里面是清油，下去的时候点上照明，如果有危险，神会马上把这个灯吹灭。他们下坎儿井之前要做一个仪式，坎儿井掏挖、清淤和修理过程中有着一整套仪式。过去在南疆很多村庄都有一个管水的人，人们称他是“苏巴依”。“巴依”是老爷，“苏”是水的意思，合起来的意思是管水的巴依老爷。苏巴依管理着绿洲涉及水的方方面面，给谁家水，谁家就有水，不给谁家水，谁家就没水，就活不下去。

后来我写了一篇文章，谈了我们最近研究的一些初步认识，感觉到绿洲可能是生态人类学研究一个非常有特色的区域，我觉得对绿洲的生态人类学有可能形成我们国内生态人类学研究的一个新的领域。在研究过程中，我们查了文献，西方生态人类学除了美国印第安纳大学莫兰所著的《人类适应能力：生态人类学导论》一书中有一章专讲干旱区生态人类学之外，没有现成的文献。就是说，目前，国际和国内绿洲生态人类学研究的文献很少。反过来看，绿洲存在于沙漠地区比较多，在干旱地区最集中。全球有四个大绿洲带，最大的绿洲带在亚洲，从河西走廊开始，一直到中亚、阿富汗、土耳其、伊朗都有绿洲存在。第二个绿洲带在非洲和阿拉伯地区，包括埃及、苏丹等这些国家都有。第三个绿洲带在南美，第四个绿洲带在澳大利亚。在当代，大部分绿洲地区社会最为动荡，所以绿洲的生态环境变化和社会稳定之间是不是有一种关系是需要探讨的。干旱区人与自然关系实际上都集中在绿洲，在绿洲是通过水资源的分布、水资源的利用和对水资源的控制反映出来的，我把它称为水“文化化”的过程。新疆绿洲还有一个特征，那就是绿洲和草场相依相伴，绿洲中有草场。荒漠草场畜牧业比较发达，一方面靠草场养活牲畜；另一方面靠农田割下来的草维系畜牧业，绿洲社会与游牧社会之间的交换是他们生存的重要条件，他们之间的生态边界与文化边界的互动消长存在一种耦合关系，从经济人类学角度来看，非常有意思。

如果外界不干预的话，水资源不发生大的变化，绿洲就比较稳定。但是人类干预过度，水资源存在状况发生异动，绿洲就会动荡。绿洲生态人类学研究可能会在这一方面提供一些新的认识。我感觉绿洲生态人类学的调查研究很有意思，虽然退休了，没有团队和资源，但我还是愿意继续做下去。

非常感谢你们专程到新疆访谈我。在生态人类学研究领域，与尹绍亭、杨庭硕等老先生相比，我是一个后进者，而且成果不多。他们给予了我很多指导和帮助，我一直心存感激。生态人类学的田野调查给了我极大的快乐，我想这可能是我一直不愿意停下来的主要原因。再次感谢你们。

范：谢谢崔老师的分享。

（该文曾发表于《三峡论坛》2020 年第 3 期，此次收录文字略有改动。）

阿拉坦宝力格教授访谈录

——生态人类学、牧区生态与社会经济发展

阿拉坦宝力格教授简介

蒙古族，1965年生，内蒙古赤峰人。2003年毕业于日本北海道大学文学院。现为内蒙古大学民族学与社会学学院教授、院长、博士研究生导师。兼任内蒙古大学中华民族共同体研究中心常务副主任；中国民族理论学会常务理事；中国民族学会生态民族学专业委员会常务理事；中国民族政策研究会常务理事。主要研究领域为文化人类学、生态人类学、草原牧区社会文化、牧区现代化进程等。出版专著有《蒙古族审美观的文化人类学研究》《游牧生态与市场经济》《当代蒙古族宗教信仰研究》《蒙古族图典·饮食卷》等。在国内外期刊发表《论徘徊在传统与现代之间的游牧》《牧区人类学研究中的理论表述》《论草原牧区现代化进程中健全生态安全机制的必要性》等20余篇学术论文。

访谈者： 范明明

访谈时间： 2020年7月

阿拉坦宝力格是内蒙古大学民族学与社会学学院教授，是国内较早从事生态人类学研究的学者之一。他从20世纪90年代开始，长期在中国内蒙古的牧区和蒙古国的牧区做相关研究。在二十多年的研究生涯中，阿拉坦宝力

格教授对中国生态人类学的发展，草原牧区的生态系统、游牧文化、牧区社会的传统与变迁都有系统的了解和深入的研究。

范明明（以下简称范）：中国的生态人类学是20世纪80年代至90年代才开始发展的，进入21世纪逐渐形成规模，出现了较多的研究成果和几个知名的研究团队。您个人是怎么进入生态人类学的研究领域的？您怎么看待中国生态人类学的发展？

阿拉坦宝力格（以下简称阿）：很高兴有机会参与这次访谈。我个人对生态人类学的接触是从我的导师那里开始的，我在日本北海道大学读博士时，导师煎本孝教授是地道的生态人类学专家，他从事北方狩猎民族研究。他从日本的渔民研究开始，接着对加拿大印第安契帕瓦族（Chipewyan，狩猎民族）进行研究❶，还对日本北方的阿依努族（狩猎采集民族）进行研究❷。其实，生态人类学对狩猎采集民族的研究比较多，因为他们认为在人类进化过程中，狩猎采集是延续时间最长、最主要的生计方式，存在了几百万年，因此研究狩猎采集非常重要。通过研究可以知道，在世界各地，在不同的地理环境中，人类是怎么扩散分布的。后来导师的研究扩展到俄罗斯远东地区克里亚克族❸，这里是一个从狩猎采集到游牧的过渡区域，之后又对西伯利亚和蒙古高原游牧民族进行研究。他的研究很大一部分是有关生态和认识到底有何关联，他的研究强调不要从自然界分离出来看待人类的文化，而是将二者结合起来。最近他出版的一本书是《内心世界的人类学——探索人类属性的起源》❹，探讨人类是如何在生态与社会的密切关系中诞生并创造出了文化。

我读博士的时候，导师就带我去蒙古国西北部的库苏古尔省（1999年和2000年）从事调查，那边保留了比较完整的游牧生活。导师对萨满很感兴趣，于是我就跟着导师走，住在牧民家里，一方面给导师当翻译；另一方面学着导师怎么访谈、怎么观察、怎么在观察中找到人类学的关键点。因为人类学强调的就是参与观察，这个很重要。我在读博士期间也读了一些生态人类学

❶ 煎本孝．文化的自然志［M］．东京：东京大学出版会，1996．
❷ 煎本孝．阿依努的熊祭祀［M］．东京：雄山阁，2010．
❸ 煎本孝．驯鹿游牧民、循环哲学：极北俄罗斯·堪察加探险记［M］．东京：明石书店，2007．
❹ 煎本孝．内心世界的人类学——探索人类属性的起源［M］．东京：筑摩书房，2019．

的书——斯图尔德的《文化变迁的理论》[1] 是那时读的，导师让我读了好几遍，读完一次和他谈一次，有的地方没有谈到，就再读一次、再谈一次。后来我才知道，生态人类学基本就是从这里发展出来的。然后读一些日本早期生态人类学的经典——今西锦司[2]、梅棹忠夫[3]等早期的一些著作，也开始看后期的生态人类学书籍，包括对非洲、东南亚游牧的研究，等等。当时日本出版了比较好的两部生态人类学图书——大冢柳太郎编《生态人类学》[4]、秋道智弥等合编《生态人类学》[5]。日本的生态人类学和医学、生态学有密切关系，一方面很注重进化的研究；另一方面也很关注当今人类面临的众多与生态有关的问题，如生计、适应、认知、营养、健康、环境、发展等。这样，我慢慢开始对生态人类学有了基础知识。因为我在本科和硕士读的是少数民族语言文学，我的自然科学基础并不好，导师建议我和过去的知识结合起来做人类学的研究。我的博士论文[6]偏向艺术人类学，但主要观点是人类艺术行为（艺术是一种认识和行为的美的表现——其实这里就有生态人类学的观点）和生态环境的关系，人对美的认识、美的欣赏与生存环境有没有关系，有何关系，等等。

2003 年回国后，我来到内蒙古大学工作，当时学校建立了民族学本科专业，我就开始教生态人类学的课程。在国内，我开始做牧区社会文化方面的研究，也接触了不少国内的研究。因为牧区是一个特殊的生态区域，草原、家畜，还有牧民。为什么人类在这样的干旱区域里生活，他们是如何在植物资源比较贫瘠的草原上生存下来的，这是我感兴趣的一个问题。我更感兴趣的是适应的过程，人类社会为适应一个环境产生了如何的反应，如何重视这种反应。

2004 年，我在宁夏大学（银川）参加人类学高级论坛，会议主题是“人类生存与生态环境”，这期间，我认识了尹绍亭老师，之后认识了杨庭硕老

[1] Julian H. Steward. Theory of Culture Change [M]. Urbana: University of Illinois Press, 1972.
[2] 今西锦司. 游牧论及其他 [M]. 东京：平凡社，1995.
[3] 梅棹忠夫. 梅棹忠夫著作集（第 2 卷）[M]. 东京：中央公论社，1990.
[4] 大冢柳太郎. 生态人类学 [M]. 东京：至文堂，1983.
[5] 秋道智弥，等. 生态人类学 [M]. 京都：世界思想社，1995.
[6] 阿拉坦宝力格. 蒙古族审美观的文化人类学研究 [M]. 呼和浩特：内蒙古大学出版社，2007.

师、罗康隆老师、崔延虎老师、曾少聪老师，他们的研究很有特色，理论探索很深。杨庭硕老师对水资源的研究[1]很有意义，也出版了一系列专著。尹绍亭老师研究刀耕火种[2]，云南大学人类学的队伍也很强大。崔延虎老师研究草原牧区游牧，还有绿洲生态人类学。曾少聪老师是对东南沿海进行研究，出版了生态人类学的丛书。现在罗康隆老师亲自实践如何保留传统稻米种子，他既是一个生态人类学研究者，也是一个生态人类学实践者，做的事情很有意义。我们这边的队伍就是做北方游牧地区的研究，现在来看也算是生态人类学。黑龙江大学的阿拉腾教授对游牧文化的生态人类学研究也很有特色[3]。

后来国内也培养了很多年轻学者，如陈祥军[4]、荀丽丽[5]、张雯[6]、乌尼尔[7]、罗康智[8]等一批年轻人（我关注的是和我的研究领域有关的一些成果，实际成果更多）。他们的研究拓展了传统的研究领域，更多地关注现实问题，很有意思。我们学院的一名年轻教师武宁，他以阿拉善牧民养殖骆驼为案例，研究人类和动物的关系[9]，这个研究很有意思。两年前，中国民族学学会生态民族学分委会成立，在内蒙古师范大学（呼和浩特）召开生态民族学学会成立大会，说明我们的队伍还是很大的。现在国内出版了不少生态人类学专著，云南大学、吉首大学、中国社会科学院都出版了生态人类学丛书。

我很看好中国生态人类学的发展，因为我国有广阔的土地，东南西北都有丰富的生态资源，有丰富的生态人类学研究资源，有56个民族构成的中华民族共同体，其生态多样、文化多样。我们可以利用丰富多样的资源，探究人类社会当今和未来可持续发展的规律。尤其胡焕庸线的东、西两侧，生态多样性和文化多样性都非常值得研究。目前，我们的研究缺乏一些生态系统

---

[1] 杨庭硕．人类的根基：生态人类学视野中的水土资源［M］．昆明：云南大学出版社，2004.

[2] 尹绍亭．森林孕育的农耕文化：云南刀耕火种志［M］．昆明：云南大学出版社，1994.

[3] 阿拉腾．文化的变迁：一个嘎查的故事［M］．北京：民族出版社，2006.

[4] 陈祥军．阿尔泰山游牧者：生态环境与本土知识［M］．北京：社会科学文献出版社，2017.

[5] 荀丽丽．“失序”的自然：一个草原社区的生态、权力与道德［M］．北京：社会科学文献出版社，2012.

[6] 张雯．自然的脱嵌：建国以来一个草原牧区的环境与社会变迁［M］．北京：知识产权出版社，2016.

[7] 乌尼尔．与草原共存：哈日干图草原的生态人类学研究［M］．北京：知识产权出版社，2014.

[8] 罗康智，罗康隆．传统文化中的生计策略：以侗族为例案［M］．北京：民族出版社，2009.

[9] 武宁．构建生态文明的本土视域：基于阿拉善牧区人—驼关系的思考［J］．青海民族大学学报，2019（1）：74-81.

的整体视角的研究，比如从斯图尔德到拉帕波特《献给祖先的猪》[1]，我们还是缺少像这样经典的生态人类学专著。

范：目前，我们认为生态人类学面临着更多的新问题和挑战，因为与以往不同，“生态”已经成为热门词汇，作为一门与现实问题紧密联系的学科，面对国家不断出现的新议题，比如生态文明、“两山论”、“一带一路”倡议、人类命运共同体等，目前生态人类学在国内发展的困境是什么，未来学科建设与发展应该注意哪些方面？

阿：生态的重要性随着现代社会的发展而凸显出来，无论在日本还是在其他发达国家，他们的学科发展也有这样一个特点。他们（日本等发达国家）是20世纪60年代开始反思这样的工业发展会给人类带来怎样的后果，尤其从70年代开始，1972年在斯德哥尔摩召开的联合国人类环境会议、1992年在巴西里约热内卢召开的联合国环境与发展会议、2002年在南非约翰内斯堡召开的可持续发展世界首脑会议之后，都在强调发展的可持续性，考虑当下的发展怎样能够不影响下一代人的发展，必须考虑保护的问题。其实人们开始认识到物质基础的可持续性的问题，保障了可持续性，才能够有社会的发展，因此生态是基础。我们国家在快速发展的同时，也认识到发展可持续性、保护自然环境基础的重要性。

国内的生态人类学兴起和这个背景有关，这个学科不是为了批评和否定，而是为了能够保障可持续性。生态人类学的学科建设应该怎么做？困境在于跨学科合作，如何把认识和数据结合起来看生态问题。生态人类学应该更多考虑跨学科，地理学、生物学、生态学的人一起探讨该怎么做，不能总批评。未来学科建设可能就是如何抓住新文科建设，建设一个新的跨学科领域——人类学同地理学、生物学、医学、经济学合作——建立新民族学学科。比如说现在的新冠肺炎疫情和营养有没有关系？生物学和医学的研究人员可发挥更大的作用。日本的人类学研究中有很多营养学方面的研究，关注蛋白质、维生素等人体所需营养要素和环境的关系，研究队伍中能不能出现既懂环境又懂医学、地理、社会、文化等知识的人？这样我们的研究才能够更有深度。

[1] 罗伊·A. 拉帕波特. 献给祖先的猪：新几内亚人生态中的仪式［M］. 赵玉燕，译. 北京：商务印书馆，2016.

还有一件重要的事情，就是科普的问题，比如我们田野上会碰到一些人说自己在做生态建设，会告诉我们种了多少树、草、花，但是这并不是生态建设，或者说只是做了一些与生态相关的事情。那么真正的生态是什么？需要系统性地把握，从有机物到无机物，从水资源到植物、动物，再到人，整个系统的关系是什么？我们人类的位置又在哪里？怎么才能保证系统的安全？怎么才能保证可持续发展？这才是科普，而不是单纯地在实验室里得到结论，而且要让更多的人了解这种生态系统的概念。

范：国际上生态人类学的理论层出不穷，您认为哪些理论对中国生态人类学今后的发展有较大的借鉴意义和指导作用？

阿：从斯图尔德的理论开始，后来很多人发展他的理论，对我们有什么借鉴呢？在谈到我们国家面临的实际情况如何借鉴国外理论的时候，我发现很多年轻人在读《枪炮、病菌与钢铁》❶《欧洲与没有历史的人民》❷，讲的就是对多样性和差异性的认识，尤其遇到灾害和疫情的时候，保护多样性就意味着保留更多的选择性。刚才提到罗康隆的研究很有意思，保护水稻的多品种。今天世界文化的形成，每个地方都有贡献，很多文化、地方性知识并不是随意想到的，而是有地理环境因素、生态因素、历史因素，要充分理解各种文化和文明对今日世界文明的贡献。

生态人类学很大的关注点在于适应性，适应的过程很重要，人类采取什么样的态度应对外界的变化。我在做牧区研究的时候，就很难停留在“牧区就现在这样挺好”这种想法，环境在变、社会在变，人类该采取怎样积极的态度、怎么应对挑战？中国的生态人类学面临应对变化的问题，比如在提倡食品安全的背景下，应该怎样去保存、加工一些传统的食品。欧洲一个团队在蒙古国研究当地牧民的奶制品加工、保存、饮食体系后发现，牧民很适应奶制品，蒙古包里面形成一个独特的微生物生态系统，使原本有很多乳糖不耐症的蒙古人可以消化奶食品。❸ 牧民的奶制品中有很多发酵菌，城市里面根本找不到，超市里面卖的食品失去了很多有益于健康的独特的生态系统，这

❶ 贾来德·戴蒙德. 枪炮、病菌与钢铁：人类社会的命运［M］. 上海：上海译文出版社，2016.

❷ 埃里克·沃尔夫. 欧洲与没有历史的人民［M］. 上海：上海人民出版社，2006.

❸ 尹烨. DNA 和乳制品不兼容的蒙古人，怎么就成了克服乳糖不耐的关键？［EB/OL］［2021-06-20］. https://www.163.com/dy/article/FF19822405CPMF.html.

可能就意味着我们的免疫力受到影响。那么，在一些疾病面前，是不是人类就失去了抵抗力？这个研究就证明了一个问题，比如不同地区豆制品和奶制品的发酵都是传统微生物的培养。有一位日本教师写了一本书《人类和奶食品1万年》[1]，书中谈到奶制品扩散到全世界的时候发生了什么，有什么不一样的加工方法、营养结构，令人震惊。我本身就生活在牧区，是蒙古族，但是我们却没有关注这些事情，我们应该受到这些（研究的）启发，来解决食品安全、疾病等问题。

范：2000年之后，国家层面对于草原地区的生态问题十分关注，尤其内蒙古的特殊地理位置，使之成为各项生态政策推进的试验区域。从20世纪80年代开始的草原承包到户到2000年初的退牧还草，再到2011年的草原生态补偿政策，内蒙古一直走在最前面，这些政策也确实极大地改变了当地牧区社会系统和生态系统的结构。您一直在内蒙古地区做实际的研究工作，那么您认为从生态人类学的视角，该如何看待这些生态政策的实施，有什么是研究中需要特别注意的吗？

阿：关键在于生态政策的出台和实施是否充分考虑到了当地的生态系统特征。内蒙古草原牧区的大部分面积属于内陆干旱生态区，胡焕庸线以西的地区，河流很少，比较干旱，很多地区是沙漠、荒漠草原，像兴安岭那样雨水充足的地区很少。这里原本就是一个河流不多、植物比较稀疏、承载力并不高的生态区。在这个地区生存并不容易，一过了夏天就很寒冷、少雨。欧文·拉铁摩尔（Owen Lattimore）的研究就说，游牧是草原边缘上的一种特殊农业，人类能在这个区域生存下来靠的就是牲畜这类偶蹄类动物。[2] 为什么游牧呢？并不是浪漫，而是适应，人需要跟着家畜走，是放牧的一种形式。人类为了生存，对资源的利用很彻底——他们把牛粪当作燃料，这是能量循环的极端案例，也说明资源很贫瘠。另外，这里的人类活动在很大程度上受到了生态系统的限制。就像王晓毅在之前翻译的书中所说，内蒙古的草原是一个非平衡系统。[3] 我在内蒙古的一些地区做研究，每年都去同一个地方照一张

---

[1] 平田昌宏. 人类和奶食品1万年［M］. 东京：岩波书店，2014.

[2] 拉铁摩尔. 中国的亚洲内陆边疆［M］. 南京：江苏人民出版社，2005：208.

[3] 王晓毅，张倩，荀丽丽. 非平衡、共有和地方性——草原管理的新思考［M］. 北京：中国社会科学出版社，2010.

照片，比如在呼伦贝尔，我每年去都不一样，2014 年 7 月的时候就是绿绿的感觉，但是 2017 年 7 月再去的时候就像冬天一样。因此，草原并不像农田一样基本固定产量，牧草每年的差异很大。我一直在思考我国牧区的一些政策是否充分考虑了生态的这种特征。比如治理沙尘暴的一些措施、草原的承包制是否充分考虑了这种非平衡的特征？这些是值得探讨的。

我在呼伦贝尔的田野调查点遇到了有意思的事情，草场承包之后，每户的草场都是长条状的，长度达 15 公里，宽度就几公里。嘎查有一条河，每家每户都要去河边饮牲畜，没有在河边分到草场的牧民怎么办呢？2017 年的时候干旱，我们去了就发现河边的围栏都没有了，我们就问牧民怎么把围栏拆了，牧民说干旱了就没有办法，不能就我们几户生活吧？就河边有点草，只能是大家有一个合作机制。是不是合起来用草场目前还在尝试过程中，但是我们的研究要考虑这些问题。生态补偿等政策也一样，不能作为一个临时的办法。实际上，草原牧区是人和牲畜、草的关系，人要依靠动物生存，禁牧之后怎么生存呢？这里的草原和五畜并不是随意安排的，它本身有生态原因，草场—家畜—人类（牧民）经过几千年的磨合，形成一个独特的生态系统，三者相互依赖，缺一不可。尤其人类要在这里实现可持续性，那么首先要保障资源的可持续性，草场和家畜都是可持续的资源（包括水资源——利用好了应该是可持续的）。人类要在这里生存，就必须依赖草场和家畜，草场和家畜是相互依赖的，缺一不可，但家畜的生存不一定依靠人类，家畜是人类为了生存而特意放养的动物。我们必须注意到这个生态链的结构，不能盲目改变这个结构。

生态人类学怎么做呢？大家都进城了好吗？也不一定。元上都是元朝的一个古都，怎么就消失了呢？很大程度上是因为粮食都是从大都等外地运进来，元朝末年农民起义，粮食运不进来，就没有了根基。现在牧区的问题要结合这个生态历史，将整个系统考虑进来才可以，生态政策不能单一种树种草，要全盘考虑。我们正在努力改善草原生态，这是值得乐观看待的地方，但是政策的制定与出台要有人类学者的参与，要有数据、证据作为支撑。

范：之前国家每年发布草原监测报告，近些年，开始对草原的生态状况出现比较乐观而积极的形势判断，比如 2016 年的全国草原监测报告中写到，“全国草原生态环境持续恶化势头得到初步遏制”。您长期在内蒙古工作和生活，您是如何看待内蒙古地区的生态变化成因及趋势的？

阿：对于草原的生态状况我是乐观的，这个应该和更大的生态系统联系在一起考虑。比如在今年（2020年）两会上，来自锡林郭勒盟的代表说草原上的矿产不要再开采。因为对地下水的影响很大，所以正在控制人类活动，如果可以等到达到不破坏环境的技术再开采的话，生态环境就有希望得到保护。对于现在的一些植被数据是否能够表示生态好转，争论还很大，比如是否有对照的历史数据、生物多样性怎么衡量等问题，但是好的方面是我们正在努力。

沙尘暴开始的时候，认为是羊养多了，那就禁牧，但是后来有人发现禁牧之后草的长势不好了，还有围栏之后草的长势不好了，定居点的周围沙化了，我们在控制人类行为的时候是不是考虑到了生态特征呢？直观数据变好了，是不是生态就变好了呢？还是需要认识草原生态的这种非平衡特点。比如今年的雨水好，生态就明显好，植物生长呈现繁茂状态，草场、家畜在直观上都呈现好的状态，牧民就特别高兴。但要是明年是旱年的话，风沙还是会起来，这是表面的直观现象。想要遏制“草原生态环境持续恶化”，那就适当控制人类对环境的破坏，遏制对地下水等关键生态要素的破坏，那样草场就会得到恢复。

范：您的多篇文章强调了草原地区是“干旱半干旱区”，因此水资源应该是一个关键因素。您认为目前的研究中，对于这一问题的关注度够吗？在牧区进行水资源的研究有哪些比较好的切入点？

阿：水资源很重要，杨庭硕老师写过一本书《人类的根基：生态人类学视野中的水土资源》，但是总体来说，在北方牧区的生态人类学研究中，水资源的相关研究还是不足。内蒙古很大面积属于内流区域，雨水不多，地下水很珍贵，地下水的积累是一个漫长的过程，如果把它开发出来，地下水枯竭了，这个生态系统可能被彻底破坏。干旱区水资源怎么利用得更好、当地人对于水资源是一个什么态度、工业化过程中水资源是不是一个限制因素，这些相关研究不多。在干旱区，水资源和社会文化非常相关，比如说互惠机制，一口井就是一个社会关系，是社会网络的关键点，相互的劳动和交换都有关系，是公共资源的问题。很多传统社会的东西值得挖掘，这对于牧区的持续性有所帮助，人们都有一个共同遵循的伦理，对于自然资源的开发和利用要遵循这一伦理，这样就可以达到资源和社会的可持续性。所以，水在内蒙古等干旱地区特别重要。我们曾经在田野工作中遇到巴彦淖尔的一个牧民，他家草场上有一眼井，一个开矿的进来之后，就从他家井里买水。我去南方开会讲了这个故事，很多老师就不理解怎么还用买水，这就是干旱区的特点，水成为形成社会关系网络的重要节点。生态人类学就应该告诉大家这一点，对于生态认识到位与否，直接决定着政策、生态项目等能否有效，生态人类学这方面的研究应该更多一些。在内蒙古，不仅家畜和草是资源，更深层次是水资源，把水土保持好，植被才会好，植被好了，才会有动物，我们需要对整个系统有所理解。生态人类学需要从更加浅显的角度、科普的角度告诉大家这个系统如何循环、本质特征是什么。

范：之前您发表了若干篇关于牧区现代化、工业化的文章，也提及了由于牧区的特殊性而在这个方面面临的诸多问题。现在是国家实施乡村振兴战略的关键时期，您认为草原牧区的乡村振兴与农区有什么区别，生态人类学研究者能够在哪些方面提供研究参考？

阿：草原上为什么游牧，因为当灾害来临的时候，牧民可以移动，过去牧民没有自己的草场，但是可以在全旗（县）境内移动，甚至跨旗（县）移动。移动是对不确定性的一种适应，比如 1977 年乌珠穆沁旗大雪灾，牧民就赶着牲畜走。有的时候，以家为单位进行管理，抗灾能力反而减弱了，如每家每户建好草场围栏，但是每家也不过那么几百亩草场，灾害来临的时候还是不能移动。因此，面对全球化的市场、灾害这些外在的挑战，牧民有没有内生力、有没有足够的能力来应对，不能按照过去的方式来衡量。旱年去牧区的话，觉得牧民非常艰难，传统上遇到旱年，饲养牲畜数量多的牧户生存概率就比较大，但是现在不一样了，按照（草畜平衡）规定饲养，这种情况下该怎么应对呢？把牧民的内生力问题解决好，持续性适应新的环境，才有可能实现乡村振兴。所以我在草原上做了一次调研，一些大的企业进入牧区之后，其实并没有带动牧民的发展，而是带动了城镇及周边企业的发展，牧民是否能够进入这个市场呢？我想可以打出牧民自己的有机品牌，利用网络平台进行销售，价格肯定会更高一些，以此利用当地的资源保障当地社会的可持续性发展。发展不一定非要外界援助，在保护草场和家畜质量的同时，牧民可以提高自己的生活并进入大的市场。前些年，内蒙古牧区的大部分地方建设“村村通”工程，牧区的道路、网络都建好了，牧民将产品卖出去就很方便了，不用过于依靠外界资源，可以主动从大市场获得利益。因此，政府在这方面可以做事情，把基础设施建好，牧民会自动进入大市场，这样既能保留合理的事物，比如微生物、物种等，又能获取收入。牧区不是非要变成城市才能发展，比如居住环境的改造，建好自来水、洗澡间、抽水马桶、取暖照明设备等，居住设备和城市的房子也差不多，对草原环境没有污染。

牧区也存在人口进城的问题，年轻人出来受教育，剩下一些老人在牧区看着牲畜，整个中国农村都面临着这个问题。日本也存在这个问题，老人管牧场和农田，年轻人到大城市工作。但近年来内蒙古地区也有一些回乡的例子，比如前段时间我去一个小镇上，遇到两个年轻人，从内蒙古农业大学毕业，经营了奶站，还做一些奶制品，打出有机品牌。大城市的就业压力比较大，回到乡村也是一种出路。去城市的原因是基础设施好，接受教育和享受医疗服务和更加便利的生活，如果农村能够提供这些，那么人们回到农村也是可能的，发展总不是只有一条路。我在呼伦贝尔调研的时候，那边的城市人喜欢喝马奶，有一个牧民就在自己家弄了发酵的机器，然后把马奶卖到城里，每年的收入也是很可观的。放羊、畜产品的加工过程中，要引入现代的科学技术和机器设备，这样才可能提高利润，在家里做产品加工，比如养殖500只羊的牧户可以建立一个小型的冷库。由此可见，牧区的现代化不一定非要进城，也可以把技术等拿到草场来，卫生条件达到了，包装解决了，完全可以自己销售到市场上。

现代化和城市化不能画等号，城市化是工业化的结果，但工业化并不是单一的人进城的问题。现在很多牧民，尤其年轻人都在思考如何产业化的问题，如何保持产品特色，有机产品在市场中占有一席之地的问题，这个很重要。政府应该在这方面给予扶持，我的意思不是盲目导入外来的现代化，而是让牧民自发性地改善其产品，主动进入大市场，主动销售畜产品，而不是被动等待。这样现代化的成效会更好。

范：游牧是草原文化传承的载体，但是游牧又经常在主流话语中成为“粗放、落后”的代名词，那么您认为草原文化该如何在现代化的语境中传承与保存？

阿：“粗放、落后”是文化偏见——这种先进与落后的“二元对立”概念，人类学不怎么用，人类学学科理念是要为弱者说话，致力消除种族之间的偏见。首先搞清楚什么是现代化？现代化的标准是什么？我认为现代化是一些要素的变化，比如机械化，游牧的方式也可以现代化，现在，发达国家如新西兰、澳大利亚等也有游牧。乡村有乡村的好处，城市享受不到广阔的土地、舒适的环境，乡村也可以现代化，比如收割机、播种机、打草机、搅拌机、发电机的使用，不能说是落后的。用安东尼·吉登斯（Anthony Giddens）的理论理解现代化可能就更复杂了，目前我们讨论的还是表面上的现代化，人们可以从很多方面体现现代化，目前乡村已经吸收了很多现代化的要素。

此外，乡村里面的很多知识是值得我们学习的，比如生态人类学经常研究的本土生态知识，本土知识对于当地资源的利用、减灾抗灾都有作用，应该看到这些优点。牧民有自己的一套生态知识，我们的学者应该向牧民学习，生态学家刘书润教授就这么讲过。[1] 此外，生态人类学还可以从营养的角度去看先进和落后的问题，比如乡村人可以轻易获取蛋白质、维生素等营养要素，身体好、更健康难道不是生活好的一种表现吗？还有抗灾能力，比如疫情面前，其实城市人很脆弱，但是牧区或者乡村人可能由于抵抗力比较强、食物中获取的蛋白质含量充足等因素而能更好地应对疫情，这是不一样的生态。回看人类文明历史，文明的起源都和一些灾难相关联，每一次人类面对灾难的时候，有一些社会有它自己的应对机制，比如草原牧区就有类似的应对机制需要我们去挖掘，从不一样的价值观去理解它。生态人类学的研究就是要欣赏这种多样性以及这种价值。

范：谢谢阿拉坦宝力格老师的分享，我们收获良多。

（该文曾发表于《三峡论坛》2020 年第 6 期，此次收录文字略有改动。）

[1] 刘书润. 这里的草原静悄悄：刘书润解说草原生态和文化［M］. 北京：知识产权出版社，2012.

崔明昆教授访谈录（上）

——个人学术历程中的生态人类学思考

崔明昆教授简介

汉族，1958年生，云南昆明人。1977年考入云南大学，先后获理学学士、理学硕士和法学博士学位。1993—1994年国家公派赴澳大利亚新南威尔士大学进修。云南师范大学生命科学学院教授、云南大学民族学与社会学学院外聘教授。主要从事民族植物学和民族生态学的跨学科研究。先后主持、参与国家级、省级科研项目10余项，著有《象征与思维——新平傣族的植物世界》《民族生态学理论方法与个案研究》《西部民族志通志·生态卷》等专著。在《中国社会科学文摘》《思想战线》《中央民族大学学报（哲学社会科学版）》《中南民族大学学报（人文社会科学版）》《云南师范大学学报（哲学社会科学版）》《广西民族大学学报（哲学社会科学版）》《生物学杂志》《生物学通报》《资源科学》等中英文刊物上发表论文50余篇。

访谈者：翟淑平

访谈时间：2020年11月

崔明昆教授长期从事生态人类学、民族生态学、民族植物学等领域的研究，具备生物学、生态学与人类学的跨学科优势，在丰富的学术历程和扎实的经验研究中，形成对生态人类学的独到见解。

翟淑平（以下简称翟）： 崔老师，您好！非常感谢您能接受我们的访谈，让我们有机会向您请教生态人类学这个学科中的一些问题。这次访谈主要从四个方面向您请教：第一，您个人在生态人类学方面的研究历程、学术关注点的变化过程。第二，您如何看待生态人类学在中国的发展和变化？目前该学科存在的问题有哪些？未来的发展方向和路径是什么？第三，中国生态人类学如何基于自身的历史资源、传统资源、现实资源生发出新的理论和方法增长点？第四，生态人类学如何在应用性的基础上获得更具哲思性、普遍性的意义？

崔明昆（以下简称崔）： 好的，很高兴能有这样的机会谈谈我自己对生态人类学的一些想法，谢谢。

翟： 首先，请您讲一下您的学术历程，尤其您从自然科学（植物学）转向生态人类学的具体过程，这个学术转变过程给您的学术研究和思考带来了什么变化？

崔： 说到我的学术经历还是有点特别，我经历了两个学科的训练和研究，说句玩笑话，这两个学科在西方曾一度被称为“贵族学科”，即植物（分类）学和民族学，这是从学科的起源上来讲，西方最早从事这两个学科的人大都为贵族。民族学不用讲了，植物分类学是由瑞典人卡尔·冯·林奈（Carl von Linné）爵士创立的，林奈建立了植物分类学的等级与分类系统，即每一种植物在林奈系统中都有特定位置，植物学家所要做的工作就是对植物进行命名，并将其安排在林奈创立的等级系统中。而这些工作是没有什么经济效益的，只有贵族有时间和金钱来从事这一研究。应该讲，我能从事这两个所谓的“贵族”学科还是有点意思的。当然，这是开玩笑的话。言归正题，我的学术经历还得从我的求学经历和后来的工作历程谈起。

我是77级的学生，是恢复高考后的第一届大学生。在上大学以前，我还下过两年多的乡，当过知青，也做过几个月的工人（县邮电局乡邮员）。恢复高考以后，我考入云南大学生物系学习，专业是植物学。我们这一级是比较特殊的一级，是“文革”结束后第一次考大学。当时我们下乡在农村，听到要恢复高考的消息时，就想着要报考大学。但当时我们受的教育不怎么完整，只能先看看手边能够找到的书籍，最早复习的就只是数理化。高考通知出来以后，说是要分文理科，原来我们没有这种概念。除了必考的科目，文科要考历史和地理，理科要考物理和化学。当时我们手边能够找到的书主要还是数理化方面的。说实在的，当时在中学也没有学过历史和地理，而我本身读中学时，对文科比较感兴趣，理科嘛，还能凑合。1977 年高考通知出来后，因为当时我找不到历史和地理教科书，也就没有抱多大希望，就只好报了理科，想着第一年不行，第二年再考文科，没想到考上了云南大学生物学系植物学专业。我本来报考的是云南大学的化学专业，当时还不知道有生物学学科，更不知道有植物学这个专业，所以拿到大学通知书，我还有点吃惊。当时我们的大学录取通知书还是“文革”那时候的格式和条款，比如通知书的红印是云南大学革命委员会，当时我印象很深。因此，我进入云南大学生物系学习，实际上是一个偶然。到了大学，我们是第一届，正规的教科书很少，我们的很多教材是油印本。但是很幸运，大学期间，植物学专业里面的很多著名教授都给我们本科生上课或做过学术讲座，比如曲仲湘、朱彦丞、杨貌仙、孙必兴、姜汉桥等，当时他们都是著名的植物学家。尤其是曲仲湘和朱彦丞两位老先生，他们是我国植物群落学的著名学者，在生物学界名气很大。曲仲湘先生早年被公派到美国学习生态学，1948 年获硕士学位后回国，任复旦大学生物系教授和南京大学生物系兼职教授，1956 年，全国高校院系调整，他带着一帮年轻学者来到云南，任云南大学生物系教授、系主任。曲先生不仅是我国植物群落学英美学派的代表人物和领军人物，还是我国环境科学的奠基人，在我国首先倡导创立环境科学，还在云南大学生物学系创立了污染生态学这一应用型学科。朱彦丞先生是我国植物群落学法国瑞士学派的代表人物，早年在法国留学，攻读博士学位的时候，他的导师 J. 布隆-布朗克（J. Braun-Blanquet）是这个学派的创始人。朱彦丞跟随布朗克，主要研究阿尔卑斯山和地中海沿岸的植物群落，并获博士学位。1946 年回国后，他在中法大学生物系任教授，1947 年来到云南大学生物系任教授，曾任云南大学教务长、生物系主任。植物学界有一个说法，当时植物群落学世界上有三大学派，除了这两个学派外，还有一个苏联学派，而云南大学生物学系就有英美学派和法国瑞士学派。这两位老先生也给我们上课或做讲座，我们这一届学生还是比较幸运的，能够聆听到国内这些顶尖大师的教学。

大学毕业后，我被分配回到我原来考大学的地方——云南省文山州，就职于文山壮族苗族自治州民族干部学校。1983 年，我重新考回云南大学生物学系植物专业，攻读硕士学位。1986 年，研究生毕业后，我被分配在云南教育学院生物系任教，1993—1994 年，国家公派我到澳大利亚新南威尔士大学进修学习一年。1999 年，云南教育学院和云南师范大学合并，我到了云南师范大学生物系，后来改名叫作生命科学学院。我研究生毕业后，一直在大学从事植物学研究，尤其孢子植物学研究。当时在学院中，我的教学工作主要是植物学，包括植物形态学和植物系统学，后来又从事生态学的教学。2000 年，我看到云南大学招博士，尹绍亭老师招的研究方向叫文化生态学，我觉得很符合我的专业和自身兴趣，虽然当时我在从事理科的教学工作，但是我中学留下的对文科的兴趣一直存在。看到这个招生以后，我想，文化生态学可能也是属于生态学，所以当年就考上了尹绍亭老师的博士研究生，一直跟着尹老师学习了四年，在他的指导下，我完成了博士论文。我的博士论文主要研究云南新平傣族的传统植物知识，其中包括关于当地人对植物的利用、认知等方面的探讨。在尹老师的指导下，我做了扎实的田野调查，前后经历了两年多的时间，一直到我博士论文答辩以前，我都还下去做田野调查。我是 2004 年 5 月答辩，我在 2 月完成毕业论文的初稿后，又下去做了差不多一个月的田野，回来修改论文。我觉得，我很幸运地在尹老师的指导下完成了从理科到文科的转变，实现了我中学时候的一个梦想。

至于学术背景转变带来的思考和转变，我想主要有两点：第一，我觉得，我的博士论文研究，以及后来的生态人类学研究，与之前的生物学研究相比，最重要的变化是加入了“人”的因素。以前我从事的是理科研究，不太重视人的因素，有的时候为了所谓的客观性，有的学科例如植物地理学，研究植物在地球表面的分布规律的学科，往往把人为因素剔除掉，只有这样才能够更客观地反映植物在地球上的分布情况。然而，当我们从事生态人类学的研究面对生态环境及其问题时，首先要考虑的是人的因素，这与现代生态学有着某些共同之处。生态学分为经典生态学和现代生态学，其中经典生态学分为四大部分，分别是个体生态学、种群生态学、群落生态学、生态系统生态学。现代生态学除了经典生态学的研究内容外，最重要的就是把人纳入生态学的研究对象里，把人看作生态系统中的一员。我觉得这种思想与生态人类学有些不谋而合。第二个转变就是在生态人类学研究中，要用适应的观点来看待研究对象即民族文化。也就是说，在研究过程中我们要尊重当地人的文化。从生态人类学的角度来看，每一个民族在生存发展过程中，创造了和环境相适应的生态文化。不同民族之间的文化可能会有比较大的差别，即民族文化具有独特性。所以生态人类学研究首先要抛弃文化中心主义，用宽容和包容的态度，用文化相对论的观点来看待民族文化。否则，我们的研究就可能有失公正，我们今天一再倡导的构建中华民族共同体的愿望就只能是一句空话。

这一学术思考和转变对我后来的研究也产生了一定影响，例如 2008 年我参加了中国科学院地理资源环境所主持的国家基础工作专项——“澜沧江与大香格里拉的科学考察”，负责民族文化方面的研究。在整个考察过程中，我始终应用“适应”与“他者”的观点来看待民族文化。“澜沧江与大香格里拉的科学考察”是一个很大的研究项目，时间跨度前后达三年多，主要是沿着澜沧江流域进行考察，考察的内容包括澜沧江流域与大香格里拉地区的地质地貌、土壤水文、气象气候、动物植物，以及社会经济与民族文化等，考察范围从澜沧江的起源地青藏高原一直到境外的湄公河流域。考察的民族文化主要涉及藏族、彝族、纳西族、白族、傈僳族、拉祜族、独龙族、普米族、怒族、佤族、布朗族、瑶族、基诺族、傣族、阿昌族、德昂族和景颇族等民族。考察中，我较好地运用了生态人类学的理论和方法，圆满完成了科学考察任务。

翟：您从理科转变为文科，您之前的植物学、生态学背景对于您后来从事文化生态学研究尤其当地人的植物分类、认知等具有怎么样的影响？文理结合在您的田野调查中会不会带来相应的便利？

崔：要回到这一问题，还得从我的博士学习和研究谈起。入学之后，在博士课程的学习中，我发现这个领域完全超过了我原来的想象，人类学或者民族学是一个包容性很强的学科，从事这一领域学者的学术背景多样化，既有人文背景的，也有理工科背景的，所以我觉得我应该能够适应。第一年，我主要通过大量阅读人类学民族学的经典著作和课程的学习，较快地进入该领域。能够在人类学方面学下去，一方面是延续我本身对人文学科的兴趣，特别是从中学开始的兴趣；另一方面跟人类学本身的学科有关系，如前所述，由于学科巨大的包容性，各种学术背景的人都能够在其中找到自己的位置。我结合自己的学术背景，希望从事和我原来背景相关的研究，这样我的博士论文选题就应该能够胜任。当时在学习过程中，除了导师指导外，我查阅了大量资料，了解到，在人类学界，有一帮学者在做一个我们尚不熟悉的领域，这就是认知人类学中有关于民间植物分类和认知的研究。后来，经过多次田野调查，我了解到，在云南新平县的红河流域分布着一个花腰傣的族群，他们很特别，与西双版纳的傣族在文化上有很大差别。比如说，他们不信仰小乘佛教而信仰原始宗教，至今仍保留着自己独特的文化传统。经过多次调查发现，他们对植物有着一套独特的认知方法，于是我就把博士论文的选题锁定在新平花腰傣的植物传统知识的研究上。田野调查始于 2001 年底，终止于 2004 年 3 月。我本身是在职的，没有脱产，既要上班、从事教学工作，同时在学院还任教学副院长，分管本科教学，所以我做田野工作也是断断续续，在下面做上三五个星期，又回来，然后又下去，所以我的田野时间还是比较长的，前后历经两年多，累积起来应该超过十二个月。我对我博士论文的匿名评审还有点印象，因为答辩的时候要宣读，评价还可以，有两个优、一个良。我对我的博士论文比较满意，我的导师也比较满意。从我的研究来说，延续了我自己原来的背景，从植物学到人类学，再到民族植物学，这条路径基本上是一个连续的过程。

文理结合在我的田野调查中也带来相应的便利。我经过人类学的训练，掌握了田野调查的基本方法，在具体的田野调查过程中，我将人类学的田野方法和植物学的野外调查方法进行有机结合，收到了事半功倍的效果。例如，在新平傣族的植物传统知识调查中，通过人类学的方法了解了当地人在植物的象征、民间植物分类以及采集植物的利用等方面的文化内涵，同时，对这些植物进行了标本的采集制作及其鉴定，让每一种文化植物都有其拉丁学名。这种民族学的田野方法和植物学的研究方法相结合所书写的植物民族志或许在我国的民族学领域并不多见。

翟：从您的学术成果来看，您的关注点很广泛，如民族植物学、人和动物的关系、生计方式、本土生态知识、理论和方法的思考、现实生态问题等，您能否系统地谈谈您的研究领域，以及在研究中遵循着怎样的理论和方法路径？

崔：我的研究领域涉及方面比较广，用一句现在比较通俗的话，就是比较杂，实际上我变成一个杂家了（笑）。我一直游走于生物学和民族学之间。在生物学方面主要从事的是植物学的研究，而且是经典的植物学研究，比如说，我的教学和研究是植物分类学、植物地理学、植物生态学，是纯粹的理科，发表的论文也为理科的刊物，如《生物学杂志》、《生物学通报》、《资源科学》、《广西植物》、《中国农学通报》、*Asian Agricultural Research* 等。在民族学方面主要从事民族生态文化以及地方性知识的研究，更多的是民族学与植物学相结合的跨学科研究，在《思想战线》《中央民族大学学报（哲学社会科学版）》《中南民族大学学报（人文社会科学版）》《广西民族大学学报（哲学社会科学版）》《云南师范大学学报（哲学社会科学版）》《广西民族研究》《贵州社会科学》等期刊上发表，有的文章被《中国社会科学文摘》和《中国人民大学报刊复印资料》转摘或全文转载。我在云南师范大学是植物学和生态学的硕士研究生导师，招收植物地理学、系统植物学、植物生理生态学方向的学生。在云南大学，我是民族生态学的硕士导师，招收民族生态文化、地方性知识方向的学生。从职称上来讲，我是生物学的教授；从学位上来讲，我是民族学博士，因而是名副其实的“杂家”。然而，遗憾的是，无论在生物学领域还是在民族学领域，我都未能带出一个真正跨学科的学生。

虽然作为“杂家”，但我的学术亮点仍在民族学领域，这又得回到我的博士论文。从我的体会来说，念博士最困难的是博士论文的研究，而选题就很重要，但愿我的求学经历对民族学的学生有所启发。学位论文的选题要充分考虑自己的学术背景，对我而言当然就是植物学的背景。怎样把植物学的背景与人类学研究有机地结合起来，这可能是我研究成败的关键。所以，通过查阅资料、导师指导，我选择了傣族的民间植物分类、认知、利用这个研究方向。我博士论文的研究由几个大的部分构成：第一个是植物的文化象征；第二个是民间植物的利用，比如说药用植物、野菜采集这方面的；第三个是民间分类。而从事民间分类的想法是，通过对傣族民间植物分类的研究，看能否发现里面的文化内涵，从而了解当地人对植物的认知，也就是说，当地人是如何看待和安排植物的。通过研究我发现，在新平傣族的民间中存在一套所谓的民间分类体系，或者说民间植物分类学。可以说，民间植物分类学是我论文的重要部分，也是其创新之处。2009 年，国际民族学大会在云南召开，由云南大学主办。为了迎接这个大会的召开，尹绍亭先生主编了一套丛书，把我的博士论文纳入这套丛书的出版计划中。出版前，编辑和导师认为我的题目太理科化了，我原来的题目是《云南新平傣族植物传统知识研究》，他们一再建议我更改题目，认为这个题目不太符合文科出版的要求。所以后来我将其改成《象征与思维——云南新平傣族的植物世界》，同时增加了一些新的内容，主要讨论了植物的象征与思维的关系，我将其称为“土著植物与逻辑思维”，通过土著民族或者原住民对植物的认识来看他们的逻辑思维。我在书中重新梳理了这一部分，我认为民间植物分类体系是一种逻辑思维。我从云南新平傣族的植物命名规则、分类体系得出了他们的认知图式和认知框架，把民间植物分类和科学分类（也就是植物分类学的分类）做了一个对比。在认知人类学，或者说生态人类学对民间植物进行分类之前，人们通常认为原住民对植物的认知与分类是杂乱无章的、支离破碎的、不成体系的，他们只认识有毒的、有用的、可以食用的植物。通过研究，我认为原住民的民间植物分类学有一套命名的方法、分类的等级，类似生物学中的“界、门、纲、目、科、属、种”这样的分类体系。我把新平傣族民间植物分类与科学分类做了一个对比，我的结论是，科学分类并不是人们认识植物唯一的正确方法，换句话说，民间分类也是人们认识植物的一种正确方法。通过科学分类和民间植物分类的比较，在“种”的水平上能达到百分之八九十的对应关系，这是一个很重要的方面。因此，我们应该抛弃唯科学论、唯植物学的分类论，不能认为只有植物学的分类才是正确的。民间植物分类有自己的体系，可以和科学分类相比较，我们不应蔑视这一分类体系。

说到研究过程中遵循的理论和方法路径，我觉得并没有现成的东西可以遵循，作为一门交叉学科，如果非得说一点要遵循的东西，我觉得可能要从交叉学科本身的特点来谈。从事交叉学科的研究，应该要具备这两个学科的学术背景或这两方面的知识，对生态人类学研究来说，既要有人类学知识，也应具备生态学知识，掌握一定的生态学基础理论和研究方法。只有这样，才能将两者结合起来，做成真正的跨学科研究。以我自己来说，我本身是植物学出身，有植物学背景，博士阶段受过人类学训练，所以在做研究时，就要把民间植物分类对植物的认知和命名与科学研究的命名对应起来。例如，在民间植物分类里面，对植物的基本分类单位，北美的学者称之为民间属，我也沿用了他们这一套理论。科学的基本分类单位是种，要把民间属和科学种对应起来，如果不知道植物的科学名称，做起来就会比较难，因为不认识这个植物，不知道拉丁学名，就没有办法进行比较。所以要具有植物学的背景，才能顺利完成民间植物分类的研究。

通过国内和国外学者的研究，我觉得也能说明学科的交叉性这个问题。比如美国生态人类学家哈罗德·C. 康克林（Harold C. Conklin）在菲律宾做哈鲁喏人（Hanunoo）的植物传统知识博士论文的研究时进行了长期的田野调查。他本身也是植物学出身。另外一位美国人类学家布兰特·柏林（Brent Berlin），他的很多研究都是和生物学家共同完成的，他长期和植物学家一起进行田野调查，20 世纪 70 年代，在美国的 *Science* 上发表过很多研究成果，也出了很多书。我们今天进行民间植物分类研究的很多方法和框架都是来源于柏林这一套体系。而他之所以能完成研究，很大程度上在于和植物学家的合作。所以，要真正完成跨学科研究，研究者一方面要具有跨学科的背景；另一方面要进行不同学科的科学家之间的合作，否则，所谓的跨学科仅仅限于名称上，没有多少实质性的内容。我认为跨学科这一点可能是一条所谓的路径。

翟：可不可以这样理解，植物学里面的分类方法也是一种所谓的地方性知识，因为确立这种方法也是建立在一种地方知识的基础上，不那么具有普遍性？

崔：你说得很对，从植物分类学的起源上来看，是源于民间植物分类。今天讲的科学分类起源于瑞典植物学家卡尔·冯·林奈的体系。从我的理解来看，科学分类最早也是源于民间分类。美国学者柏林等曾经在世界著名期刊 *Science* 发表过《民间分类学与生物分类》和《分类学的起源》两篇文章，专门讨论民间分类和科学分类的关系问题。因此，从民间分类到科学分类，这两者之间存在必然的联系，否则，它们之间就不存在可比性了。所以，民间分类知识是人类知识体系中的重要组成部分，然而这一知识体系正在被人们所遗忘，这正如法国学者 R. 舍普（Ruth Scheps）在其著作《非正规科学：从大众化知识到人种科学》中所说的，林奈建立的分类体系是我们认识植物的重要方法，但也带来了一个副作用，就是这种分类体系出来后，它使唯科学主义者蔑视“大众的”植物学知识，人们抛弃了原住民或者民间对植物的分类体系。因此，从生态人类学关于传统知识的视角来看，林奈的分类体系也不过是西方的一种地方性知识，是西方人对植物分类的一种看法而已。

翟：从您的研究经历，我们看到了跨学科研究的重要性，请您通过一些具体的事例谈谈生态学理论在生态人类学中的应用及其意义。

崔：很高兴回答这个问题。生态人类学本身就是一个交叉学科，生态学理论或多或少会运用到人类学的研究中。从我自己的研究来讲，我对生态学理论在生态人类学的应用也有一些关注。我在《民族生态学的理论方法与个案研究》以及《中国西部民族文化通志（生态卷）》这两本书中有专门的章节来讨论这个问题，即“传统生态知识的科学阐释”，用科学的方法来阐释传统生态知识。其中包括西双版纳傣族的生态观、哀牢山哈尼族生存空间的生态学意义、云南高黎贡山傈僳族狩猎文化的生态学原理以及高山游牧的生态学原理。书中的内容在此不再赘述，现在我想谈生态学的几个理论在生态人类学里面的应用，一个是“中度干扰理论”，另一个是“最佳觅食理论”，还有就是“生态系统概念”。

首先来看中度干扰理论。这是来源于生态学的一个分支学科，即生物群落学。这个理论认为，在中等干扰的情况下，生物群落会保持较高的生物多样性，这可能和我们一般的认识有一些矛盾，比如说受到媒体的影响，都是强调保护，认为保护得越详细，保护的级别越高，生态环境就越好，生物多样性就越高。因为我们往往认为，干扰较少才有利于生态环境的保护，以及生态系统的恢复，但中度干扰理论在某种程度上会颠覆这种认知。我想以生态学家的一个简单试验来说明中度干扰理论的具体内容。生态学家在海滩上做过一个简单但有趣的试验，周期性的潮汐会对海滩的环境造成一种干扰，为了了解这种干扰的效果，生态学家对海滩上的大、中、小三种石头进行了对比试验。试验开始时，清理掉这些石头上面的所有生物，包括藻类和动物，然后将三种大小的石头摆在相同的位置来进行观察。经过一段时间的实验，观察到的结果很有趣：大、中、小三种岩石上面生长的藻类植物平均数分别是 1.7 种、3.7 种、2.5 种。对于这个结果，生态学家是这样解释的：潮汐的力量不能够搬动大岩石，上面的生物多样性比较少，而小石头被潮汐的力量反复翻动，上面的生物多样性也比较少，而中等石头，风浪能够搬动，但又不能把它们打翻，只会有一些小的移动，上面的生物多样性最丰富。因此，生态学家把大石头的潮汐干扰叫作轻度干扰，小石头的干扰叫作重度干扰，而中等石头的干扰叫作中度干扰，并由此提出了中度干扰理论。这个理论在后来的生态学研究中得到了应用，被应用于资源的管理上，比如渔业、海上养殖也要进行中度干扰，要进行一定捕捞，否则鱼的数量就会固定下来，从而影响产量。又如在草原的管理上，如果采用完全封闭式的管理，完全禁牧，几年后，表面上看起来草长得很好，但实际上很多是有毒的，能够被牲畜利用的数量和质量都是下降的。相反，从生态学的角度而言，草原应该进行适度干扰，当然重度干扰也不行，也就是我们所说的过度放牧，而适当放牧能够保持良好的草原草种，也就是适合牲畜吃的草种。如果完全禁牧，牲畜不能吃的杂草就会生长起来，反而会影响草原的生态系统。另外，对资源的管理，例如自然保护区里面对动物的保护，现在的一些政策也能看到一些过度保护的问题，这就是完全禁止狩猎，甚至当地人出自自我保护偶尔伤害到保护动物，都可能触犯法律。而实际上，在北美一些应用生态学家看来，自然保护区里，适当狩猎有利于动物种群的恢复，因为种群的过度增长会对生态环境造成压力。比如在北美一些自然保护区，允许适当地狩猎，一般要交一些高昂的费用，在规定的时间和地点去狩猎。生态学家认为，他们狩猎到的都是一些老弱病残的动物，并不会影响生物多样性和种群整体的稳定性，反而有利于生物的多样性和种群的增长。今天我们能够看到，在自然保护区里，实际上存在人和动物冲突的紧张关系，这可能是过度保护所造成的结果，如果动物的种群数量增长超过了生态环境的容量，动物就会跑到周边觅食，侵占农田，和人发生冲突，例如西双版纳热带雨林里的人象冲突，大山中的熊、猴子等对当地人生产和生活的危害，以及对当地的生态环境造成的负面影响，甚至威胁人的生命安全。若是换一个角度来看，当地人的权利也应该受到保护。从中度干扰理论来看，适当干扰有利于种群生物多样性的稳定，增加生物多样性。我们在生态人类学的研究中应用生态学的理论，应该可以关注草原的退化、人和动物的相处等问题。

其次是最佳觅食理论在生态人类学中的应用。这个理论来源于动物行为学，该理论认为，当环境中的资源相当丰富的时候，觅食者会倾向猎取他们偏好的食物，这会在食谱上表现出来，形成较为狭窄的食谱。简单来说，当环境中的资源丰富度增加时，觅食者的食谱会狭窄；相反，当环境中的资源减少，觅食者的食谱会变宽，会觅食一些平常资源丰富的时候它们不喜欢的食物。行为生态学里的这个最佳觅食理论被生态人类学家应用到人类学的研究中。例如，在美洲，生态人类学家研究了南美巴拉圭丛林中的狩猎部落，解释狩猎采集者随着时间和空间变化的生计变化规律，得出一个有趣而且重要的结论：狩猎采集者能够狩猎到不同的动物，采集到不同的果实，食物多样性丰富，蛋白质来源也是丰富的。而农耕者所依赖的食物却是相对单一的，多样性最低，往往食用种子，果实也较少，蛋白质的来源可能就是一些饲养的动物。这个理论对传统农业的优越性带来了一些挑战，农业的产生也许并不像传统的观点——比如19世纪进化论——所主张的那样，是人口增加带来压力，然后关注到种子比狩猎采集获取的动物和植物果实具有更高的效益，能够满足更多人的需求。实际上，从最佳觅食理论来看，随着环境的变化，比如说气候的变迁、森林的消失等，这样的环境干扰带来了食物的减少，尤其是大量动物的消失，在这样的情况下，人们被迫通过种植来获得食物，在这种被迫的选择下，人们只能选择单一的食物，也就是种植植物的种子，而这是一种无奈。

最后是生态系统概念在生态人类学中的利用。生态系统是生态学中的重要概念，是经典生态学的重要组成部分。生态系统概念的引入形成生态人类学中的一个重要理论流派——生态系统生态学流派。该理论认为，人是生态系统中的组成成分，人类在生态系统中的作用甚至可以像别的动物行为一样进行定量研究。生态系统概念应用的另一个例子是考古学。人类学家在研究美洲的人类活动中，借用生态系统的概念，以此重新定义了考古学关于文化的概念。根据生态系统的理论，考古学家认为文化不仅是各种器物的综合，文化遗物是人与环境相互作用的行为系统。这个理论在考古学中的应用具有很大的启发意义，把史前那些遗址看作人类和环境相互作用的结果，后来还形成一个学科，叫作生态考古学，就是把生态系统理论应用到考古学中形成的。生态考古学把生态系统作为一个大尺度的景观来加以研究，研究景观在时间和空间维度上的变化，以及景观内各种因素的相互作用和平衡。这是生态学理论在人类学或者说生态人类学中应用的例子。

翟：说到跨学科研究，请您谈谈另一个交叉学科——民族植物学在中国的发展状况。

崔：民族植物学也是一门交叉学科，是一个跨学科的领域，在我国的发展有其自身的特点。我对民族植物学在我国的发展做了一些简单的梳理，在这里谈谈我的看法，可能不成熟。

民族植物学的英文名称为 ethnobotany，从起源来看，民族植物学是二元的，来源于生物学和人类学两个方面，我将其称为生物学意义上的民族植物学和人类学意义上的民族植物学。从学科起源来看，民族植物学最早起源于生物学。1895 年，美国植物学家哈什伯杰（J. W. Haoshbdeger）首先在《芝加哥太阳报》上使用“土著植物学”（Aboriginal Botany）这个名词。他认为“土著植物学”是研究原始原住民利用植物的一门科学。1896 年，他在一个专业期刊《芝加哥植物学报》上发表论文时，换了一个名称，以民族植物学替代“土著植物学”。作为学科名称，民族植物学是研究原住民使用和进行贸易的植物状况的科学，通过对民族植物学的研究，人们可以搞清楚人与植物的关系，也可以了解植物的分布和传播历史，还能够确定古代贸易路线，为现代制造业提供参考和依据。民族植物学早期的研究主要集中在北美印第安人的居住地，是对当地民族植物的研究，其产生与资本主义发展初期寻找植物资源具有直接关系。后来，北美民族植物学家通过自己的研究不断完善民族植物学的概念，到了 20 世纪 40 年代，民族植物学在北美作为植物学的分支学科，地位被确立下来，并在世界范围内开始传播。这是生物学意义上民族植物学的起源。

在我国，生物学意义上的民族植物学研究最早发源于云南。1987 年，中国第一个民族植物学的研究机构——民族植物研究室在中国科学院昆明研究所成立，创始人是我国著名植物学家裴盛基先生，他是我国公认的民族植物学的开拓者和创立者。之后，中国的许多机构和大学也开展了民族植物学的研究。1995 年，内蒙古师范大学成立民族植物学研究所。其他还有南京中国野生植物研究院、中国科学院江苏植物研究所、中央民族大学、中科院西双版纳热带植物园、西南林业大学等研究机构，先后采用民族植物学的研究方法，开展了具有区域色彩的植物资源研究，尤其民族药物学的研究。1990 年 10 月，在昆明召开了第二届国际民族生物学大会，促进了中国民族植物学及其相关学科的发展。2000 年，中国民族植物学开拓者裴盛基先生当选为国际民族植物学学会主席，说明中国民族植物学的研究在国际上产生了一定影响，得到了国际同行的认可。经过三十多年的发展，我国民族植物学研究已经扩展到全国大部分省，特别是西部和长三角地区各个省市自治区，从事民族植物学的研究人员也大幅度增长，尤其大专院校、科研机构、自然保护区研究机构里都有人从事民族植物学研究。我国生物学意义上的民族植物学已经进入现代民族植物学的发展阶段，也就是说，可以利用现代科技手段研究当地人与植物之间的关系。现代科学技术的一些手段可以应用到民族植物的调查、整理、编目甚至化学成分的鉴定、多样性的分析、功能基因的评价，等等，这些研究为民族植物的保护和利用提供了依据，以及技术上的储备。无论是经典的，还是现代的民族植物学研究，本质上都是应用性的学科，其起源和发展都和对植物的开发利用密切相关。从研究的内容上来说，是将土著民族对植物的运用知识作为研究重点，是基础性的研究工作，早期主要是编目，就是首先了解民族植物的种类，然后将其编成一个名录。这是民族植物学的定性研究阶段，在此基础上开展进一步的定量研究，比如确定原住民对植物利用的数量，以及人们利用植物对植物资源的影响的定量分析、植物资源开发利用对生物多样性和环境的影响评价，等等。其中，对民族药物的开发利用方面的定量研究最为常见，例如，通过民族药物植物有效成分的化学分析，发现里面的有效成分，应用于制药等商业目的。实际上，很多大的制药企业一直在从事民族药的开发和利用，在历史上，很多所谓的商品药都是来源于民族药，例如喹啉的利用、屠呦呦对青蒿素的提取等实际上都源于民间对植物药的利用。

人类学意义上的民族植物学起源于认知人类学。我们知道，认知人类学是关于人类文化知识研究的学科，是了解作为群体的人类如何理解和组织周围的物质现象以及世界，这种研究从最具体的研究，例如对动植物的分类，一直到一些抽象研究，例如对正义的理解，这些都是认知人类学的研究内容。从起源来说，认知人类学的起源与民间植物分类有很大关系，20 世纪 50 年代，认知人类学起源于美国耶鲁大学的民间植物分类。民间植物分类与科学分类是相对应的，是存在于民间对植物的认知和分类的一种方法，有着像科学分类“界、门、纲、目、科、属、种”这样的分类处理。美国人类学家使用了一个词，民间植物分类学 Folk plant taxonomy。taxonomy 源于希腊语，由两个词组成：taxs 是有序的、整齐的，nomo 是事物、法律或一个学科。而 taxonomy 最早在生物学领域的使用者是生物分类学的祖师爷——瑞典植物学家林奈，意思是研究植物的有序的学科，即分类学。美国人类学家用“民间植物分类学”这个词，指的是存在于民间的、和科学分类相区别的对植物进行分门别类的过程或方法。我认为民间植物分类学是人类学意义上的民族植物学，当然，它们的重点可能有所不同。民间植物分类主要注重土著民对民间植物认知的分类体系，最早源于耶鲁大学的康克林。20 世纪 50 年代，康克林在菲律宾一个群岛“哈鲁喏群岛”进行田野调查，做他的博士论文研究，题目是哈鲁喏人与植物界的关系。他在 1954 年提交论文，该论文好像没有正式出版，但是其内容被列维–斯特劳斯在《野性的思维》一书中大量引用，人们才对其得以了解。《野性的思维》这本书反映出哈鲁喏人有着丰富的植物学知识，掌握了 1600 多种植物的名称，有 150 多种描述植物器官的专有名词，有点像植物学描述植物的根、茎、叶、花、果等，并有一套完整的命名方法。植物学的双名法，也就是两个拉丁词构成的学名，包括属名和种加词，合起来叫作科学名，简称学名。哈鲁喏人对植物的命名也用双名法甚至三名法。康克林的研究因为列维–斯特劳斯的大量引用而闻名，后来也有很多学者沿着他的思路进行了广泛的研究。例如，美国学者柏林通过与植物学家的合作，对墨西哥一个讲玛雅语的族群进行研究，也就是居住在中美洲墨西哥恰帕斯（Chiapas）高地上讲玛雅语的泽尔塔尔（Tzeltal）印第安人，他描述了这群人的民间植物分类、当地利用的植物产品以及植物在民族文化中的地位等。相关的研究成果曾经发表在 *Science* 上面，他提出了一套进行民间植物分类的研究方法。在我自己的研究中对民间植物分类和科学分类进行比较就应用了柏林的方法，即把它们的关系分成三个大类：粗分、细分、一一对应。粗分是指一个民间属（或者民间种）包括了几个科学种；细分指的是一个科学种划分为几个民间属；一一对应是指一个民间属对应一个科学种。

在我国，人类学意义的民族植物学研究早期也有人开展过类似民间植物分类的研究，比如西双版纳热带植物园的许再富、黄玉林发表过《西双版纳傣族民间植物命名与分类系统研究》；还有一些学者如王慷林、薛纪如的《西双版纳勐宋竹类资源的民族植物学研究》。这些研究或多或少都是有人类学意义的民族植物学研究。另外，王锦秀等在 *Conservation biology* 上发表过一篇英文文章，翻译过来叫作《民间植物分类系统与区域性物种多样性快速评估——以西双版纳为例》，也有一定的人类学意义的民族植物学的色彩。

回到我自己的研究，我国真正人类学意义上的民族植物学的研究可能是我的博士论文的研究。我主要应用了人类学的理论和研究方法，通过研究可以发现当地人丰富的植物学知识以及他们的思维和植物的关系、当地人对植物的情感、当地人精神生活中的植物。在我的论文里，这部分被归于植物的象征。我的研究里面既有以经验为基础形成的逻辑思维的民间分类的内容，也有以使用为目的的民间植物应用的研究。通过这样的研究，我认为，对于民族植物的研究不仅具有民族科学的科学性和实用性，也具有文化的阐释性。通过探讨植物和思维的关系，不仅能够获得当地人对植物分类的认知模式，还可以获取相应的世界观，从而发现隐藏在植物中的文化内涵。可以说，我的研究或许是我国人类学意义的民族植物学的研究，也应该是一个创新点，是跨学科研究。《象征与思维——新平傣族的植物世界》一书的出版可以说是我国第一部植物民族志的专著，我觉得具有一定的学术价值。

上面讲到的民族植物学两个学科意义上的概念的划分仅仅是本人的一点思考，不一定恰当，仅供学者们参考。

（该访谈上、下两部分曾经缩减后发表于《三峡大学学报》2022 年第 1 期，在本文集中以全文呈现。）

崔明昆教授访谈录（下）

——关于中国生态人类学的若干思考

翟：生态人类学传入中国之后，与民族这个范畴紧密结合，在民族生态学的视野下，大量研究关注“地方性知识”。您认为这种研究范式会不会带来研究视野的局限？将生态环境和民族文化对应起来，会不会带来一种“环境决定论”的回归？

崔：要回答这个问题，先要回到生态人类学为什么要关注地方性知识这个问题。从人类学的发展历程来看，它从一开始就关注到了地方性知识，只不过当时的人类学关注地方性知识不是重点，而是作为研究民族文化的副产品。人类学关注地方性知识与生态人类学的产生有一定关系。在生态人类学出现之前，人类学往往用文化来解释文化，这样的研究多了之后，显得大同小异，有一部分人类学家就开始用环境因素来解释文化，这里面就有环境决定论的成分，因而环境决定论成为生态人类学理论的一种思想来源。当然，生态人类学真正关注地方性知识是20世纪50年代的事。第二次世界大战后，随着全球经济的复苏，社会经济高速发展，产生了大量的环境问题，诸如大气污染、臭氧层空洞、温室效应、酸雨等全球性环境问题，使人们产生了困惑，即原来人们认为科学技术能够解决所有问题，也包括环境问题，但人们发现在大量环境问题面前，科学显得有些束手无策。

20世纪60年代，美国一些学者所写的诸如《寂静的春天》等书都表明，对于科学带来的环境问题，科学本身并不能解决。在此背景下，一部分人类学家、环境学家注意到，应回到原住民当中寻找生态知识和生态智慧，希望能够用来解决人们面对的环境问题。这种研究方法被人类学家称作逆向技术传递，也就是说，回到传统社会中寻找一些知识和技术来解决今天的环境问题。这些学者认为，在传统的社会当中有一些关于保护自然和生态的知识，即本土生态知识，或者说地方性知识，有时候也称作生态文化。

关于生态文化在今天的作用，我想通过下面两个例子来加以说明：第一个例子是西双版纳傣族的自然生态观。傣族有一个谚语，“森林是父亲，大地是母亲，天地之间，谷子是至高无上的”。这种生态观和我们生态学的观念是相吻合的。傣族人认为，在人与自然的关系上，有森林才有水，有水才有田，有田才有稻子，有稻子才有人。所以，傣族的传统知识里面很重要的方面是保护水源。对傣族的自然生态观以及水资源的保护，云南社会科学院郭家骥教授做过系统研究，很多文章和专著都是研究西双版纳傣族的稻作文化，提到很多具体案例。从这种土著生态观中，我们应该受到一些启示，去处理好人与自然的关系。傣族人在森林、水、田、人等因素的重要性排列方面，把人排在最后，这对于今天反思人类中心主义有一定启发意义。郭家骥教授认为，这种朴素的自然生态观，以及西双版纳傣族信奉的南传上座部佛教造就了傣族热爱自然、保护森林、保护水源、珍惜粮食的美德，这种生态观对当地的生态环境起到了很重要的作用。20 世纪 50 年代以前，西双版纳的自然生态保护得很好，而现在出现了很多问题，例如橡胶树的大量种植造成了对热带雨林的破坏，等等。在这种情况下，傣族的自然生态观对于我们今天保护生态环境有比较大的启发，尤其对人类中心主义的反思和批判。

第二个例子是美国新墨西哥的祖尼人。祖尼人有传统的生态管理知识，包括对土地、水源、园艺农业等方面的管理，他们传统上建立了雨水农业、干旱农业、栽培灌溉农业、洪水控制农业等管理系统。这种知识是他们在长期的环境适应中形成的，但是在 19 世纪末期被美国政府强制性地加以抛弃了，最主要的一个原因是，随着水坝的大量修建，当地祖尼人被迫放弃了传统的生态知识，这引发了一系列生态环境问题，例如洪水泛滥、土地退化等。20 世纪 50 年代，祖尼人不断奋争，通过和政府打官司，最后，联邦政府给了他们一定的补偿，而且允许他们根据自己的传统方式对土地进行耕种、管理和治理，使当地生态环境得到了一定的恢复。祖尼人传统生态知识的复兴与应用对生态治理具有重要的启示作用。

以上这两个例子说明，生态人类学关注地方性知识并不会局限研究视野，相反，它可以开阔人类学家的视野，使人类学家在面对生态环境的退化以及生态环境治理的时候，多了一种选择，也就是前面所说的逆向技术传递。这也许是生态人类学家对本土生态知识关注的内在原因。

在国内，对于生态知识的挖掘和整理并应用到生态恢复当中，生态人类学家做了大量工作。吉首大学的杨庭硕、罗康隆教授团队在这方面做了很多工作。另外，杨庭硕教授在《原生态文化学刊》上专门开辟了一个长期的栏目，叫作“本土知识与生态建设”，每期都有相关的2~3篇文章。多年来，这个栏目受到了学者们的关注和读者的欢迎。杨庭硕教授开办的栏目也能够说明，关注地方性知识，对于生态建设和生态恢复具有重要作用。

关于将生态环境和民族文化对应起来会不会带来环境决定论回归的问题，我想谈一些看法。我们知道，生态人类学的产生与环境决定论有很大关系，环境决定论实际上是生态人类学理论的一个重要思想来源。生态人类学最早的流派，例如，斯图尔德的文化生态学，就源于对北美印第安人的文化研究。斯图尔德在研究中看到了人和环境的互动关系，因而将环境概念引入生态人类学的研究中，创立了文化生态学。他通过考察环境对人的影响、对文化选择的限制，了解到人们如何理解、利用和改造环境，从而挖掘出文化的适应理论和文化生态的概念。他对文化生态学下了一个定义：文化生态学是研究特定的生态环境与文化之间相互依存和平衡的学科。因此，有的学者把斯图尔德的文化生态学看作一种弱环境决定论。从文化生态学这个例子可知，生态人类学和环境决定论有千丝万缕的联系，但我们也不能把生态人类学说成环境决定论。当然如果我们一定要把这两者扯在一起，也可以把生态人类学——就像斯图尔德的文化生态学一样——看作弱环境决定论。这样说可能不太恰当，因为环境决定论在历史上名声不太好，尤其环境决定论里面的气候决定论，认为气候不仅决定民族的人格，还决定政治体制和宗教。环境决定论很容易陷入文化中心主义。再者，从人类学的研究来看，环境决定论肯定是不对的，比如相同的环境会有不同的文化产生；反过来，不同的环境可能会产生相同或相似的文化。所以，不能简单机械地将文化和环境对应起来。因为一个民族的文化除了环境因素，还受历史、社会等因素的影响，因而就有所谓的可能论。可能论也称或然论，是指在人与环境的相互关系中，环境并没有直接决定文化，而只是限定了某些文化现象出现的可能性。环境包含着许多可供选择的可能性，至于哪种可能性能够转变成现实性则取决于人的选择。从环境决定论到可能论有一个历史过程。当然，我们看到今天环境决定论有一定回归的迹象，但这与生态人类学的关系可能不是很大，而主要因为人类面临大量生态环境问题时——尤其是全球性环境问题，如臭氧空洞、酸雨、气候变暖、冰川融化等——感到束手无策。除了全球性环境问题，我再讲一个我们今天所面临的水体污染中的湖泊污染问题。实际上，我国现在的水体富营养化已经很严重，有些湖泊已经到了没办法根本治理的程度。比如被誉为高原明珠的昆明滇池，水体富营养化是从 20 世纪 70 年代末期开始的，尤其是 80 年代中后期，随着城镇化以及周边的皮革、造纸等乡镇企业的发展，大量的生活污水和工业废水排放到滇池，造成滇池的富营养化，蓝藻大量繁殖，滇池高原明珠很快失去了光泽。到目前为止，国家在滇池的治理中投入了大量资金，但是治理效果并不是很明显。这两年，昆明滇池水体有一定改善，但主要不是由于技术治理，而是用最原始的方法，比如把牛栏江的水引入滇池来补水，而一旦停止补水，富营养化又会继续恶化。富营养化的原理主要是氮、磷元素的含量和比例达到一定程度之后，造成藻类繁殖，因此即便去掉了周边的污染源，比如城市污水和工业废水不再排入，富营养化还是不会消失，因为氮、磷元素并没有消失。蓝藻的繁殖是细胞直接分裂，繁殖速度很快，生活周期很短，藻类死亡后，氮磷元素很快被分解后又回到水体之中，形成恶性循环。因此，用生态工程和技术手段，治理效果仍不明显。我们今天面对水体富营养化，环境工程学家和其他科学家可以说是束手无策。仅仅治理一个水体、一个湖泊的污染都感到没有办法，更别提人类共同面临的更大的环境问题。所以我们可能重新有一种感叹：人类面对环境问题，真的感到了自身的渺小。从这个角度来看，环境决定论的回归倒不一定是坏事，是人类重新思考和反省人和自然关系的时候了，因此，环境决定论的回归也许有助于人类的这种反省。

翟：西方生态人类学的理论很多，您认为哪些理论对中国生态人类学今后的发展有较大的借鉴意义和指导作用？国内的生态人类学研究如何与国外进行对接？如何能形成自身的理论增长点？

崔：从学术史的角度来看，生态人类学的流派很多。生态人类学最早起源于斯图尔德的文化生态学，然后从文化生态学沿着两条路线演化，形成生态系统生态学和民族生态学两大流派。按照西方一些学者的观点，生态人类学最终的演化方向是环境人类学。环境人类学把政治人类学的一些观点引入研究人与环境的相互关系中，更多关注权利、义务在人与环境互动中的作用。上面这些理论流派对中国生态人类学的发展具有一定的借鉴意义，孰重孰轻，也不好说。如果一定要讲点什么，我认为，中国生态人类学要注意文化适应和文化变迁。文化适应的观点涉及民族生态学的视角，也就是他者的观点问题。生态人类学家在观察他者时，应该将文化看成适应环境的结果，否则，就可能对民族文化产生误解和偏见。最明显的例子就是对刀耕火种的看法。长期以来，我国的学术界对于刀耕火种有很大偏见，比如政治经济学界、社会学界，自然科学更不用说了，都认为刀耕火种是原始、落后、野蛮的，是破坏生态环境的罪魁祸首，应该废除。这种传统观念一直延续到 20 世纪 90 年代才出现了不同声音。尹绍亭先生应用生态人类学的文化适应观点，通过田野调查，得出结论：刀耕火种是热带、亚热带山地民族对环境的一种适应，这种生计方式中包含大量的生态智慧。长期以来，刀耕火种通过一系列的生态智慧保护了山地的森林生态系统，其中包括砍树、烧地、播种、轮种，以及相配套的祭祀和仪式，也就是农耕礼仪。尹绍亭先生的研究改变了很多人对刀耕火种的看法，对于纠正偏见功不可没。他对刀耕火种的研究成果成为后人研究该领域必须参考和引用的文献。这个事例说明，进行生态人类学研究的时候，一定要持有文化适应的观点。

另外一个是文化变迁。进行生态人类学研究，应该注重变迁的观点。文化是变化的，变是文化永恒的主题。过分强调保护原生态文化，这种观点值得商榷。其实，所谓的原始文化、原生态文化，今天几乎是不存在的，即使存在，也是没有办法进行所谓“原汁原味保护”的，因为文化是不断变化与变迁的。尤其随着社会经济的发展和文化的交流，人类学传统的所谓封闭原生态文化的田野点实际上已不存在。因此，生态人类学要关注文化的变迁，研究文化的再适应。我想通过自己的一个研究案例来加以说明。我对云南新平花腰傣的田野调查从 2001 年就开始了，持续了好几年。2007 年我和学生再次去新平县戛洒镇田野点时，发现生态环境和文化都发生了很大变化，甚至可以用变迁来描述。例如，原来当地傣族的主体文化是典型的稻作文化，但现在大量的稻田已经不复存在了，取而代之的是所谓的订单农业的生产基地。因为戛洒这个地方是干热河谷，温度比较高，适合经济作物种植，因此出现了大量的商业种植，例如香蕉、蔬菜。当地的稻作文化在迅速消失，很多年轻人离开土地，到县城、省城打工，当地的年轻妇女有的开始从事旅游业、服务业。通过生计方式的转换，当地人的收入实际上也在提高，虽然稻作种植少了，但当地政府为了推动生态旅游，传统的原始崇拜、原始宗教，例如农耕里的祭祀仪式等仍然在进行。究其原因，一方面是由于文化惯性；另一方面是源自政府倡导的旅游观光。这就是文化的变迁与再适应。

对于国内生态人类学如何与国外接轨，形成新的理论增长点这个问题，我想一方面是了解和掌握国外生态人类学动向和动态，通过学者的研究，将国外的生态人类学研究引入国内。现在很多学者从海外学成归来，将相关研究成果介绍到国内，所以对接方面问题不大。另一方面，要通过国内学者自身的研究和提炼，实现学科的本土化，形成我们理论的增长点，最终与国外生态人类学对话和对接。国内这方面工作做得好的，如尹绍亭先生的刀耕火种研究、杨庭硕先生团队的本土生态知识研究，以及崔延虎先生对新疆绿洲人类学的研究，等等，他们都是借鉴国外理论在本土开展研究，形成自己的研究特点和理论的增长点。

另外，我认为中国生态人类学大有可为的一个方向是海洋生态人类学的研究。我国的海洋生态人类学研究不多，最早开展这方面研究的是中国社科院的曾少聪先生，他在厦门大学的时候，开拓了这方面的研究。我认为海洋生态人类学的研究可能会是一个理论增长点。由于历史和政治方面的原因，如今的南海已经成为一个国际热点区域，但生态人类学对这个热点的关注是不够的。如何利用生态人类学的理论和方法，对诸如此类的热点问题开展海洋生态人类学的研究，是理论增长点的重要机会。希望有更多的生态人类学家参与南海这方面的研究。南海存在很多领土纷争、海洋纷争，对此，人们从政治学以及国际关系史视角进行了许多研究，而生态人类学在这方面应该可以有所作为，因为生态人类学有自己学科的特点和优势，比如说岛屿的移民与适应研究等。因此，我们也期待中国海洋生态人类学在这方面有所拓展，发挥其应有的作用。

翟：您能否谈谈国内生态人类学的研究现状、发展瓶颈和不足之处，并基于此谈谈未来的发展路径和方向？

崔：生态人类学家尹绍亭、杨庭硕、崔延虎等先生在各个场所都谈到过这些方面的问题，他们的观点很有代表性，过多的也不必重复。我想从学科的特点谈一些看法。如前所述，生态人类学最大的特点是交叉性，这一点从名称上就可以看出来。生态人类学的英文名称 ecological anthropology 表明该学科是由生态学和人类学这两个学科结合而成的。生态学本身源于生物学，最早是德国生物学家恩斯特·海格尔（Ernst Haeckel）在 1869 年提出的，当时海格尔将生态学定义为：与自然经济相关的知识，研究生命有机体与其环境之间，以及生命体相互之间关系的科学。海格尔的定义可以从生态学这个英文单词中得到进一步解释，ecology 由两个希腊词 oikos 和 logia 构成。oikos 在希腊文里是房屋、栖居地、住所的意思，logia 是学科的意思。所以，合起来的字面意思是关于栖息地的学科，研究栖息地上面的生物与栖息地相互关系的科学就是生态学。这是生态学最经典的定义，这个定义显示出生态学这个学科本身具有整体性和辩证性的特点。今天，生态学的发展十分迅速，已经从生物学中脱离出来，超越了生物学。比如在我国，生态学是一级学科，与生物学是并列的，而原来生态学仅是生物学的二级学科。现在，生态学已经成为一个方法论，出现了一系列的交叉学科，比如，生态哲学、生态唯物主义、生态马克思主义，等等。也就是说，生态学可以和任何学科结合，形成新的交叉学科，所以，生态学变成一种方法论。例如生态马克思主义就是一个典型的方法论学科；又例如生态文明实际上也是一种方法论或者一种整体论，是怎么看待人和自然相互关系的学科，也可以看作一个交叉学科。所以，生态学和人类学的交叉就形成生态人类学。什么是生态人类学？通俗地讲，就是运用生态学的原理和理论研究和解释人类文化的一个学科。生态人类学在我国经过几代学者的努力和辛勤耕耘，已经建立起了自己的学科体系，且这个体系有着自己的特点。所以，生态人类学在中国甚至国际人类学界都有一定的地位。

要说到我国的生态人类学发展过程中有什么不足、遇到什么瓶颈，我觉得是生态学和人类学两者之间的结合不够紧密。也就是说，没有形成真正的跨学科的研究。所以，我认为，培养具有生态学功底的人类学研究者是生态人类学发展的关键点。从学科的合作方面，要打破学科之间的壁垒，开展具有文理学科交叉的合作研究，这两方面是推进生态人类学高层次发展的重要途径。

翟：中国有着丰富的历史资源，其中不乏关于生态方面的记载，如何挖掘这些资源并应用于生态人类学研究？

崔：中国历史悠久、文化灿烂，在众多古籍中，也有很多关于生态方面的记载。比如公元前1200年的《尔雅》一书就有关于植物的记载，将植物分为草、木，并各有独立的一章加以论述。该书记载了176种木本植物、50多种草本植物的形态和生活环境，这是最早有植物知识记载的典籍。另外，东周时期的《诗经》也有生态方面的记载，例如，“山有榛，隰有苓”，隰是低地的意思，也就是说，山上生长有榛树类，山谷处生长有灵芝蘑菇类；“山有漆，隰有栗”，山上生长有漆树类，山谷处生长有栗树类。春秋战国时期的《管子·地员篇》有我国最早的植物群落学方面的记载，其中，专门讨论了植物沿着水分的梯度分布情况，属于植物群落学或者植物生态学的内容，此外还有土地管理方面的应用性内容。公元前100年前后，我国农业方面就确立了二十四节气。实际上，二十四节气反映的是植物尤其农作物、昆虫这些物候现象与气候的关系。顺便强调一点，二十四节气通常叫作农历二十四节气，因此有的人错误地将其理解为一种阴历，但实际上它是一种阳历，为什么呢？因为二十四节气是以地球和太阳的相对位置变化来划分的一种历法。太阳在南北回归线之间移动的过程中，日照长度、热量、水分等气候因素都不断变化，进而引起物候的变化。我们的祖先在农业生产过程中观测到地球与太阳相对位置的变化所带来的物候的变化这种现象，将其划分成二十四个节气。所以，这实际上是一种阳历，例如春分，太阳直射赤道，每前进15度，就有一个节气，总共360度，就有二十四个节气。这是我国农耕文明的结晶。

我举这些例子，想要说明的是我们的古籍中有很多关于生态知识的记载。通过挖掘历史文献中的生态知识，将其应用到现代生活中，解决生态问题，有一定的现实意义。很多学者在从事这方面的工作，譬如历史学家、人类学家。代表性的著作有华东师范大学的王玉德、张金明教授等编著的《中华五千年生态文化》，这是从历史典籍中挖掘生态文化形成的一本专著，分为上、下两篇。上篇挖掘整理了从先秦一直到清代的生态文化，下篇主要是中华五千年生态文化的专论，从气候、土壤、生物、治水、矿产、自然灾害等方面列出了这些生态文化。这本书甚至有关于古代生态旅游文化和生态思想这些专项内容。关于这方面，历史学家的成果比较多，就不一一列举了。在生态人类学领域，对古代生态文化知识挖掘得比较多，比较有开拓性的首推杨庭硕教授和尹绍亭教授，两位先生有一个很大的特点，就是都有着深厚的历史学底蕴，曾经从事过历史学的学习和研究，所以在研究中，他们对古代生态文化的知识有着独到的见解。例如，尹绍亭先生通过古滇国青铜器上的动物图像分析滇人对动物的认知和利用；杨庭硕先生通过对古籍的研究发现，古代先民掌握了大量的生态知识，从《诗经》中发现华夏居民对块茎植物的认知和利用，还通过对其他古籍的研究，发现了古代先民对葛藤类植物的种植、利用情况及其在现代社会的价值。杨先生提出过一个建议，当代应该推广对葛类的种植，进行产业化，像马铃薯一样，作为粮食的储备。以前我们对马铃薯的认知是蔬菜，现在其已经被列为我国第四种主要粮食作物。因此，对古籍中生态文化的挖掘不仅具有学术价值，也有较强的应用价值。

从上面学者的研究可以知道，进行古籍生态知识的挖掘和整理，要有历史学的功底，另外，也应具备生态人类学，尤其应用人类学的知识，只有这样，才能将古籍的生态资源进行很好的整理，实现生态资源的研究和应用。

翟：中国的生态文化不仅存在于古籍中，更存活于当今许多少数民族的生产生活中，这在您主编的《中国西部民族文化通志（生态卷）》中得到了具体的体现，请您谈一谈西部民族生态文化丰富的原因及其在当今的意义。

崔：《中国西部民族文化通志》是云南大学的瞿明安教授与何明教授组织编写的一套专著，共 33 卷，是国家出版基金和教育部人文社会科学研究基金重大研究项目资助的成果。生态卷是这 33 卷中部头比较大的一部，这是因为西部生态文化类型多样，内容丰富。在对西部生态文化的划分中，我们以生态因子为主，结合生计方式，进行了类型的分类。例如，以生态因素划分的生态文化主要有水文化、山谷文化、植物文化、动物文化、森林文化、草原文化等；以生计方式划分的生态文化有采集文化、渔猎文化等。这两种划分实际上主要是出于写作的方便，因为生态文化比较复杂，在列提纲的时候，我也列了很多版本的提纲，通过和尹绍亭、瞿明安先生进行多次讨论，最后确立了这种生态文化的划分方式。严格来说，这样划分并不是很科学，因为实际上其中很多有交叉，比如说，采集狩猎生计方式文化的环境就可能包括了山谷、水体、森林等，其中的动物就是狩猎对象。所以这种划分有交叉，但是也有有利的方面，就是能够很好地反映这种生态文化和环境的关系，或者说生态文化对环境的适应。这本书中有一章“传统生态知识的科学阐释”，是应用生态学原理对传统生态知识进行解释，或许这是本书的一个特点。

西部生态文化丰富是自然环境因素造成的，这种说法可能会有环境决定论的嫌疑。但实际上，西部环境确实比较特殊，有多样性的生态环境，高山与峡谷并列，地形地貌比较特殊，海拔高度变化很明显。西部地区由于青藏高原的隆起，对西部生态环境造成了很大影响，尤其对我国气候的影响也是相当大，印度洋的暖流翻越不了青藏高原，造成了西北地区的干旱，带来西部草原化、沙漠化。有的人认为沙漠化是人类活动造成的，其实主要是气候造成的，从地质发展来看，西北地区早期也是有森林的，后来，随着青藏高原抬升，古地中海消失，西北地区干旱化。古代交通不方便，族群之间交流很少，甚至同一个族群居住在不同山头，交流十分不方便。这种相对封闭的生态环境限制了人们的交流，使各个少数民族形成独特的生态文化。实际上，用这种观点解释人与环境的互动就是生态人类学里面讲到的适应的观点。其实，我们国家的西部是中国乃至世界上生态环境最为丰富的区域。用生态学的术语来说，西部地区包括了几乎所有的生态系统类型，比如，从西部的南边，即云南的南部、广西的沿海，一直到新疆的西北部，随着经纬度和海拔的变化，出现了不同的生态系统类型，例如云南西双版纳的热带雨林，往北是热带季雨林；云南三江流域以及红河的干热河谷分布着特殊的萨瓦纳群落。萨瓦纳群落主要分布在非洲，我们看到非洲大草原，大型动物的生存环境，在生态学中叫作萨瓦纳群落，其背景是草，上面是高大、孤立的乔木，也叫作热带干草原，在西部，三江流域以及云南红河干热河谷也有分布，只不过不太典型而已；另外，广西北仑河口分布有热带红树林，它是热带海滨的一种生态系统；我国分布有世界上面积最大、最为典型的常绿阔叶林，而西部分布着所有的类型——云南南部有亚热带季风常绿阔叶林，云贵高原、四川、重庆则有中亚热带常绿阔叶林，在秦岭的南面分布有北亚热带常绿阔叶林，秦岭的北面为落叶阔叶林；内蒙古主要分布着草原，新疆分布的是温带的荒漠，这些都是不同的生态系统。再比如，我国的草原有三种或四种类型的生态系统，即草甸草原、典型草原、荒漠草原、高寒草原。从东向西，呼伦贝尔比较湿润，叫作草甸草原；到了内蒙古中部是典型草原；新疆东部就是荒漠草原，是草原和荒漠的过渡带。青藏高原由于面积宽广，海拔高度变化大，出现了水平地带型和垂直地带型的结合，水平地带型是沿着水平方向，出现了不同的生物群落，垂直地带型是随着海拔高度的变化而出现了不同的生物群落。比如从青藏高原的南坡开始向上，依次出现低海拔地区的山地雨林、山地阔叶林、亚高山针叶林、高山高寒草原、高山荒漠以及西北阿尔泰山的苔原这些生态系统类型。可以说，西部地区是世界自然生态系统的缩影，几乎所有的生态系统都能在这里找到，唯一缺乏的一种是被称为“苔原”的生态系统类型，这是北极圈里的生态系统。但是我国的西部生态系统里面有一种叫作“山地苔原”的生态系统，即阿尔泰山的“苔原”。从生态人类学角度来讲，生态环境是孕育人类文化的土壤，而文化是适应环境的结果。我国的西部也是人类和人类文化起源的关键地区，例如西部的云南有腊玛古猿的化石、云南元谋人化石，这些可以说都是人类早期起源的证据。西部地区早期的人类和人类文明由于长期适应不同的环境，形成具有差异性的生态文化。从生计方式来讲，从南到北，西部少数民族的生计文化包括中国几乎所有的类型：广西京族的海洋生计文化、渔猎采集生计文化、畜牧生计文化和农耕文化等。

我还想强调一点，西部地区也是我国脆弱生态环境的一个区域。我国有七大生态脆弱区，其中五个位于西部，分别是北方半干旱半湿润区、西北干旱区、西南地区、西南石灰岩地区、青藏高原区，占到整个脆弱区面积的82%。由此可见，西部是我国生态环境保护的一个关键区域。有人把西部叫作中华水塔，长江、黄河还有一些大的河流都起源于西部。因此，保护西部的生态文化是保护我们生态环境的重要方面。西部少数民族在适应环境中创造了大量的生态文化，在这些文化中，也有很多是保护自然、保护环境的传统生态知识，这种知识对于保护我们西部脆弱的生态环境具有一定的借鉴意义。比如说，西部很多少数民族，如傣族、基诺族、哈尼族、傈僳族、彝族、壮族、侗族等都有神林崇拜、神山崇拜、神树崇拜。藏族更加典型，有神山、雪山、圣湖崇拜，这些崇拜对保护当地的生态环境起到了重要作用。我们进行生态人类学研究或者说生态环境保护的研究时，应该重视这些神山文化、圣湖文化在其中的价值。在青藏高原，特别是藏族，他们的生态环境，尤其湖泊，没有受到严重污染，与藏民将雪山湖泊看成神山圣湖有一定关系。另外，藏族、纳西族有定期封山禁猎的习惯，这样的生态禁忌对保护当地动植物资源有积极意义。蒙古族文化也是维护草原生态系统稳定的一个重要文化，有的人认为游牧文化是落后的，对生态环境有破坏作用，应该被废弃。实际上，根据生态学家和人类学家的研究，这种观点是不正确的。这一方面，崔延虎教授进行过很多相关研究。我们对游牧文化应该加以重视，通过游牧，草原能够得到休整、恢复，而固定下来放牧，或者把草原严格保护起来，用铁丝网围起来，实际上对生态环境并不一定有利。讲到这里，我想讲另外一个问题，就是生态文化丧失的问题。前面讲到的生态文化对维护西部脆弱的生态环境起到了积极作用，但是随着社会经济的发展，尤其外来文化的影响，生态文化快速消失，这也是导致西部生态退化的重要原因。这方面的事例很多，我在这里不再一一列举。我认为，在西部可持续发展过程中，我们应该做好生态文化的保护，因为生态人类学的研究表明，传统生态知识在人类未来发展中可能会起到决定性作用。保护好西部生态文化，首先要尊重西部的民族文化，其次要保护好、传承好生态文化，重视民族生态文化在保护环境、恢复生态系统中的作用，也许这是我们今天进行生态文明建设应该注意的方面。

翟：生态人类学一直强调应用性，您认为这会不会在一定程度上影响它作为一门关注人与自然关系的学科所具有的更普遍的理论意义和哲学意义？近年来，环境史的宏大视野受到很多关注，强调人类“命运共同体”的整体环境变迁史，生态人类学能否在这种宏大视野的研究中发挥作用？它该如何在本体论、宇宙观等层面发挥学科的思考意义？

崔：这是一个很大的问题，实际上不容易谈得好。这里，我谈一些自己的看法。从我自己的理解，学科的应用性实际上涉及应用和理论的关系问题，以及学科对社会热点的关注问题、学科的方法论和宇宙观的问题。我想从学科发展史的角度来探讨这两个问题。

所有学科最初的研究都是为了解决人们现实中存在的问题而开展的，例如生态学就始于人们对环境的认知和观察，比如，人们在狩猎采集阶段，为了获得食物，必须了解动物习性；为了采集到可食用的植物，必须了解哪些植物可以食用、哪些有毒，以及动植物的分布情况。这些关于狩猎采集的动植物知识实际上是生态学学科的萌芽状态。随着学科的发展，根据研究性质，人们将生态学划分为理论生态学和应用生态学。理论生态学主要是关于生态进程、生态关系的数学推理，以及生态学的建模的相关学科，例如数学生态学、生态建模，等等；而应用生态学则是把生态学的理论应用于相关部门的研究，例如农业生态学、草地生态学、城市生态学，等等。我们知道，应用生态学是以理论生态学为基础的，所以有人将理论研究称为基础研究。实际上，将学科划分为理论研究和应用研究是不够严谨的，因为这两者的边界不清晰、有交叉。例如理论物理中的量子力学实际上在近代的一些技术中得到了广泛利用，例如芯片的制造就离不开它，可以说，没有量子力学，就没有芯片的制造技术和计算机。同样人类学研究也是始于应用，如人类学早期的研究是为西方殖民地服务的。斯图尔德的文化生态学始于对印第安人的文化研究，随着生态人类学的发展，划分为生态系统生态学和民族生态学两个流派，它们与斯图尔德的文化生态学都既有理论研究，也有应用研究。例如，文化生态学的理论被大量地运用于应用研究，用文化生态学理论来解释众多现实问题，如马文·哈里斯的文化唯物主义既可以解释饮食这些细小的文化现象，也可以用来解释苏联东欧剧变这些宏大的历史事件。哈里斯在 1992 年发表过一篇文章，登在《美国人类学家》上，题目为《杰出演讲——苏联和东欧共产主义崩溃的人类学及其理论范式意义》。其中，他较好地使用了文化生态学的理论来研究现实问题，即苏联解体和东欧剧变。在该篇文章中，他首先回顾了马克思主义在东欧尤其在苏联的发展过程以及遇到的困境，又以“崩溃和文化唯物主义”为题目，介绍了文化唯物主义的基本原理。他认为，在理论上，应该应用人类学的文化唯物主义理论，寻找苏联和东欧社会主义崩溃的原因。哈里斯认为，苏联对于基础结构中的能源、农业的生产和供应重视不够，发展远远落后于西方。到 20 世纪 90 年代，能源的生产和供应仍处于 80 年代的水平，工厂和交通运输设备陈旧落后，整个 80 年代，农业粮食的产量与 70 年代相差无几，一直到苏联解体前的前十年，人均收入增长为零或者负增长，导致人民生活水平下降。哈里斯认为，重工业的生产造成环境污染，出现环境退化，这在很大程度上削弱了苏联基础结构的功能。他还以“结构的不协调性”为题，分析结构内部以及其他部分，如基础结构和上层建筑之间的不协调性，指出中央的计划经济和管理及其庞大的官僚体系，导致基础结构中存在的上述问题越加严重。国企支付工人的工资不是根据需要，而是根据使用工人的数量，导致大量超员工人的产生，而且生产只重视数量，不重视质量，导致大量劣质产品的产生。他还分析了大量涌现的民族主义和分裂势力在解体中的作用，中央政府对各加盟共和国的再分配政策不仅糟糕，而且极不公平，各加盟共和国在生产力、国内生产总值、人口增长、环境破坏方面差别明显，中亚和高加索加盟国承担了基础结构方面的巨大压力，出现食盐、肉类等食品供应减少的危机。根据数据统计，20 世纪 70—80 年代，乌兹别克斯坦、土库曼斯坦、哈萨克斯坦的婴儿死亡率分别增加了 48%、20%、14%。中央政府从其他加盟共和国政府获取多而分配给予的少，造成了不公平，比如，乌克兰和波罗的海周边的加盟共和国认为中央偏袒俄罗斯而损害了他们的利益，使其生活水平下降，因而他们有追随西方摆脱苏联的动因，导致民族主义运动高涨、分裂势力强盛。因此，哈里斯认为，苏联解体是基础结构的功能不断受到阻碍和削弱的结果。他以文化唯物主义解释苏联解体是生态人类学的有益尝试，和那种将原因归于苏联最高决策的改革失误以及西方阵营的强大的分析比较起来，我认为哈里斯的生态人类学理论分析要深刻得多。这充分说明生态人类学的理论与应用的关系的重要性。

通过上面的事例，尤其哈里斯的文化唯物主义，可以说明，生态人类学的理论和应用研究不是也不应该相互脱节。我认为，应用研究推动理论研究，在应用研究中产生和完善新的理论，同样，理论研究对应用研究具有指导意义。生态人类学强调应用研究并不一定会削弱理论研究，或产生不良影响。

另外，生态人类学在探讨当地人的生态观和世界观方面也具有一定的学科优势，我认为应该保持这种优势。但是也应该认识到，在文化交流日益增强，尤其在全球化的大背景下，生态人类学的田野调查点，即封闭的族群社区，几乎不存在。所以，生态人类学在开展传统田野调查、进行本土知识挖掘的同时，也应该扩大研究视野，关注人类共同面临的环境问题。从生态人类学角度，研究诸如自然与文化、环境与发展、生态文明与建设、区域生态安全、人类与流行病等重大课题。我觉得生态人类学应该关注这些宏大课题，否则就会进入死胡同。然而，生态人类学在关注人与自然的关系这样宏大的问题上和别的学科一样，遇到了极大困境，这就是环境与发展的问题。

环境与发展的关系问题实际上一直伴随着人类而存在，尤其当环境问题出现后，二者的对立更加严重，且影响到了各个方面。发展主义认为，发展是硬道理，人是自然的主人、统治者，环境只是供人类使用的资源。这种思想与西方基督教的宗教信仰有很大关系。工业革命以来，发展进入快速时期，一度成为人类追求的唯一目标。环境主义的兴起和发展主义引发的环境问题是密切相关的。环境主义有很多流派，最典型的代表是生态中心主义。生态中心主义认为，人是自然的一部分，是生物界的一员，是生物进化的结果，与其他物种的关系不是统治和被统治，而是平等的。所以，人类应该建立一种和其他物种平等相处的和谐关系。生态中心主义的典型代表是挪威哲学家阿伦·奈斯（Arne Naess）的深层生态学。

由于不同民族有不同的历史和文化，因此，发展主义与环境主义扩散到不同国家中，会受到不同国家各个民族文化的影响，这两种相互对立的观点更加复杂化。生态人类学的理论在调和这两种观点方面可以有所作为。而调和的观点就是民族生态学可持续发展的理论。可持续发展来源于 1987 年联合国环境与发展委员会发表的《我们共同的未来》。实际上，这个报告是在西方主导下，发展中国家和发达国家经过讨价还价以后形成的一种共识。经典的可持续发展理论在这里就不展开了，我想谈一谈这种民族生态学的可持续发展理论与经典的可持续发展理论的不同点，其主要表现在下列方面：

首先，民族生态学认为，无论是发展主义，还是环境主义，都是一种文化的视角，二者之间的对立是长期的，会一直影响人类社会。

其次，民族生态学的可持续发展理论认为，文化在可持续发展中具有重要作用，只有尊重当地的文化，才能实现真正的可持续发展，其中贯穿着文化多样性或者文化相对论的观点。因为不同民族的生存和发展，由于历史和文化差异，在对待人与自然的关系方面会形成差异，形成不同的生态知识体系。因此，其他可持续发展的观念持有者，例如政府工作人员，在贯彻可持续发展的时候，应该要首先了解不同民族的生态观、不同地区的当地人的生态观，不能硬性地将自己的生态观强加给当地人，否则会引发生态危机，或者发展停滞不前。因此民族生态学的可持续发展理论强调文化的适应。当一个国家或者政府要在某一个地区制定可持续发展规划的时候，应该吸收当地人参与。制订计划时，应该把专业词汇转化成当地人听得懂的词汇，比如，讲可持续发展、保护生物多样性的重要性，不如说成，诸如森林和水的关系等，当地人就很容易理解。

最后，当地人的生态知识体系与科学生态学的知识体系有可能存在矛盾，在这种情况下，不应该蔑视和排斥当地人的生态体系。从人类学角度来讲，实际上，生态学观点或者科学生态学的观点也是一种对环境的看法，而当地人对环境也有他们的看法。这两种观点可能会存在矛盾，但不应该蔑视传统生态知识体系。例如，当地人对环境的崇拜、对森林的崇拜，从生态学角度来看，当地人的这种观点或知识体系也是处理人与自然的一种方法，或许有利于保护生态环境，因此我们不应该蔑视当地人对森林的信仰体系。尊重、理解并将这些当地生态知识应用于资源的可持续性管理，不仅有利于当地人的发展，也有利于保护好当地的环境。推而广之，不同的民族都能保护好各自的环境，那么我们的地球环境不是更美好了吗？

翟：谢谢崔老师接受我们的访谈，受益匪浅！

崔：十分感谢您的访谈！

李永祥研究员访谈录

——灾难人类学的研究进展及前沿展望

李永祥研究员简介

彝族，1964年9月出生于云南省新平彝族傣族自治县哀牢山区彝家山寨。2005年毕业于美国华盛顿大学人类学系，从师著名人类学家史蒂芬·哈勒尔（Stevan Harrell）教授，获人类学博士学位，现为云南省社会科学院民族文学研究所二级研究员，云南大学特聘教授，云南省社会科学院“生态文明排头兵研究创新团队”首席专家，灾害研究中心主任。在西方受到了严格的学科训练，具有坚实的理论功底和严谨的治学态度。回国后，他又把西方的理论和中国的具体实践结合在一起，开展了扎实的田野调查工作，在灾害人类学、环境/生态人类学领域中具有较大贡献。出版学术专著3部，合著1部，主编学术著作3部。在中国社会科学院《民族研究》《民族文学研究》《国外社会科学》等所刊上发表学术论文13篇，在《思想战线》《西南民族大学学报》《云南师范大学学报》《云南社会科学》等核心期刊上发表论文20多篇，发表英语和日语论文5篇，发表其他论文50多篇，多篇文章被《新华文摘》《高等学校文科学术文摘》等全文或者摘要转载；主持国家社科基金西部项目“云南民族地区防灾减灾的理论和实践研究”（批准号11XSH018），教育部重大项目“灾害人类学的理论和实践研究”（批准号W8113201），省院合作（云南省人民政府和中国社会科学院）重大招标项目“云南防灾减灾能力建设研究”（批准号 YASS-ZD2013-1）等；是云南省人民政府授予的“有突出贡献的优秀专业技术人才”、云南省中青年学术和技术带头人、云南省“五一劳动奖章”、“云岭文化”名家、云南省“四个一批”人才、“云岭学者”、云南省委联系专家、国务院政府特殊津贴、中宣部“文化名家”和“四个一批”人才等称号获得者，是政协云南省第十一届、第十二届委员会委员。

访谈者：舒瑜　艾菊红　范明明　翟淑平

访谈时间：2021 年 8 月

从美国学成归来的李永祥研究员受到环境人类学的规范训练，后进入灾难人类学的研究，是国内较早从事灾难人类学研究的学者，为地方性知识在减灾防灾等问题上做出了卓越贡献。

舒：李老师您好！很高兴有这个机会跟您请教。您是国内较早从事灾难人类学的学者，也是这个领域的领军人物，在气候变化、自然灾害、疾病治疗、灾难与宗教文化等领域进行过研究，涉及的问题非常广泛，著述极其丰富。我想，咱们先从您在美国华盛顿大学所接受的人类学训练谈起吧，当时美国生态人类学的发展状况如何？

李：我们以聊天的形式进行可能会好一点，就是我们几个人相互交流吧。我也很想借这个机会了解你们的研究。我的研究方向比较多样化，如灾害、生态、生态系统、生物多样性等，也在不断开拓新的点，看看能不能发现一些有意思的、学术上有前景的新题目，所以我的研究是一个不断拓展的过程，但都和我最开始研究的生态有关系。当时的华大（华盛顿大学）环境人类学号称美国第一，虽然当时华大的人类学已经走下坡路了。据王筑生老师说，芝加哥大学排第一，其他的华盛顿大学、密西根、伯克利、哈佛是可以 PK 一下的。但后来华大就有点下滑了，厉害的人被挖走了。当时我们的系主任米里亚姆·坎（Miriam Khan）教授给我们上课，她不是做生态的，但她说，我们的环境人类学在美国排列第一。当时我们对此很有自信，整个系的气氛非常好。但是我不在 EA（Environmental Anthropology），当时我们分成几个组：环境人类学、文化人类学和考古学。因为我的导师史蒂芬·哈勒尔（Stevan Harrell）是做文化人类学，他不带环境人类学的学生。但是，我们上研究生核心课程（Graduate Core Course）的时候，环境人类学和文化人类学的学生是在一起上课的，我们只是不跟考古学的学生一起上课，考古学是单独分开上课的。我们那一年有 16 个学生，分为考古班和文化人类学以及环境人类学班，有 9 个人是我们这个班，给我们上核心课的老师有三个，包括系主任米里亚姆·坎教授、安·纳格诺斯特（Ann Anagnost）教授和尤金·汉（Eugene Hunn）教授，前两位老师的研究是偏后现代的，后一位是研究环境人类学，因此，我们的核心课程也是偏后现代和环境人类学方向的。

舒：当时华大的人类学也是按照四大分支来设置的吗？环境人类学是放在文化人类学下面吗？

李：不是。它们是平行的。我们就是三个方向：考古学、环境人类学和文化人类学。

舒：您的博士论文做的是什么题目？

李：我开题的时候是做族群认同，精英研究。回国做田野调查的时候，我才改了题目。做了两个月的选点调查之后，我所在的田野点发生了泥石流灾害，就开始转到灾害研究。

舒：哦，就是 2002 年新平县的泥石流是吧？

李：是的，2002 年 6 月初我回到国内，之后就开始选具体的田野调查点，8 月 14 日，我选择的田野调查点发生了泥石流灾害。然后我的导师刚好在几个月之后来到四川。我就飞到四川去跟他报告。我说我不想做精英研究了，我想做可持续发展和灾害方面的研究。他同意了。所以，我的博士论文就改成可持续发展和灾害人类学方面的研究。

舒：所以，做环境人类学是您个人的兴趣选择，正好田野调查遇上了泥石流灾害。

李：有这个意思，有点像奥利弗·史密斯（Anthony Oliver-Smith），他做田野调查的时候碰到大地震。他说，没办法，只能做地震。我也是这样，所以就转过来了。

舒：华大的环境人类学是你们系的招牌。那当时环境人类学主要的理论取向是什么？

李：主要是和原住民研究有关了。但是华大环境人类学的兴盛没有持续多长时间。我毕业后没有几年，这个专业就被撤了。

舒：那是为什么呢。

李：我觉得很遗憾，这个专业不开课了，没有这个专业了，环境人类学在华盛顿大学就完全消失了。主要是老教授退休以后，人员跟不上。华盛顿大学这个专业的地位就慢慢降下来。后来这个专业就被撤了。尤金·汉、戴文·G. 佩纳（Devon G. Pena）、本·菲茨休（Ben Fitzhugh）等这些老师是很厉害的，他们主要研究地方性知识、原住民社会、生态适应与不良适应、政治生态学等，他们的研究有点像民族生态学，我们现在讲的认知研究，这方面做得比较好的主要在南美做田野调查，研究美洲印第安人。这批人比较厉害。后来我的导师转到博物馆里。他也跟自然科学家一起研究大凉山的环境。但是没有持续太长时间。后来华大的环境人类学就衰落了。

舒：那华大环境人类学有什么比较突出的代表性著作吗？

李：论文发表了很多，专著可能较少，具体可能要查一下，我们听课的时候，教授们很少提及自己的专著，但是，尤金·汉教授有很多与传统知识有关的论文。本·菲茨休是做狩猎采集，偏考古，他也有专著，也编了论文集。关键是华大培养了很多环境人类学的博士研究生，他们的博士论文都是在毕业之后才出版，都是算新就职单位的成果，我同班同学布莱恩·缇尔特（Bryan Tilt）的博士论文于 2010 年由哥伦比亚大学出版，即 *The Struggle for Sustainability in Rural China*：*Environmental Value and Civil Society*，就算是他新单位俄勒冈州立大学的成果。

舒：就您与美国学界的交往来看，目前美国环境人类学的发展如何？

李：我与美国学界交流交往不是很多。我的同学中有几个人在做环境研究，如我的同学布莱恩·缇尔特做的是环境问题、国际发展、自然资源管理等。其他同学的情况我讲不清楚。但有几个方向还是很有意思的。我主要是通过阅读，做相关的文献梳理。平时我会看一些西方人类学发展的最新情况，关注它发展到什么样的程度，特别是生态环境、灾害方面。比如说，有几大方面是我比较有兴趣的，一个是气候变化，气候变化与灾难关系很密切。气候变化可能是目前大家关注比较多的。我也写过气候变化人类学的研究述评，后续的文章可能还有一些。另外一方面是转基因的研究。这方面的研究已经很多，很透彻了，这里涉及传统智慧、知识产权、公平正义、科技发展，等等。还有一方面是生物多样性的人类学研究，这方面的研究人类学家关注得也越来越多了，自然科学家越来越关注文化多样性，这几年，人类学家和自然科学家合作增多，像垃圾处理等都跟环境人类学有关。还有些做本体论转向的，这个我们可以再聊，现在从本体论角度研究生态的也特别多，这两年因为新冠肺炎疫情，生态与政治、生态与文化更加交织在一起。

舒：我们通常会把生态人类学的理论起源追溯到文化生态学。今天看来，文化生态学关注的问题还是生态人类学最基本的问题，但文化生态学的理论被认为太陈旧了，现在生态人类学主要关注严峻的现实问题，如全球气候变暖、灾难、转基因，等等。当我们在处理这些现实问题的时候，我们新的理论资源在哪里、以前的理论还有适用性吗？比如说研究气候变暖，有不同专业路径的人进来，有自然科学的人，也有社会科学的人，那我们人类学在研究这些问题的时候，最独到的见解是什么？或者说我们会有独到的理论贡献吗？

李：确实是这样，现在同样的问题有很多人关注。不同学科的人都在做相同或者相似的研究。那我们社会科学可能就更突出了。比如，气候变化，几乎所有的学科都在做，政治学、社会学、地理学等，人类学都有很多成果，还有很多与自然科学家合作的研究成果。气候变化这个概念本身也是自然科学家提出来的，与此相关的基础数据、基础理论最早也是自然科学家做出来的。另外，像生物多样性、生态系统多样性、生态学的理论也都是自然科学家最先开始做，然后人类学家介入。一般情况下，自然科学家和社会科学家是各自做各自的。但是到后来就发现，自然科学家需要社会科学家，社会科学家也需要自然科学家。就像我参加云南省地震局的项目，他们要做城镇化的发展和防灾减灾，城镇规划和防灾减灾怎么融合在一起？这些项目需要政府重视起来，让人民群众参与进来。这些涉及人的问题，就不是他们的强项，他们就需要社会科学家了，所以这些项目就需要社会科学家的参与。我觉得这样的研究是很有必要的，又比如我们最近一直在筹备 COP15（联合国公约生物多样性缔约国第 15 次大会），昆明的筹备委员会就邀请了很多自然科学家和社会科学家一起来做这件事情。这方面我觉得云南一直以来都做得比较好。双方的合作越来越多，生物多样性富集的地方，文化多样性也是最丰富的。云南省的自然科学家在做生物多样性研究的时候，已经开始重视文化的问题，他们研究滇西北地区生物多样性的时候，发现藏族神山周边的生物多样性是最丰富的。他们也发现文化对生态保护非常重要。所以，自然科学与社会科学合作的趋势是不可避免的，我们有很多理论也都是从自然科学引过来的，但他们也用我们社会科学的理论进行解释。据我所了解，裴盛基等人提出"自然圣境"概念，表明宗教信仰的区域，生物多样性也特别丰富，"自然圣境"本身就是作为文化生态多样性的一种呈现。当时这个课题就是自然科学家和社会科学家合作的，从生物多样性和文化多样性这两条路径进入来讨论"自然圣境"。这个结论不仅仅适用于云南，全球生物多样性富集的地方也是文化多样性丰富的地方。这跟信仰有关系吗？比如说国家天然林保护工程、自然保护区，其实有很多是少数民族信仰形成的神山、圣湖、神林，信仰比较发达的地区，生物多样性保护也比较好。这样的例子有很多，比如藏族神山崇拜、彝族密枝林，还有哈尼族、拉祜族、阿昌族、基诺族等民族的神林，神林和圣境不一定吻合，但还是有所关系。我们别小看一个村子保护了一片小森林，成千上万个村寨的神林加起来是非常可观的，印度和泰国的资料也说明了这个问题。当然，这只是其中一部分，也并不是说不是神林的地方就不需要保护，各民族的文化里面都有系统性的保护动植物的传统知识，即便不在神林圣境里面也是受保护的。我自己是在农村长大的，我都知道哪一片竹林、哪一片森林是不能砍的，农村森林中的大部分不是神林，但也受到了保护，因为文化保护是系统性的。

舒：接下来我们谈谈您的具体研究吧。刚才提到您的博士论文是研究云南新平泥石流灾害。您对这个田野点进行的持续追踪调查前后有十多年了吧？我看过您在《民族研究》发表的那篇文章，写到当事人对泥石流发生时的一些回忆、灾后村民如何互助等内容。我想了解在您的这个研究中，如何发挥灾难人类学的优势，去观察灾难背后的社会文化因素，包括灾后重建中传统文化、社会组织如何发挥作用，等等。

李：我做田野调查的地方是新平彝族傣族自治县水塘镇，位于哀牢山中段。当时发生泥石流的有好几个镇，但最严重的是水塘镇。曼糯村是一个傣族村，属于当时的水塘镇新寨村委会，现在这个村委会并到戛洒镇去了。曼糯村是受泥石流影响最严重的五六个村子之一。我的书里还写到其他村子，涉及傣族、彝族、汉族三个民族的村民。这个地方处在滇中偏南。红河从大理巍山发源，流经哀牢山区各县，一直到越南。红河在我们县内被称为“戛洒江”，戛洒江的南边雨水比江的东边地区要好一点儿，植被也不错。我带彭文斌去看了我做调查的那几个村子。他感到很奇怪，这样的地方怎么会发生泥石流，森林覆盖那么好怎么会发生泥石流？他说这个生存环境比四川岷山不知道好多少倍，言下之意就是这个地方不应该作为泥石流的典型案例。后来我的导师也去看了泥石流发生的地方。他说，这是他见过的植被最好的地方。他是夏天去的，植被当然很好。但地质学家说，哀牢山的地质结构不好，地层不稳。雨季水特别多，就具备了发生泥石流的那些条件。虽然草多树多，但据说整个地基下面的地质结构是一大块大石头，土地、树草是在这个大石头上，到了夏季，雨水特别丰富，山又特别陡，所以就容易发生滑坡、泥石流。

舒：那历史上这个地方的泥石流就很频发吗？

李：一直有记载的，我在县志里看到记载，太早的不清楚。但县志里有中华人民共和国成立以来滑坡、泥石流的记载。刚才说到曼糯这个傣族村子，其实傣族人是住在平坝里面，就是河谷地区。真正的泥石流不是在他们那里发生的，而是从彝族、汉族居住的大山上滑坡以后，往下把他们的村子冲走了。他们的村子是泥石流经过的地方，当时太突然，可能几分钟就来到他们村子旁边，他们没办法反应过来。对于居住在河谷的傣族人来说，他们传统知识里主要是防洪水，他们防的是旁边那条河，叫棉花河，从哀牢山上流下来。山上的人说发生泥石流的那两天，根本分不清哪里是水渠、水沟，哪里是土地，整个山就像瀑布一样流下来水，汇聚到河谷后水就特别大，所以他们担心的是洪水，而不是泥石流。但是，结果真正给他们带来灾难的是泥石流，而不是洪水。傣族传统知识里面有关泥石流防范的知识不是很多，主要是水的知识特别多。这是因为傣族主要生活在红河两岸，他们对河水很了解，很多仪式里面就是祭水的。祭山神是山区人干的事情，包括彝族、哈尼族、汉族。傣族人对山的认知比较少，因为他们居住在平坝地区。他们的很多仪式是和水有关，跟江河有关，有一整套有关江河的禁忌，就是什么事情在水边不能做等。当然后来坝区傣族对泥石流的认知也越来越多，我在这个村子做了很长时间调查，这个县也是我的家乡，我经常回去。我和曼糯村的那个小组长还是结拜兄弟。这样我就参加了他们的很多仪式，从头到尾观察整个过程。

舒：我觉得特别有意思，您所研究的这个区域里，不同民族在不同的海拔呈立体分布。傣族在海拔最低的河谷，山上是汉族和彝族。傣族人对泥石流的认知不足，他们更多的知识是关于河谷的水资源利用。那是不是说山上的汉族和彝族的传统知识和傣族会有所不同？

李：对，在泥石流发生之前，山上的彝族、汉族，包括一部分拉祜族人，当时他们的应对就是直接指向泥石流、滑坡的。一开始他们就意识到不是河水的问题，一定是滑坡、泥石流。他们叫“瘫山”嘛，就是山崩塌的意思。因为各个民族居住的环境不一样，所以传统知识也不一样。其实，在 20 世纪 50 年代以前，哀牢山半山区是没有人居住的，人们只住在河谷和高山区，就是山坝结构，中海拔地区没人居住。20 世纪 50 年代以前都是这样，后来因为发展经济的需要，山顶海拔太高、太冷，不能种水稻，政府就动员他们到中海拔地区种水稻，但他们仍然居住在高山，在半山种水稻，粮食成熟以后，再驮回山上去，那个路程是很远的，要走 3 个小时的山路。后来在农忙的时候，他们没时间当天往返，就在中海拔山腰地区盖简易房，当地人叫“田房”，就是田地旁边的房子，农忙的时候，如春耕和收割的时候就住在田房里。后来发生了什么情况呢？很多人觉得住在田房很方便，不愿意回去了，就慢慢地把田房扩大，农闲的时候就开始养鸡养猪，一旦开始养鸡养猪，人就没法儿回山头了。所以后来只剩下老年人还住在高山上，老年人怕热，但年轻人还得在半山种水稻。高山地区就变成老年人住的，年轻夫妇带着小孩搬到半山居住，住的人越来越多了，后来村委会也慢慢搬下来。所以，从高山搬到山腰地区是有一段历史的。目前海拔 2000 米以上的地方住的人越来越少了，山腰海拔在 900~1600 米这个范围内居住的人越来越多，现在发生泥石流的主要就是这个区域。我也去过高山区，属于国家级的自然保护区。75 万亩的原始森林里面有 800~1000 千种动物，植物也有上千种。森林里比较凶猛的动物就是老熊，经常出来到高山区找苞谷吃。高山住的人越来越少，只有老年人居住，这些老年人出去放羊，就经常遇到熊。当时我去调查的时候，在原始森林边上看到过老熊的脚印。我就不敢再进去了，因为那个脚印太新鲜了。后来才知道我当天晚上住那家人的大伯一个月以后被老熊咬死了。后来，政府就强行要求原始森林边缘的人搬下来，即便如此，还是有一部分人居住在山头上，哀牢山有很多名贵的药材，还有一部分人会去山上摘花椒、草果、酸木瓜等。他们搬下来的地址选择，不管是彝族、拉祜族、哈尼族、汉族，都是有讲究的。我觉得他们对地址的选择，对当地的环境知识有非常好的了解。因为我采访过很多人，我问他们为什么选在这里而不选那里，他们就说那座山不稳，他们是有根据的，听老人说过哪座山发生过滑坡，他们有长期的观察。现在他们居住的地方是地质学家选择的，但也不是百分之百不会发生地质灾害。所以我觉得不管是传统知识，还是现代科学知识，都很难完全解决这个问题。

舒：您所讲的哀牢山的立体分布格局，我特别有兴趣。但我有个疑问，就是海拔和民族是一一对应的关系吗？同一个海拔上会不会有不同的民族居住，不同民族对环境的适应会不会有所区别？

李：对应关系是有的，但并不是严谨的对应关系。以哀牢山中段为例，大体的对应关系是高山区一般是彝族、哈尼族、拉祜族、汉族居住，河谷一定是傣族。大体上这种对应关系是有的。但如果说最上面是哈尼族，下来是彝族，再下来是汉族，这个就不一定。有的汉族居住的地方比哈尼族居住的地方还高，有的哈尼族比汉族高，有的彝族是最高，有的汉族最高，有的哈尼族最高。但是彝族、哈尼族、拉祜族他们居住的地方基本是平行的，都在山头上。傣族一定不会住那么高。但是也有一些例外，就是半山腰的傣族，刚才我讲到高山的人迁到半山地区来了嘛，半山和河谷已经接壤，没有分界线。有少数情况，傣族往上走，傣族与汉族在一起，被汉族同化，不会讲傣语。有一种说法是这些山腰的傣族与河谷的傣族不同源，他们是从景洪搬来的，他们只能往山上走一点，再往上就是汉族区域了，就容易被汉族同化。刚才你说的这种对应关系在别的地方是不是那么完整，我不清楚。但在哀牢山，山头上最高的居住者不一定是哈尼族人或者拉祜族人，拉祜族苦聪人从原始森林搬到边缘地区居住，他们的居住地区也是比较高的，但是，现在有的苦聪人也搬到河谷了。总之，山坝垂直结构的对应关系是比较明显的，坝区和山区对应着傣族和其他民族（哈尼、彝、汉、拉祜等），这个对应关系是有的，但在山区就没有固定的对应关系了。

舒：谢谢您解开了我一直以来的疑问。那么，大致在一个海拔的不同民族，由于面对大致相同的环境，他们在文化上是否会出现趋同的现象，比如，同一海拔的彝族和哈尼族，他们在对待泥石流方面，会不会有一些共同的文化、信仰？

李：我觉得共性是有的，差异性也是存在的。他们属于一个村委会，村寨也比较密集。环境上没有多大差别，可能是文化有一些差别。比如说汉族对待泥石流的态度，当然汉族也分不同年纪，不同信仰等都有关系，泥石流要来了，有的人不愿意撤离，说是要死也要死在自己家里面，不愿死在外面，他们说雷都不打吃饭人，何况是泥石流（地脉龙神）呢。明知泥石流要发生了，还在炒菜吃饭。我很感动的是，有一个村子的人知道泥石流要发生了，他们在撤离过程中，有一个残疾人，他走路很慢，那条路非常窄，他后面的人也没有超过他，一直跟在他后面，后来这个残疾人和他后面的人都死了。有各种各样的原因导致泥石流造成的伤亡。防灾减灾基本上基于当地的传统知识和村民的相互帮助。泥石流刚发生的时候，交通完全中断了，外界救援人员无法及时到达，只能靠村民自救和相互帮助。那些懂一点医学知识的人、懂点草药的人发挥了很重要的作用。因为我们农村里大部分人，包括我自己对止血草药都是随时可以找到的。有一个很简单的一个例子，就是我们云南有一个著名的入侵植物——紫茎泽兰，它的叶子止血效果是非常好的，还有蒿枝也有很好的止血效果和消毒作用。这个在紧急情况下是可以救命的，这种植物到处都能找得到。

舒：灾后重建的社会文化机制是灾难人类学关注的主要问题吗？或者说对于灾难人类学的研究，您最关心的是什么问题？

李：我觉得比较合适的解释是有关“文化韧性”的理论。虽然发生了这么大的干扰事件，社区受到了冲击，但是有一种应急机制能够应对这种干扰，那就是生态韧性、社区韧性和文化韧性。不管是村庄，还是大城市，这种文化韧性都是存在的。泥石流发生后，社区已经完全被冲垮了，周边村寨的村民立刻赶来救援，把受伤的人背到自己的家里面，用传统的方法给他们治疗。然后安慰他们，给他们吃的，帮他们寻找失踪的亲人，等等，那个时候是非常关键的，很多人都是从泥石流中爬出来的，特别需要援救，伤员必须马上止血，在那个时候最简单的处理就可以保住生命，黄金救援时期往往是由当地社区村民完成的，这就是社会文化的力量。这些应急方法有很长的历史，是有文化根基的。现在有人争论说，传统知识没有作用了，但关键时候起作用又怎样解释呢？科学知识也不是万能的，也解决不了所有问题。虽然传统知识跟科学知识相比有劣势，但在关键时候它能起到非常重要的作用。

舒：谈到地方性知识，您也很关注地方性知识和全球化的关系。我们提到地方性知识，好像特别强调它就是一个非常地方化的、仅仅局限在某个地方的当地知识。我们是在什么意义上谈地方性知识？

李：关于地方性知识的争论非常多，我觉得地方性知识是跟现代知识相对应的。地方性知识是一定存在的，中医、藏医、印度医药都可以被认为是地方性知识，即传统知识。传统知识的范围可大可小，大到一个民族、一个地区，也可以小到苦聪人、巴厘岛上的民族，等等。对地方性知识的理解，有人支持、有人反对。批评的意见也不是完全没有道理，比如批评传统知识保守、难以传承。我们老家有一个骨科医生，他的医术真的非常高明。我们那里的矿工摔断腿都不去医院，就到他家里去医。我们县医院想尽各种办法，希望他把知识贡献出来，但是，最后他死了也没把知识传给他的儿子。当然这样的例子是少数，也有的传承人不那么保守，传了很多代的也有。现在自然科学家也重视传统知识。我们云南的生物多样性在中国甚至在全球都是出了名的。云南的国土面积只占全国的 4.1%，但是我们的生态系统类型有 476 个，占全国生态系统多样性的 60% 以上。云南的物种多样性极其丰富，有高等植物 19333 种，占全国的 51.4% 以上；有鸟类 793 种，占全国的 63.7%；兽类 300 种，占全国的 51.1%；微生物多样性占全国的 80% 以上。云南省有全球第二大种质资源库，仅次于英国的大不列颠博物馆。云南有水稻种子 5402 种，可能有人说这些种子怎么比得上杂交水稻啊，但是如果没有这些种质资源，以后走到哪一步我们还不知道呢。还有我们的独龙牛，这是全世界独一无二的，属于农业部的遗传资源保护，在遗传资源保护方面具有非常重要的价值。云南省的烤烟、核桃、小粒咖啡等，有的是引进来的，有的是我们本土的。但是有时候一棵树、一个物种就可以支撑一个国家或者一个地区经济的半壁江山。你看新西兰的猕猴桃就是从我们国家引进过去的，现在成为支撑他们经济的半壁江山。英国的杜鹃花还有很多大不列颠的花卉是来自云南。云南的植物种类有19000多种，任何一种植物的开发都有可能改变这个地区经济的发展。我们的民族文化充分地保护着这些珍贵的物种。传统知识的作用不能低估，如果哪一天改良品种走不下去了，我们还是要回到传统的种子。现在我们老家还有野生稻，这多么重要啊。所以，对传统知识的理解不能片面，多样性的理解肯定是很重要的。

舒：李老师，今后您比较想关注哪些问题？您觉得中国生态人类学今后的发展在哪些方面可以更加有所作为？

李：现在我感兴趣的问题很多，如灾害、气候变化、水资源、生物多样性。现在我经常和自然科学家一起做课题、开会，合作很多。这次COP15，我报的题目是自然资本与科学决策。我想做石漠化地区的科学决策、环境与科学决策之间的关系。总之，对生物多样性的关注、和自然科学家的合作、多学科的交叉合作是我今后主要的研究方向，我们以前做的东西，我们的严谨度、使用的数据没有自然科学家使用得准确，他们的分析都有数据基础。我碰到很多的自然科学家都重视文化，我都觉得很奇怪，他们的分析很有道理，我感到唯一不足的是，他们没有上升到认知人类学或者认识论层面，把它系统化，把不同的地方性知识放在一起，建构出一个新的解释框架，这方面我们是可以合作的。还有很多课题我也很有兴趣，如生态文明建设怎样成为生态人类学的主要研究方向、我们当今正在发生的环境问题。如何看待生态人类学与环境人类学之间的关系？到底是生态的问题，还是环境的问题；到底是生态人类学的理论，还是环境人类学的理论；是单独使用，还是交叉使用？生态人类学、人类生态学、文化生态学、生态民族学、民族生态学，绕来绕去的，是不是应该理顺一下，还是像西方一样不用管它？反正想做的事情特别多，包括新冠肺炎疫情、非洲埃博拉病毒、非洲的干旱问题、水的问题，孟加拉国洪水又跟印度有关系，水不仅是气候变化的问题，还与政治相联系。孟加拉国的红树林、孟加拉湾的三角洲、伊洛瓦底江三角洲，我都去看了，这些地方的环境与气候变化密切联系。另外，图瓦卢、巴布亚新几内亚、安第斯山脉以南、阿拉斯加冰川等也跟气候变化有关系，从喜马拉雅山到阿拉斯加，再到安第斯山脉、南太平洋岛屿，如果把这些广阔的地带放在一起的话，我简直不知道从哪里切入。(笑)

舒：这个图景太广阔了！

李：我有兴趣的研究太多了，做不过来。最近主要是做生物多样性，把云南的生物多样性研究资料看了一遍，生物多样性与文化多样性一定是有关系的，云南在这方面特别有优势。今后，我们做生态人类学的学者要更多地合作。

艾菊红：谢谢李老师。我们这个系列的访谈就是想通过前辈学者的研究，了解生态人类学学科发展的情况，然后看看我们在既有的研究基础上，继续做些什么研究，李老师能不能就这个学科的未来发展谈一谈？

李：我还是讲自己感兴趣的吧。我主要的研究领域是灾害与文化、灾害防治、干旱问题，我的灾难人类学研究会把中国西南与缅甸、孟加拉国、泰国、老挝、印度联系起来，从这个区域再反过来看中国西南，视野可能会更大一点。最大的外围延伸到我刚才跟舒老师谈到的南太平洋、安第斯山以南，还有阿拉斯加，即使不能去调查，我也会关注。我从阅读本杰明·奥洛乌、安妮·亨硕（Anne Henshaw）、奥利弗-史密斯等人的研究中发现这些区域有非常有意思的案例，阿拉斯加的因纽特人居住的区域和冰川的关系，这个最外围的区域，我后面有精力的话会进行关注，灾害人类学研究从气候变化到灾害类型，从民间传统知识到与自然科学的结合，以及灾害神话传说等都会成为我今后关注的问题，这是和灾害研究有关的。另外是生物多样性，我有非常浓厚的兴趣来做生物多样性研究，我正在做，相关文章会陆续出来，但主要以云南为主，如香格里拉、高黎贡山、文山、红河哈尼梯田以及石林等。另外还有生态文明建设，生态文明建设是习近平总书记的思想，具体怎么落实，我们要进行研究。现在我们有一个生态文明排头兵创新研究团队，把生态文明与乡村振兴、边疆治理、西南安全屏障联系起来。《云南九大高原湖泊生态环境与社会文化研究》已经做完了，等待出版。还有一些题目是与当下现实问题相结合，如新冠肺炎疫情的研究，我已经写了一些文章，还有一些文章正在投稿，可能还要等一等才能发出来。虽然新冠肺炎疫情不是自然灾难，但对很多地区产生了灾难性的影响，其不光是医学人类学的问题，与灾害人类学也是相关的。理论上的问题，我准备把生态人类学、环境人类学的理论梳理一下，之前做过一些梳理，如政治生态学我梳理过一部分，今后还要接着做。以前大家都认为文化生态学太古老了，已经过时了。但现在气候变化，新冠肺炎疫情以后，又有很多人会认为文化生态学的理论还是有作用的。但它后面有很多的理论出来了，如神圣生态学、民族动物学、民族植物学、符号生态学、象征生态学……需要很多时间来梳理。

翟淑平：刚才李老师谈到了哀牢山人与熊的关系，我对人与动物关系的研究感兴趣，您能就此谈谈吗？

李：说到人与动物的关系，想必大家最近都比较关心云南大象的新闻，大象两次经过我们县，我一直非常关心，我们县的人都希望大象留在我们县。（笑）当然，大象与当地有一些冲突，我学生的硕士论文就专门研究人象冲突。研究人与大象的关系，既要看到好的一面，也要看到冲突的一面。现在的研究很多，主要的解释就是大象的生存空间越来越小，因为大象有惊人的记忆力，它会回到原来居住的地方，找得到食物的地方，这些地方往往种上了作物。人象关系太典型了，它涉及 NGO，涉及国家，涉及国家政策、国家法律等。因为大象是国家一级保护动物，它造成的损失都由国家补偿。但人对大象的态度也不一样，有的人抱怨，有的人不抱怨。那些大象伤人的人家、玉米地被毁坏的人家，他们就会一直抱怨。NGO 认为是人占了大象的地盘，但是要人完全退回去也是不可能的，所以现在采取各种保护地的措施。猴子的问题在中国不突出，猴子都是被关在动物园里，或者在山上。我多次去印度、尼泊尔，尤其在尼泊尔，猴子太自由了，到处都是猴子，你一进入公园，人家就会教你怎么对待猴子，如果猴子攻击你，你要怎么办，等等。总的来说，不同文化中，人与动物的关系很不一样。

范明明：刚才李老师讲的很多内容也是我很关心的。我从 2018 年开始比较关注牧区气候变化导致的灾害，尤其 2018 年以来灾害还是比较频发的，传统应对灾害的方法就是游牧避灾，也就是要移动，躲避灾害。但现在至少在内蒙古，这种传统的避灾方式比较少了。而现代的避灾方式主要是依赖金融信贷购买草料，虽然选择更多，但是门槛也很高。另外，就是现在的社会组织和过去也有很大不同，特别是建了围栏之后，家户似乎更加独立，社会网络的支持系统也不同于过去。我认为，传统的避灾方式和现代的避灾方式是两个体系，问题就是这两者怎么融合、制度上如何建立两者的联系。我不知道这是不是和南方的情况一样？

李：牧区通过迁徙来防灾的方式很有意思，我没有在牧区做过调研，相对比较生疏。关于牧区的灾害研究，我主要是读过非洲的研究，如埃塞俄比亚、肯尼亚，它们是比较典型的牧区。我们国家的牧区和非洲的情况很不一样，我们的牧区变化很大，基本固定下来了。要回到传统可能有点难，在目前的情况下基本不可能，但新的方式又给牧民带来很多困难，不只是人，包括牲畜也要适应，人有这种困难，牛羊可能也有这种困难，就像本体论转向的研究者指出的一样，但我对本体论转向的理论还没有吃透，今天不做讨论。如果你要研究过去的传统和当下现状的关系，还是要看他们的文化，不能迁徙不代表文化消失，传统文化还是存在的，只是迁徙的那部分文化变迁了，因为今天不需要这些知识了，比如在哪里搭帐篷、怎么搭帐篷、怎么看天气。现在是定居点，不需要考虑与迁徙有关的问题。由此带来的社会问题每个地方都存在，防灾减灾在哪里都要考虑到，但现在也没有很好的解决办法，只能是不断去适应新的环境。比如，以前迁徙的时候可能养 10 头牛就够了，不用买牧草，而现在要买草了，这就需要一笔钱，迁徙的费用没有买草的费用高，我可能就需要养 15 头牛，用 5 头牛的收益来补足贷款买草料的钱，牧民自身肯定是会做出调整的。我们做文化研究，就是发现变化之后，看当地人采取什么样的办法来调试，每家人的办法可能不一样，但一定会有新的办法来替代迁徙，我觉得这个研究非常有意思，从迁徙到定居的牧业，文化究竟发生了什么变化、当地社区如何平稳过渡和适应，这是蛮有意思的问题。

舒：好的，李老师给我们讲了很多研究经验和下一步研究的设想以及具体的建议，我们受益匪浅，非常感谢李老师接受我们的访谈！